Erläuterungen zum Flottengesetz (1898)

Erläuterungen zum Flottengesetz (1898)

ISBN/EAN: 9783954271108
Erscheinungsjahr: 2012
Erscheinungsort: Bremen, Deutschland

www.maritimepress.de | office@maritimepress.de

Erläuterungen zum Flottengesetz (1898)

„Dein Herr hat keine Schiffe; ich aber bin mächtig zur See und vermag mit meinen Flotten jede Deinem Gebieter gehörige Stadt, die an der Küste liegt, nach Gutdünken zu verbrennen"

sprach Kaiser Nikephorus Phokas (der 963 den Thron von Byzanz bestieg) zu dem Abgesandten des deutschen Kaisers Otto des Großen.

Vorwort.

Zwei Gründe gaben den Anstoß, die vorliegende Arbeit auszuführen: erstens die Fülle von trefflichem, aber noch nicht gesichtetem und nicht allgemein zugänglichem Material, das dem lebhaften Interesse des gesammten Volkes an der Flottenfrage seinen Ursprung verdankt — und zweitens das Erscheinen zweier Broschüren von den bekannten Parlamentariern Müller (Fulda) und E. Richter. Diese beiden Broschüren sind geeignet, in Köpfen, die die einzelnen Punkte der sehr vielseitigen Flottenfrage nicht übersehen, eine unheilvolle Verwirrung anzustiften; denn beide beschränken sich im Wesentlichen auf eine Kritik der Vergangenheit, beide verschließen so vollständig die Augen vor den gewaltigen Interessen, die hier auf dem Spiele stehen, daß es nach vieler Ansicht dringend nöthig ist, ihnen positives Material in übersichtlicher, bequem zu benutzender Form gegenüber zu stellen. Bisher haben noch nie in so ausgedehntem Maße alle Kreise der Bevölkerung Deutschlands an den Erörterungen über die Flottenfrage theilgenommen, noch nie hat die Presse in ihrer Gesammtheit eine so werthvolle Unterstützung für die Flotte entwickelt; ganz besonders thätig in dem Streben, Licht und Wahrheit über alle wichtigen Punkte der Flottenfrage zu verbreiten, sind auch die deutsche Gelehrtenwelt, die deutschen Industriellen und die deutsche Kaufmannschaft gewesen, wovon die über alles Erwarten erfolgreiche Flottenumfrage der „Münchener Allgemeinen Zeitung“ das beste

Zeugniß ablegt. Mit dieser patriotischen That haben Verlag wie Redaktion dieses alten Blattes geradezu den Löwenantheil zu der Aufklärungsarbeit beigetragen.

Aus der schier unerschöpflichen Fülle des Materials wurde nach bestem Vermögen das ausgewählt, was zur Beleuchtung der vielerlei Einzelfragen passend schien; freilich mußte dabei manch wahres und kerniges Wort unberücksichtigt bleiben, weil sonst statt eines Bandes deren etwa fünf hätten gedruckt werden müssen. Um den Stoff für den Handgebrauch übersichtlich zu gestalten, ist er in einzelnen Artikeln verarbeitet, die nach Art anderer politischer Nachschlagebücher in alphabetischer Reihenfolge angeordnet sind. Ich glaube hierdurch namentlich Parlamentariern, Zeitungsredakteuren, Schriftstellern, wie überhaupt allen Gebildeten ein bequemes Nachschlagebuch zu liefern und hierdurch die Orientirung über jede einzelne Frage zu erleichtern. Mehrere Freunde der Sache haben mich beim Zusammenstellen des Materials und bei der Bearbeitung einzelner Aufsätze wirksam unterstützt.

Auch das Flottengesetz selbst, sowie seine amtliche Begründung ist bei den entsprechenden Stichworten mit angeführt, so daß im Buche sämmtliches für die Beurtheilung der Flottenfrage nöthige Material enthalten ist.

Durch die Widerlegung der gegnerischen Gründe und durch die Zusammenstellung von Aussprüchen Derer, die Verständniß für die dringende Nothwendigkeit der Annahme des Flottengesetzes gezeigt haben, glaubten wir der guten Sache einen guten Dienst leisten zu können. Unsere Arbeit schürte der Wunsch, die Reichstagsabgeordneten bei ihrer verantwortungsvollen Arbeit für das Wohl des Vaterlandes nach Kräften zu unterstützen.

Daß Reichstag und Bundesrath sich über das Flottengesetz derart verständigen werden, daß sein Ziel erreicht wird, hoffe ich bestimmt. Sollte sich aber wider Erwarten eine Mehrheit im Reichstage finden, die die realen Bedürfnisse des

Vaterlandes formalistischen Bedenken opfern wollte, so bin ich überzeugt, daß das deutsche Volk der Flotte geben würde, was die Flotte braucht, um das Land vor wirthschaftlichen und nationalen Katastrophen zu bewahren. Denn darüber kann wohl kein Zweifel mehr bestehen, daß das deutsche Volk nicht willens ist, auf die ihm gebührende Stellung in der Welt zu verzichten.

Eugen Richter erzählt in seiner Flottenbroschüre, daß der Flottenplan von 1865 abgelehnt sei, weil „trotz aller Theilnahme für die Entwickelung und Förderung der Marine das Verhältniß zur Verfassungsfrage ein näheres und wichtigeres sei." Ist es denkbar, daß das jetzige Flottengesetz ein gleiches Schicksal erleidet, trotzdem die Erfahrungen von 1866 und 1870/71 dazwischen liegen?

Nauticus.

Verzeichniß der Aufsätze und Stichworte.

A

B

D

E

F

G

H

J

K

L

M

Seite

N

O

P

R

S

T

U

V

W

Namen-Verzeichniß.

Aeternat.

Dies in den parlamentarischen Sprachschatz eingefügte Wort wird von der Opposition gegen die Flottenvorlage mit Vorliebe gebraucht, um in weiteren Kreisen die Anschauung zu erwecken, es handle sich bei dem Entwurfe um etwas ganz Neues, nie Dagewesenes und infolgedessen für unser Verfassungsleben besonders Bedenkliches. Was will aber in Wahrheit die Vorlage der verbündeten Regierungen? Nichts Anderes, als was bei jedem Gesetze geschieht, das zwischen Bundesrath und Reichstag vereinbart und vom Kaiser vollzogen wird; nichts Anderes, als was alle großen Institutionen des Reiches als etwas Selbstverständliches besitzen; sie will die gesetzliche Fundirung der Kriegsmarine und damit die Gewähr für die Dauer ihres ungeminderten Bestandes, die Sicherheit für ihre Brauchbarkeit zum Schutze des Vaterlandes und zur Förderung seiner Interessen. Alle Gesetze, die nicht für einen vorübergehenden Zweck geschaffen werden, sind in diesem Sinne Aeternate: das deutsche Heerwesen, die Justiz- und Verwaltungsorganisation mit ihrem großen Beamtenapparat, das staatliche Verkehrswesen in Post, Telegraph und Eisenbahn, die Anstalten für Erziehung und Bildung, Zölle und Steuern, die Sozialversicherung und die Gewerbeordnung — alle beruhen auf dauernden Gesetzen und sind in eben demselben Sinne Aeternate, wie die Vorlage der verbündeten Regierungen ein solches für die Kriegsmarine des Reiches schaffen will.

„Die Verwaltung der Marine steht bis jetzt zu allen anderen Verwaltungen dadurch in einem eigenthümlichen Gegensatz, daß es ihr fast ganz an einer gesetzlichen Grundlage fehlt", sagt P. Laband, Professor des Staatsrechts in Straßburg (Deutsche Juristenzeitung vom 1. Dezember 1897). Nur die Dienstpflicht ist in wesentlicher Uebereinstimmung mit der im Heere geregelt, für die Marine als Reichsanstalt giebt es keine gesetzlichen Normen als die beiden Sätze des Artikel 53 der Reichsverfassung, wonach einerseits Oberbefehl und Organisation dem Kaiser zustehen, andererseits der Geldaufwand für die Flotte aus der Reichskasse, d. h. durch übereinstimmenden Beschluß von Bundesrath und Reichstag, bestritten wird. Beide Befugnisse sind rechtlich unbeschränkt und können daher in Widerstreit miteinander gerathen. Wie für die Verwaltung, fehlt auch für den Reichstag eine staatsrechtliche Richtschnur, die die militärischen und die finanziellen Gerechtsame abgrenzt. Ein solcher Zustand war so lange erträglich, als unsere Flotte noch in den Anfangs- und Versuchsstadien war. Jetzt aber, wo sie eine so große militärische, handelspolitische und finanzielle Bedeutung erlangt hat, muß der „zweite Arm“ unserer Landesvertheidigung ebenso wie der erste, das Heer, dauernd in seinem Bestande und seiner Leistungsfähigkeit gesichert werden. Es ist logisch, daß man sich zunächst über Stärke und Zusammensetzung einer Flotte nach den Bedürfnissen, die sie befriedigen, und nach den Zwecken, denen sie dienen soll, klar wird, ehe man an den Ausbau geht. Und wenn man bei diesem Bauplane die heutigen Bedürfnisse zu Grunde legt, so liegt darin eine Selbstbescheidung, die übrigens auch der Gepflogenheit bei der Abfassung von Gesetzen auf anderen Gebieten des staatlichen Lebens entspricht.

Das Gesetz will festlegen:

1. Den Sollbestand der Flotte in den Hauptschiffsklassen (Linienschiffen und Kreuzern).
2. Die Frist, in der dieser Sollbestand erreicht werden soll.
3. Die Regelung der Ersatzbauten.
4. Die Indiensthaltungen, soweit sie auf organisatorischer Grundlage beruhen.
5. Die Grundsätze für Bemessung des Mannschaftsbestandes.

In Hinsicht auf die gesetzliche Fundirung der Kriegsflotte nach diesen Gesichtspunkten bemerkte Abg. Dr. Lieber im Reichstag am 7. Dezember (stenogr. Bericht S. 85):

> Ich selbst bin es gewesen, der in der Budgetkommission sowohl als hier im Reichstag namens meiner politischen Freunde die Forderung erhoben hat, es möge endlich einmal Klarheit und Bestimmtheit geschaffen werden in dem, was man

mit der Flotte wolle. Und ich muß anerkennen, daß diese Vorlage . . . die erste Vorlage der verbündeten Regierungen ist, welche dieser immer dringender gewordenen Forderung in ihrer Art Genüge thut . . . weil sie uns . . . einen auf organisatorischer Grundlage aufgebauten Flottenplan vorlegt. Alle seitherigen Forderungen waren oder erschienen wenigstens dem Verständnisse des zum Urtheile berufenen Laien als mehr oder weniger willkürlich und deshalb als solche, von denen man abstreichen, zu denen man hinzuthun könne, je nachdem es dem Einzelnen und seinen Neigungen entspräche. Hier wird, was den Hauptbestandtheil der Flotte angeht, in Wahrheit die Forderung auf eine Organisation aufgebaut, strebt eine wohldurchdachte, in Schiffsbestand und Indiensthaltung logisch zusammenhängende und folgerichtig ausgegliederte, organische Bildung an, will aus dem seitherigen Mechanismus unserer Flotte einen Organismus machen.

Dies ist im Grunde doch nur die nähere Ausführung eines Gedankens, dem der Reichskanzler in seiner Rede bei Eröffnung der Marinedebatte am 6. Dezember Ausdruck gegeben hat; er sagte damals (stenogr. Bericht S. 42): „Die Marine hat gewissermaßen von der Hand in den Mund leben müssen . . . Es geht nicht an, ein festgefügtes Gebäude zu errichten, ohne daß die Bauleute klar und einig werden über den Plan, nach dem die Fundamente gelegt und die Mauern aufgeführt werden sollen. Die Vorlage . . . will in dieser Beziehung Klarheit und Einigkeit zwischen allen mitwirkenden Faktoren schaffen."

Welche sachlichen Gründe sollen denn nun dagegen sprechen, der Marine dieselbe Basis durch Gesetz zu geben, die alle anderen großen Reichsinstitutionen haben? Es wird angeführt, die Erfahrung spreche insofern dagegen, als sich eine große Veränderlichkeit in den Flottenplänen gezeigt habe. Die Ansichten über den Zweck der einzelnen Schiffsklassen hätten gewechselt, die Technik sei in der Entwickelung, die Preisverhältnisse seien schwankend, und die Meinungen maßgebender Personen hätten bald so, bald so gelautet. Insoweit dies Letztere richtig ist, schafft das Gesetz ja aber gerade die einzig möglichen Garantien für den Reichstag durch Gewährung der denkbar höchsten Sicherheit der Innehaltung eines Planes. Was die Schwankungen in den Preisverhältnissen anlangt, so ist das ein Uebel, das jede Verwaltung in den Kauf nehmen muß; man kann, wenn die Kosten wachsen, deshalb weder die Zahl der Schiffsbauten vermindern noch die Leistungsfähigkeit herabdrücken. Der Entwicklung der Technik aber läßt, wie der Staatssekretär des Reichs-Marine-Amts (stenogr. Bericht S. 43) betont hat, die Fassung des Gesetzentwurfes, die nur die großen Gesichtspunkte gewissermaßen den grundlegenden Charakter der Flotte ins Auge faßt, völlig freien Spielraum. In den Motiven wird gesagt:

> Es soll nicht verkannt werden, daß die Anschauungen über die Art und Weise, wie obigen Aufgaben (der Flotte) gerecht zu werden ist, in den letzten 30 Jahren Schwankungen gezeigt haben. Es ist dies aber nicht in der deutschen Marine allein der Fall gewesen, sondern alle größeren Marinen haben diesen Gährungsprozeß durchzumachen gehabt. Nachdem indeß in der technischen Entwickelung eine gewisse Ruhe eingetreten ist, und jetzt in allen Marinen im Wesentlichen dieselben Schiffsklassen und Schiffstypen vorhanden sind, haben sich die Seemächte im letzten Jahrzehnt hauptsächlich der Durcharbeitung der organisatorischen, taktischen und strategischen Marinefragen gewidmet, und sind heute die Anschauungen hierüber so geklärt, daß keine Bedenken vorliegen, Stärke und Zusammensetzung der Kriegsmarine in der Weise, wie es im Gesetzentwurfe geschehen, gesetzlich festzulegen.

Ein Blick auf die Marinen der Nachbarstaaten bestätigt die Richtigkeit dieser Auffassung. (Vergl. den Artikel Fremde Kriegsflotten.) Wenn aber jetzt die Marineverwaltung die Möglichkeit einer gesetzlichen Fundirung der Kriegsflotte anerkennt, so verschafft sie damit den Gründen, die für die Nothwendigkeit dieses Schrittes sprechen, erst das rechte Gewicht. Diese Gründe liegen in der Forderung, daß die Flotte als wichtiger Faktor der nationalen Vertheidigung und der wirthschaftlichen Wohlfahrt des Reiches aus der Unsicherheit wechselnder Meinungen und Parlamentsmehrheiten auf festen Boden gestellt wird. Schon der Marineausschuß des Frankfurter Parlaments im Jahre 1848 hielt es für wünschenswerth, der obersten Marinebehörde „eine festere, von Majoritätsschwankungen minder abhängige Stellung anzuweisen“. Die Erfahrung hat gelehrt, daß wir auf dem bisherigen Wege nicht zum Ziele gelangen; führen doch die Motive an, daß unsere Flotte „zur Zeit in den wichtigsten Schiffsklassen weniger Schiffe besitzt als in früheren Jahren“, während die anderen Seemächte in den letzten zehn Jahren ihre Marinen erheblich verstärkt haben.

Ist die Möglichkeit der gesetzlichen Festlegung gegeben, ihre Nothwendigkeit zugestanden (über die Frage des Budgetrechts siehe daselbst), so darf schließlich auch noch auf die Ersprießlichkeit des Vorgehens hingewiesen werden. Durch einen festen und klaren Plan wird eine rationelle Wirthschaft gefördert; für die Verwendung der Geldmittel kann dann umsichtiger, weitblickender, praktischer gesorgt werden. Das liegt schon in der Natur der Sache; aber auch die Vorgänge im Jahre 1884 mit der Beschaffung der 70 auf einmal im Reichstag bewilligten Torpedoboote sprechen dafür. (Vergl. die Rede des Admirals Tirpitz, stenogr. Bericht des Reichstages S. 44.)

Der „Reichsanzeiger“ vom 27. November v. Js. sagt über die Nothwendigkeit einer gesetzlichen Regelung:

> Die zur Zeit vorhandene Kriegsmarine bedarf der Verstärkung, um den erheblich gestiegenen Seeinteressen des Deutschen Reiches in Krieg und Frieden den erforderlichen Schutz zu gewähren. Um für diese Verstärkung eine gesunde Grundlage zu gewinnen, müssen sich die beiden gesetzgebenden Faktoren vor Allem darüber einigen, wie stark die deutsche Flotte werden soll. Zu diesem Zweck ist eine Beschlußfassung des Reichstages über die Sollstärke der Marine nicht zu umgehen. Eine solche ist aber nur zu erzielen, wenn dem Reichstag ein Plan in Form eines Gesetzentwurfs vorgelegt wird. Denn von Plänen, welche die verbündeten Regierungen in Form von Denkschriften vorlegen, nimmt der Reichstag nur Kenntniß.

Dies beweisen die Erfahrung und die Ausführungen des langjährigen Referenten des Marineetats Abg. Lieber im Reichstage im März 1897, „kein Gründungsplan, keine Denkschrift als solche sei jemals vom Reichstage angenommen, geschweige denn in den finanziellen Wirkungen bewilligt worden!“ Der Direktor der größten Schifffahrtsgesellschaft der Welt, Ballin von der Hamburg — Amerika-Linie, berührt den springenden Punkt der Vorlage, wenn er der „Allg. Ztg.“ schreibt: „Was die deutsche Marineleitung heute braucht, um weiterarbeiten zu können und klare Bahn vor sich zu haben, ist die **Sicherheit**, daß unter normalen Verhältnissen sie für eine Reihe von Jahren in angemessenen Grenzen auf eine Vermehrung ihres Materials rechnen darf. Jeder kaufmännisch gebildete Mensch muß es begreifen, daß die völlige Unsicherheit über die fernere Entwickelung der Dinge das größte Uebel ist.“

Aktionsradius.

Unter Aktionsradius versteht man diejenige Entfernung, welche ein Kriegsschiff unter Dampf zurücklegen kann, ohne Kohlen zu ergänzen. Die Größe desselben richtet sich daher nach dem Kohlenvorrath, welchen das Schiff mitzunehmen im Stande ist. Sie ist weiterhin aber auch abhängig von der Geschwindigkeit, mit der das Schiff fährt. Bei großen Geschwindigkeiten ist der Kohlenverbrauch unverhältnißmäßig größer, als bei geringerer Fahrt.

Einen großen Aktionsradius müssen die Kreuzer haben, um möglichst unabhängig von Kohlenhäfen zu werden. Einen mittleren Aktionsradius haben Linienschiffe, bei denen man den Kohlenvorrath zu Gunsten von Panzerung und schwerer Artillerie einschränken muß. Einen kleinen Aktionsradius haben Küstenpanzerschiffe, welche nicht für weitere Reisen bestimmt sind und infolge ihres Verbleibens in der Nähe der Küste ihren Kohlenvorrath leicht ergänzen können.

Es ist allgemein üblich, für Kriegsschiffe den Aktionsradius für die Maximal-Geschwindigkeit und für eine Fahrt von 10 Seemeilen anzugeben.

Aktive Formationen.

Unter aktiven Formationen versteht man die unter einem Befehlshaber vereinigten Verbände von solchen Schiffen, welche dadurch, daß sie dauernd in Dienst gehalten werden, und im Mobilmachungsfall einen Mannschaftswechsel oder eine Mannschaftsergänzung nicht vorzunehmen brauchen, stets kriegsbereit sind.

Der Entwurf zum Flottengesetz fordert zu diesem Zweck die Indiensthaltung von 9 Linienschiffen, 2 großen und 6 kleinen Kreuzern, von denen die ersteren zur Bildung eines Geschwaders von 8 Linienschiffen mit 1 Flottenflaggschiff, die Kreuzer aber zur Bildung von 2 Aufklärungsgruppen (s. d.) aus je einem großen und 3 kleinen Kreuzern dienen sollen.

Aktivirung der Reserveformationen.

(Siehe unter „Reserveformationen".)

Angriffsflotte.

(Siehe unter „Offensivvermögen".)

Artillerieschulschiff.

(Siehe unter „Schulschiffe".)

Aufgaben der Kriegsflotte.

(Ueber Blockade, Flottenpläne, Friedensthätigkeit der Kriegsflotte, Kolonialschutz, Küstenvertheidigung, Offensivvermögen, Seehandelsschutz, Politische Macht und Flotte besondere Artikel.)

Zu Beginn der vierziger Jahre wurde in Deutschland der Wunsch nach einer eigenen Kriegsflotte lebhaft. Die Erfahrungen Preußens, das gegen die Barbareskengefahr 1842 vergeblich die Hilfe Englands angerufen hatte (Zimmermann: Preußisch-Deutsche Handelspolitik Seite 129), wirkten u. A. im Norden. Im Süden leitete die verstärkt einsetzende Auswanderungsbewegung die Begründung von Auswanderungs- und Kolonisationsvereinen zu ähnlichen Gedanken.

„Dieser kleine Ahn einer größeren Nachkommenschaft wird der Liebling der Nation werden" schrieb Friedrich List (Zollvereinsblatt 1843 Seite 105) gelegentlich des Baues der ersten preußischen Korvette in Stettin, die im Juli 1843 vom Stapel lief.

„Die See, dieses fruchtbare Feld der Nationen, will so gut kultivirt sein wie der Acker, wenn er reichliche Erträge geben soll."

Er sah in einer Flottengründung das wirksamste Mittel, die Freiheit der Meere gegen jedwede tyrannische Uebermacht zu behaupten (ebendaselbst Seite 686).

Richters „ABC-Buch" sagt: „Die Thatsache, daß das kleine Dänemark (1848) die ganze deutsche Küste blockiren und den Handel lahmlegen konnte, machte den Wunsch nach einer Wehr zur See zu einem brennenden." Allgemeiner wurden die Aufgaben der Kriegsflotte schon im preußischen Flottenplane von 1865 ausgesprochen; als Ziel dieses Flottengründungsplanes war in den Motiven (wie in Richters „ABC-Buch" Seite 419 steht) die Herstellung einer Seemacht zweiten Ranges in Aussicht genommen zu dem Zweck, den Seehandel Preußens und Deutschlands zu schützen und die vaterländischen Küsten und Häfen an der Ost- und Nordsee zu vertheidigen sowie seinen **Einfluß in europäischen Angelegenheiten, zumal wenn diese solche Länder betreffen, die nur zur See erreichbar sind, wahren zu können.**

Schon der Reichstag des Norddeutschen Bundes war einig in der Erkenntniß, daß Norddeutschland in die Reihe der größeren Seemächte eintreten müsse. In den Motiven zu dem Gesetz über die Erweiterung der Bundeskriegsmarine von 1867 ist zu lesen:

„... Es giebt für Norddeutschland zwei gleich wichtige und zwingende Gründe, nicht länger zu zögern, in die Reihe der größeren Seemächte einzutreten, nämlich erstens, um den bedeutenden Seehandel Norddeutschlands zu schützen und die vaterländischen Küsten und Häfen an der Ost- und Nordsee zu vertheidigen; zweitens, um für alle Zukunft seinen Einfluß in europäischen Angelegenheiten, zumal wenn diese solche Länder betreffen, die nur zur See erreichbar sind, wahren zu können."

Demgemäß wurden schon damals der Bundesmarine folgende Aufgaben gestellt:

1. Schutz und Vertretung des Seehandels Norddeutschlands auf allen Meeren und Erweiterung seiner Rechte und seiner Beziehungen;
2. Vertheidigung der vaterländischen Küsten und Häfen an der Ost- und Nordsee;
3. Entwickelung des eigenen Offensivvermögens, nicht bloß zur Störung feindlichen Seehandels, sondern auch zum Angriffe feindlicher Flotten, Küsten und Häfen.

Erwähnenswerth ist, daß die Denkschrift von 1873 der Flotte dieselben Aufgaben stellte wie der alte Flottenplan von 1865, wenn auch in abgekürzter Fassung, nämlich:

1. Schutz und Vertretung des Seehandels auf allen Meeren,
2. Vertheidigung der vaterländischen Küsten,
3. Entwickelung des eigenen Offensivvermögens.

Zu diesen vor einem Vierteljahrhundert bei der Gründung der Flotte aufgestellten Aufgaben ist bis jetzt nur noch eine vierte hinzugetreten, nämlich:

4. der Schutz der Kolonien.

Die Aufgaben der Flotte sind also fast unverändert geblieben, während freilich die Anforderungen zur Erfüllung jeder dieser Aufgaben seitdem ganz beträchtlich gewachsen sind. General v. Stosch hat dieses Anwachsen der Anforderungen an die Flotte schon im Jahre 1886 in die Worte gefaßt: „Wie klein war damals (bei der Aufstellung des Flottengründungsplans von 1873) noch die deutsche Welt!“

Sehr beachtenswerth ist es, daß auch der General v. Caprivi schon 1883 in seiner Denkschrift den Grundsatz aufstellte: „daß sich ein Staat von der See nicht zurückziehen darf, wenn er auch über die nächste Zukunft hinaus sich eine Stellung in der Welt zu erhalten trachtet“.

Ausführlich und klar ist erst kürzlich bei Eröffnung des Reichstages (Session 97/98) über die Anforderungen gesprochen worden, die jetzt, 25 Jahre nach dem Flottengründungsplan, an die Flotte gestellt werden müssen:

„Die Entwickelung unserer Kriegsflotte entspricht nicht den Aufgaben, welche Deutschland an seine Wehrkraft zur See zu stellen gezwungen ist. Sie genügt nicht, bei kriegerischen Verwickelungen die heimischen Häfen und Küsten gegen eine Blockade und weitergehende Unternehmungen des Feindes sicherzustellen. Sie hat auch nicht Schritt gehalten mit dem lebhaften Wachsthum unserer überseeischen Interessen. Während der deutsche Handel an dem Güteraustausche der Welt in steigendem Maße theilnimmt, reicht die Zahl unserer Kriegsschiffe nicht hin, unseren im Auslande thätigen Landsleuten das der Stellung Deutschlands entsprechende Maß von Schutz und hiermit den Rückhalt zu bieten, den nur die Entfaltung von Macht zu gewähren vermag.“

Aufklärungsschiffe.

Die Begründung zum Flottengesetzentwurf sagt:

Eine Schlachtflotte besteht nicht nur aus Linienschiffen, sondern sie bedarf heute ebenso wie in früherer Zeit zahlreicher Aufklärungs- und Vorpostenschiffe. Ferner ist gegen früher noch die Nothwendigkeit hinzugetreten, die auf dem Marsche, zu Anker oder im Gefechte befindliche Schlachtflotte durch vorgeschobene schnelle Kreuzer gegen Torpedobootsangriffe zu schützen. Schon in der vorigen Session des Reichstages ist darauf hingewiesen worden, daß in England auf jedes Panzerschiff der Schlachtflotte 2, in Frankreich 1 bis 2 Kreuzer gerechnet werden. Nach unseren Erfahrungen sind für die rangirte Schlachtflotte von 17 Linienschiffen und die beiden Küstenpanzerschiffsdivisionen zum

Aufklärungs- und Sicherheitsdienst, sowie zum Schutze gegen Torpedobootsangriffe

6 große Kreuzer und
16 kleine Kreuzer

erforderlich. Kleine Kreuzer allein genügen nicht, weil auf einen Zusammenstoß mit den gegnerischen Aufklärungsgruppen, welche durchweg auch Schiffe größerer Gefechtsstärke enthalten, gerechnet werden muß und daher die eigenen Aufklärungsgruppen, um sich Kenntniß von Stärke und Standort des Feindes zu verschaffen, oder um die Bewegungen der eigenen Flotte dem Feinde zu verbergen, Kraft zum Widerstande gegen diese feindlichen Kreuzer besitzen müssen. Eine derartige Widerstandskraft kann aber nur durch große Kreuzer, nicht durch eine größere Anzahl kleiner Kreuzer gegeben werden.

Nach dem Flottengesetzentwurf sollen bei der in Aussicht genommenen Organisation der Schlachtflotte $^1/_3$ von den Aufklärungsschiffen in sofort verwendungsbereiten — aktiven — Verbänden formirt werden, welche im Mobilmachungsfalle ihre vollen Friedensbesatzungen behalten.

Für $^2/_3$ der Aufklärungsschiffe soll die bisherige Organisation — Theilung der Besatzungen im Mobilmachungsfalle — beibehalten werden.

Bei den Aufklärungsschiffen liegt ein Bedürfniß, die Reserve-Formationen in bestimmten Zeitabschnitten zu aktiviren, um Uebungen im taktischen Verbande vornehmen zu können, in geringerem Maße vor als bei den Linienschiffen, da bei ihnen die Ausbildung im taktischen Verbande weniger wichtig ist. —

Die Aufgaben nachstehender Schulschiffe sollen später von den im Dienst befindlichen Aufklärungsschiffen übernommen werden:

1. 2 Beischiffe des Artillerieschulschiffs zur Ausbildung der Schnellladekanonenschützen, Maschinenkanonenschützen und Maschinengewehrschützen,
2. das Schiff zur Ausbildung in der Küstenkenntniß,
3. das Torpedoflottillenfahrzeug,
4. das Schiff zur Ausbildung von Torpedoheizern.

Ferner von den Aufgaben der Spezialschiffe

1. der Fischerei-Schutz (2 Schiffe),
2. die Aufgaben des Torpedoversuchsschiffs.

General v. Caprivi sagte am 26. Januar 1886 als Chef der Admiralität über die Nothwendigkeit der Aufklärungsschiffe:

„In jeder Art der Kriegführung sind Nachrichten die wesentlichste Bedingung für das Fassen richtiger Entschlüsse, für das Erreichen des Erfolges. Je sicherer Nachrichten eintreffen, um so sicherer kann der Befehlshaber handeln, um so erfolgreicher. Die Kriegführung zur See unterscheidet sich aber in dieser Beziehung von der Kriegführung zu Lande dadurch, daß auf der See das Auge die einzige Quelle der Nachrichten ist; ich mache auf der See keine Gefangenen, ich habe keine Spione, ich habe keinen Telegraphendraht, sondern nur das feindliche Geschwader, was mit Augen gesehen ist, kann ich beurtheilen. Es müssen also solche Augen da sein; das sind die Avisos. Avisos aber, die im Jahre 1873 zu brauchen waren, sind eben heute keine mehr, weil die feindlichen Schiffe schneller geworden sind. Ein lahmes Pferd auf Vorposten kann mir nichts nützen; da muß ein Pferd sein, welches schneller geht als des Feindes Pferd, wenn es Nachrichten zur rechten Zeit bringen soll. Mit den alten Avisos können wir nichts mehr machen, und wir haben nur drei brauchbare. Ich will mich auf Politik nicht einlassen; aber angenommen, es bricht ein Krieg aus, und es geht aus Kiel ein Geschwader vor, so braucht es Avisos: einen nach dem Sund, einen nach dem Großen Belt, einen nach dem Kleinen Belt und einen gegen Norden. Da brauchen wir allein schon für den Vorpostendienst dieses Geschwaders 4 Avisos. Wir sind also vom Standpunkt des Krieges aus in Avisos in einer Weise knapp, die sich nach meinem Dafürhalten mit dem Reichsinteresse nicht verträgt, und ich würde schon aus diesem Grunde die Bewilligung aufs Dringendste erbitten."

Aufwendungen für die Marine.

(Ueber Deckung der Kosten für die Flotte und Uebersicht der Ausgaben für die Flotte in den wichtigsten Großstaaten besondere Artikel.)

a. Kosten für Schiffsbauten und Armirung.

In den Motiven zu dem Gesetzentwurf werden die Kosten nach dem jetzigen Stande der Technik sowie den heutigen Arbeitslöhnen und Materialpreisen, wie folgt, veranschlagt:

a) Neubauten von Linienschiffen, großen Kreuzern und kleinen Kreuzern . . 162,2 Millionen,
b) Ersatzbauten von Linienschiffen, großen Kreuzern und kleinen Kreuzern 211,0 „
c) 3 Kanonenboote . . . . 4,8 „
d) 7 Torpedobootsdivisionen . . . . 41,3 „
e) Restraten der zur Zeit im Bau befindlichen Schiffe . . . . 63,5 „

482,8 Millionen.

Diese Summe setzt sich zusammen aus den bis 1904 für Schiffsbauten, Artillerie- und Torpedoarmirung erforderlichen Kosten mit 410,3 Millionen und den nach 1904 noch ausstehenden Raten der dann im Bau befindlichen Schiffe, die sich auf 72,5 Millionen belaufen. Für Neubauten von Linienschiffen, großen und kleinen Kreuzern, die zur Auffüllung des Sollbestandes der Flotte nöthig sind, werden nur 162,2 Millionen Mark in einem Zeitraume von sieben Jahren gefordert, das bedeutet im Durchschnitt jährlich eine Belastung des Budgets um 23,3 Millionen Mark für die Vermehrung der Flotte. Nimmt man an, daß die Bevölkerung Deutschlands, die am 2. Dezember 1895 über 53 Millionen Seelen betrug, bis zum Jahre 1904 auf nahezu 60 Millionen steigen wird, so erfordern die Kosten für Neubauten zur Verstärkung der Kriegsmarine jährlich nur einen Aufwand zwischen 44 und 39 Pf. auf den Kopf der Bevölkerung. Was aber die Kosten für die Ersatzbauten betrifft, so müßten diese unter allen Umständen beschafft werden, soll nicht der Bestand der Flotte noch mehr gefährdet werden, wie dies jetzt schon der Fall ist. Für Neubauten (Vermehrung der Flotte) und Ersatzbauten (Erhaltung der Flotte) zusammen sollen im Laufe der nächsten sieben Jahre nach einer Berechnung der Motive jährlich durchschnittlich ausgegeben werden 58,6 Millionen Mark, d. h. rund eine Mark pro Kopf der Bevölkerung.

b. Fortdauernde Ausgaben.

Eine Schätzung der Kosten für den Betrieb der Flotte sowie für Instandhaltung der im Dienst befindlichen Schiffe stellt sich unter der Voraussetzung der Annahme des Gesetzentwurfes für das Jahr 1904 auf 26,9 Millionen Mark.

Die nachfolgende Tabelle gewährt einen Ueberblick, wie sich die Kosten auf die einzelnen Zwecke der Indiensthaltung im Vergleich mit dem für 1897 gültigen Vertheilungsmodus vertheilen:

	1897		1904	
	Millionen Mark.	Prozent.	Millionen Mark.	Prozent.
Schlachtflotte	9,0	50	13,7	51
Auslandsschiffe	4,2	23	7,2	27
Schulschiffe	3,7	21	4,1	15
Spezialschiffe	0,9	5	1,7	6
Sonstige Zwecke	0,1	1	0,2	1
Im Ganzen	17,9	100	26,9	100

Durch die Ziffern dieser Tabelle wird ohne Weiteres die auf S. 69 der Richterschen Broschüre „Flotte und Flottengesetz" enthaltene Behauptung widerlegt: „Für die Schlachtflotte erhöhen sich die Kosten der Indiensthaltung nach der Begründung um 51 pCt., für die Auslandsschiffe nur um 27 pCt." Dies ist falsch: Für die Schlachtflotte steigen die Kosten der Indiensthaltung um 1 pCt., für die Auslandsschiffe um 4 pCt. der Gesammtsumme. Was die Steigerung anlangt, so beträgt die Zunahme bei der Schlachtflotte bis 1904 4,7 Millionen Mark, das sind gegen 1897 ungefähr 52 pCt. mehr; bei den Auslandsschiffen beträgt die Zunahme 3 Millionen Mark, mithin etwa 71 pCt. mehr gegen 1897.

Auf den Kopf der Bevölkerung ausgerechnet, betragen die Aufwendungen für Indiensthaltungen 1897: 33 Pf., 1904: 45 Pf. — sie steigen also, das Wachsthum der Bevölkerung berücksichtigt, um 12 Pf. pro Kopf.

Die Kosten für das Gesammtpersonal werden, soweit die Geldverpflegung der Marinetheile in Frage kommt, im Jahre 1904 nach annähernder Berechnung 19,2 Millionen betragen, das sind etwa 32 Pf. pro Kopf der Bevölkerung, während sie jetzt etwa 25 Pf. ausmachen.

An fortdauernden Ausgaben insgesammt sind 1897 bewilligt worden 59,4 Millionen, etatisirt für 1898 62,6 Millionen. In den letzten sieben Jahren sind die Beträge für fortdauernde Ausgaben jährlich um 3 Millionen Mark gestiegen. Selbst bei hoher Veranschlagung wird die Steigerung in den nächsten sieben Jahren — also bis 1904 — jährlich nicht mehr als 4 Millionen betragen; denn eine Vermehrung der Indiensthaltungen und der dadurch bedingten Verstärkung des Personals wird nicht auf sämmtlichen anderen Gebieten eine ebenso starke Vermehrung der fortdauernden Ausgaben nach sich ziehen. Gegenüber dem Anwachsen der fortdauernden Ausgaben in den letzten sieben Jahren bedeutet die muthmaßliche Entwickelung dieses Etattheiles nur eine jährliche Mehrbelastung von nicht ganz 2 Pf. pro Kopf der Bevölkerung.

c. Sonstige einmalige Ausgaben.

In den letzten sieben Jahren haben sie durchschnittlich jährlich 6,9 Millionen betragen, nämlich in der ganzen Zeit für Küstenbefestigungen 16,7 Millionen, Werft- und Hafenbauten 10,3, Artillerie-, Torpedo- und Minenbauten 2,7, Garnisonbauten 3,8, verschiedene Ausgaben 15 Millionen. „Eine erhebliche Vermehrung der Werftbauten ist nicht nothwendig, da der Bau der neuen Schiffe möglichst der Privatindustrie übertragen werden soll. Auch eine nennenswerthe Vermehrung der Kasernen kommt nicht in Frage, da die Personalvermehrung zum größten Theil dauernd eingeschifft sein wird“, bemerken die Motive. Es wird daher angenommen, daß ein Zuschlag von 25 pCt. zu dem Durchschnittssatze der letzten sieben Jahre genüge, um während der nächsten sieben Jahre auszukommen. Dann ergiebt sich eine Jahresforderung von 8,7 Millionen Mark für „sonstige einmalige Ausgaben“.

d. Voraussichtliche Höhe der Marineetats von 1899 bis 1904 im Vergleich mit 1897 und 1898.

In den Motiven wird die muthmaßliche Entwickelung des Marineetats in den nächsten Jahren in folgender Tabelle angegeben:

	1897 bewilligt	1898 gefordert	1899	1900	1901	1902	1903	1904
			geschätzt					
Schiffbau einschl. Artillerie- und Torpedoarmirung . . .	49,1	51,4	55,5	64,6	64,3	62,4	58,5	53,6
Sonstige einmalige Ausgaben	9	7,7	8,7	8,7	8,7	8,7	8,7	8,7
Fortdauernde Ausgaben . . .	59,4	62,6	67,4	71,4	75,4	79,4	83,4	87,4
Marineetat	117,5	121,7	131,6	144,7	148,4	150,5	150,6	149,7

Die Richtersche Broschüre „Flotte und Flottengesetz“ sucht mit der Gesammtsumme der auf sieben Jahre vertheilten Aufwendungen für die Marine zu schrecken. Diesem durchsichtigen Manöver stellen wir abermals die Berechnung pro Kopf der Bevölkerung und Jahr entgegen; daraus ergiebt sich für 1897 (bei rund 54 Millionen Bevölkerung): 2 Mk. 18 Pf. und für 1904 (bei rund 58 Millionen Bevölkerung): 2 Mk. 68 Pf. — also in sieben Jahren nur eine Steigerung um 50 Pf. Mit dem Jahre 1904 ist aber nach den Vorschlägen des Gesetzentwurfes der Sollbestand der Flotte erreicht, es ist dann keine Vermehrung und folglich auch kein Neubau mehr geplant, das Retablissement ist abgeschlossen, und es kommen nur noch Ersatzbauten zur Erhaltung des Sollbestandes in Betracht. Damit aber sinken die Kosten für den Schiffbau erheblich; schon im Jahre 1904 sind sie um 11 Millionen geringer als im Jahre 1900, wo sie das Maximum erreichen.

Aber selbst wenn man, wie dies eine Broschüre des Abgeordneten Müller (Fulda) thut, den nach 1904 eintretenden Beharrungszustand des Aufwandes für die Flotte, einschließlich der Vermehrung der Schuldzinsen und der Pensionslast, auf 150 bis 160 Millionen veranschlagt, so treffen auf den Kopf der Bevölkerung auch dann nur etwa 2 ½ bis 2 ¾ Mk., da man auch den Zuwachs an Volkszahl in Betracht ziehen muß. Die Steigerung ist also gegen heute nicht sehr erheblich, und hinter den Aufwendungen anderer Großstaaten für die Kriegsflotte (vergl. den Artikel Uebersicht der Ausgaben für die Flotte in den wichtigsten Großstaaten) bleiben die finanziellen Forderungen des Gesetzentwurfes weit zurück. (Ueber die Deckung der Kosten für die Verstärkung und Erhaltung der Marine siehe diesen Artikel.)

Ausfallflotte.

(Ueber Blockade, Küstenvertheidigung, Offensivvermögen, Schlachtflotte besondere Artikel.)

Größeren Seemächten gegenüber hat die deutsche Schlachtflotte lediglich die Bedeutung einer Ausfallflotte. Jede weitergehende Verwendung ist durch die geringe Stärke, die das Gesetz festlegt, ausgeschlossen.

Im Richterschen „ABC-Buch" wird der Einwand erhoben, es sei nicht ersichtlich, was dazu veranlaßte, zur Bildung einer Ausfallflotte sämmtliche größeren Schlachtschiffe einheitlich zusammenzufassen. Der Grundsatz des Feldmarschalls Grafen v. Moltke — vereint zu schlagen — um Erfolg zu erringen, scheint also doch noch nicht überall bekannt zu sein. Warum ist denn der Kaiser Wilhelms-Kanal erbaut worden? Doch nur, um eine strategische Zwickmühle für die Flotte zu schaffen, denn „die Möglichkeit, mit dem Ganzen aus einem Loche hervorzukommen, macht die Defensive stärker" — schrieb Fürst Bismarck als Randbemerkung zu dem Urtheile des Grafen v. Moltke, daß wir im Kriege in beiden Meeren angegriffen werden könnten. Gelänge den Feinden, genau gleichzeitig vor der Elbe und vor Kiel mit starken Flotten uns anzugreifen, so bleibt auch dann nichts übrig, als erst den einen mit der ganzen Ausfallflotte womöglich zurückzuwerfen, während die Kräfte der lokalen Küstenvertheidigung den andern aufhalten und beschäftigen müssen, bis sie ebenfalls von der Schlachtflotte entlastet werden können.

Ausland.

Hinsichtlich des Aufenthaltsortes unserer Kriegsschiffe unterscheidet man die heimischen Gewässer und das Ausland.

Ein Schiff befindet sich im Auslande, sobald es im englischen Kanal die Linie Dover—Calais oder im Norden von Schottland den 3. Grad Westlänge von Greenwich oder den Breitenparallel von 60 Grad überschritten hat.

Das Ausland wird für die Verwendung unserer Kriegsschiffe in Stationen getheilt, und zwar unterscheidet man die ostasiatische, die australische, die ostamerikanische, die westamerikanische, die ostafrikanische, die westafrikanische und die Mittelmeer-Station. Auf diesen Stationen sollen sich dauernd kleine Kreuzer und Kanonenboote befinden, um die deutschen Interessen zu wahren und in unseren Kolonien Ruhe und Ordnung unter den Eingeborenen aufrecht zu erhalten. Wird für diese Aufgaben zeitweise eine größere Machtentfaltung nothwendig, so sollen einige Schiffe größerer Gefechtsstärke nach der betreffenden Station entsandt werden.

Außerdem werden vorübergehend einige Auslandsstationen von den Schulschiffen besucht.

Augenblicklich befinden sich im Auslande:

auf der ostasiatischen Station dauernd der kleine Kreuzer „Cormoran“ sowie ferner das Kreuzergeschwader, bestehend aus S. M. S. S. „Kaiser“, „Deutschland“, „Kaiserin Augusta“, „Irene“, „Prinzeß Wilhelm“, „Gefion“ und „Arcona“;

auf der australischen Station die beiden kleinen Kreuzer „Bussard“ und „Falke“;

auf der ostamerikanischen Station der kleine Kreuzer „Geier“ und vorübergehend bis Ende Februar die Schulschiffe „Charlotte“, „Stein“, „Gneisenau“;

auf der westamerikanischen Station z. Z. kein Schiff;

auf der ostafrikanischen Station die beiden kleinen Kreuzer „Seeadler“ und „Condor“;

auf der westafrikanischen Station die beiden Kanonenboote „Habicht“ und „Wolf“ und vorübergehend bis zu diesem Frühjahr das Schulschiff „Nixe“;

auf der Mittelmeer-Station das Stationsschiff „Loreley“ und vorübergehend das Linienschiff „Oldenburg“

Auslandsschiffe.

In der Begründung des Flottengesetzentwurfs ist über die Auslandsschiffe gesagt:

„Zur Wahrnehmung der heutigen Seeinteressen des Reichs im Auslande werden

3 große Kreuzer, und zwar
2 in Ostasien,
1 in Mittel- und Südamerika;

10 kleine Kreuzer, und zwar
3 in Ostasien,
3 in Mittel- und Südamerika,
2 in Ostafrika,
2 in der Südsee;
4 Kanonenboote, und zwar
2 in Ostasien,
2 in Westafrika;
1 Stationsschiff

für erforderlich erachtet. Im laufenden Jahre konnten zur Vertretung der deutschen Interessen nur

2 große Kreuzer,
8 kleine Kreuzer,
2 Kanonenboote und
1 Stationsschiff

verfügbar gemacht werden, und auch dies nur dadurch, daß der heimischen Schlachtflotte die drei besten und brauchbarsten der vorhandenen Aufklärungsschiffe entzogen wurden.

Um aber den Auslandsdienst in obigem Umfange zu versehen, ist in der Heimath eine Materialreserve erforderlich, aus der reparaturbedürftige Schiffe ersetzt werden können.

Diese Materialreserve ist so hoch zu bemessen, daß sich aus ihr auch Verstärkungen entnehmen lassen, wenn zur Beilegung entstandener Konflikte eine größere Machtentfaltung an Ort und Stelle nothwendig wird.

Für solche Zwecke planmäßig die im Dienste befindlichen Aufklärungsschiffe zu verwenden, ist nicht angängig. Wenn es nothwendig ist, Verstärkungen mit möglichster Beschleunigung ins Ausland zu schicken, wird man allerdings auf diese Schiffe zurückgreifen müssen. Dann ist es aber erforderlich, die bei der Schlachtflotte entstandenen Lücken durch Schiffe der Materialreserve sofort wieder auszufüllen, da die heimische Schlachtflotte die Aufklärungsschiffe nicht entbehren kann.

Als Materialreserve für den Auslandsdienst werden hiernach

3 große Kreuzer und
4 kleine Kreuzer

für erforderlich erachtet."

Nach § 4 des Gesetzentwurfs unterliegt die Bereitstellung der für die Indiensthaltung von Auslandsschiffen erforderlichen

Mittel der jährlichen Festsetzung durch den Reichshaushalts-Etat nach Maßgabe des Bedarfs.

Nach § 5 des Gesetzentwurfs sollen an Deckoffizieren, Unteroffizieren und Gemeinen der Matrosendivisionen, Werftdivisionen und Torpedoabtheilungen vorhanden sein: eineinhalbfache Besatzungen für die im Auslande befindlichen Schiffe.

Die Verstärkung der für den Auslandsdienst bestimmten Streitkräfte kommt vornehmlich für die südamerikanische Station in Frage und besteht außerdem in der Schaffung einer ausreichenden Materialreserve. Nach der Annahme des Flottengesetzes würde also zukünftig auch bei außerordentlichen Vorfällen nicht immer sofort auf die Panzerschiffe und Schulschiffe zurückgegriffen werden müssen, sondern die nöthigen Verstärkungen würden aus den stets bereiten Aufklärungsschiffen der heimischen Schlachtflotte entnommen werden können, diese dann aber wieder durch Schiffe der Materialreserve ersetzt werden.

Ueber die Forderung des Gesetzentwurfs in Beziehung auf die Auslandsschiffe erklärte Dr. Lieber auch im Namen seiner politischen Freunde: „daß man hier wesentliche Bedenken gegen die augenblicklich geforderte Zahl nicht hat. Man ist der Meinung, daß in dieser Hinsicht ein Minderes kaum gefordert werden kann". „Auch bei der Freisinnigen Volkspartei besteht" (wie Richters „ABC-Buch" S. 472 sagt) „keine Meinungsverschiedenheit darüber, daß Kriegsschiffe auch in gewissem Umfange zum Schutze von Handelsinteressen in überseeischen Gebieten erforderlich sind." Herr Richter scheint sogar zu wünschen, daß auch die Indienststellung der Auslandsschiffe durch das Gesetz festgelegt werde, denn er schreibt auf S. 471 a. a. O.: „Die Indienststellung wird nur festgelegt für die Schlachtflotte, nicht aber für die Auslandsflotte. Gerade diese einseitige Festlegung ist eher geeignet, den Auslandsdienst zu beeinträchtigen."

Das wäre auch sehr schön, aber diese Indiensthaltungen „lassen sich nicht gesetzlich festlegen, weil sie nicht auf einer organisatorischen Grundlage beruhen, sondern durch den wechselnden Bedarf bestimmt werden". (Gesetz S. 17.)

Ausnutzung der Gefechtsformation.

(Ueber Schlachtflotte besonderer Artikel.)

Die Begründung zum Entwurf des Flottengesetzes sagt darüber:

„Zur Beschaffung dieser Zahl von Linienschiffen zwingt aber noch eine andere Ueberlegung. Damit die Schlachtflotte auch im Gefecht mit einer überlegenen Flotte eine Möglichkeit des Erfolges hat, muß die eigene Gefechtsformation so viele Schiffe enthalten, als in einer Formation einheitlich geleitet und zur vollen Ausnutzung gebracht werden können. Dies sind nach unseren eingehenden Erprobungen 16 Schiffe — eine Flotte aus zwei Geschwadern zu je acht Schiffen. Geht die feindliche Formation über diese Zahl hinaus, so kann das Mehr an Schiffen nicht zur vollen Ausnutzung gebracht werden, bildet sogar insofern ein Moment der Schwäche, als es die Leitung der Formation erschwert und die Beweglichkeit derselben vermindert. Geht die eigene Flotte unter diese Zahl herunter, so vermindert sich für den Kampf mit einer überlegenen Flotte die Aussicht auf Erfolg ganz unverhältnißmäßig."

Man hat es hier mit denselben Erwägungen zu thun, die zur Festlegung der Stärke der einzelnen Truppenkörper des Heeres geführt haben. Die Stärken der Kompagnien, Bataillone, Regimenter, Divisionen und Armeekorps sowie ihre organische Zusammensetzung sind aus taktischen Gründen längst festgesetzt; denn von ihnen hängt die Schlagfertigkeit der Armee im Kriege ab. Dasselbe und nichts Anderes soll durch den Entwurf zum Flottengesetz mit der Schlachtflotte geschehen; auch ihre taktischen Einheiten sollen der willkürlichen Veränderlichkeit enthoben werden. Die Schiffszahl soll also dem taktischen Bedarf angepaßt werden, während bisher unlogischerweise die Taktik den schwankenden Flottenstärken angepaßt werden mußte, wodurch die Ausnutzung bewährter Formationen unmöglich gemacht wurde. Die Abwägung der Zahl der Linienschiffe nach der günstigsten taktischen Form der Schlachtflotte erhöht auch deshalb die Schlagfertigkeit und Kriegstüchtigkeit, weil dann das gesammte Personal — genau wie in der Armee — schon im Frieden in genau denselben Verbänden für den Krieg geschult werden kann.

Auswanderung.

(Siehe unter „Wanderung".)

Aviso

ist die Bezeichnung für kleine, schnelle Schiffe, welche den Geschwadern von Panzerschiffen beigegeben werden, um den

Aufklärungs-, Vorposten- und Nachrichtendienst zu versehen. Früher waren dieselben ungepanzert und wurden nur in geringer Zahl den Panzergeschwadern beigegeben.

Später versah man diese Fahrzeuge mit einem leichten Panzerschutz und machte sie dadurch zu geschützten Avisos. Heutzutage besteht kein Unterschied mehr zwischen einem kleinen geschützten Kreuzer und einem Aviso, und hat man daher die letztere Bezeichnung für solche Schiffe fallen gelassen. — Es ist daher ein Irrthum, wenn in dem Richterschen „ABC-Buch“ behauptet wird, die Ansichten über den Werth der Avisos hätten sich von Grund aus geändert. Geändert hat sich nur ihre Benennung. Schon im Etat 1897 ist in den Erläuterungen zum Bau des Ersatzes Aviso „Falke“ zum Ausdruck gekommen, daß Avisos und kleine Kreuzer gleichwerthig verwandt werden und dasselbe für die Zwecke der Marine bedeuten.

Der Vermehrung der Zahl der Aufklärungsschiffe liegen taktische Erwägungen zu Grunde. Die Flotte bedarf nach heutigen Anschauungen mehr Schiffe zum Aufklärungsdienst als in früherer Zeit, wie die umfangreichen Erprobungen und Manöver der letzten Jahre klar dargethan haben.

Beischiffe

sind die einem anderen Schiff beigegebenen Schiffe, welche dasselbe bei Erfüllung seiner Aufgaben zu unterstützen haben.

Im Flottengesetzentwurf sind unter den Indiensthaltungen für das Artillerie-Schulschiff zwei Beischiffe vorgesehen, welche die Ausbildung der Schnellladekanonen-, Maschinenkanonen- und Maschinengewehr-Schützen übernehmen sollen.

Das Artillerie-Schulschiff selbst ist für diese Zwecke nicht verfügbar, da es durch die Ausbildung der Offiziere und Seekadetten sowie der Geschützführer für die großen Geschütze vollauf in Anspruch genommen ist.

Bemannungsfrage.

Der durch die Verstärkung der Flotte bedingte Mehrbedarf an Mannschaften kann gedeckt werden. Sowohl in der Kriegs- wie in der Handelsflotte hat die Erfahrung gelehrt, daß unter Anleitung eines Stammes von Seeleuten Mannschaften aus der Landbevölkerung sich schnell an Bord einleben und in kurzer Zeit den Anforderungen genügen.

Auf Kriegsschiffen, auf denen die Mannschaften einen systematischen Ausbildungsgang durchmachen, stehen ihrer Verwendung auch in großer Zahl Bedenken nicht entgegen.

Die Etatsvermehrung der seemännischen Unteroffiziere soll nach der Begründung zur Flottenvorlage durch Erhöhung des Etats der Schiffsjungen um jährlich 400 erfolgen. Eine weitere Ergänzung erfolgt durch Kapitulanten. An beiden ist kein Mangel.

Da die Handelsmarine sich von Jahr zu Jahr schneller um Dampfer vermehrt, während die Segelschiffe zurückgehen, so ist die Zahl der seebefahrenen Matrosen in Deutschland seit 1873 geringer geworden, weil der Bedarf geringer ist; aber dafür ist die Zahl der Heizer und Maschinisten (die auch zum Marinedienst herangezogen werden), von 1873 auf 1898 ganz riesig gewachsen. Außerdem hat sich die Zahl der seedienstpflichtigen Fischer inzwischen etwa verdreifacht infolge der Fürsorge für die Hebung der Seefischerei. Was den Ersatz von Mannschaften betrifft, so können die Torpedoabtheilungen und die Werftdivisionen fast ihren ganzen Bedarf, die Matrosendivisionen etwa 2/3 ihres Bedarfs aus dem jährlichen dienstpflichtigen Ersatz der seemännischen Bevölkerung decken; an Freiwilligen aus der Landbevölkerung ist bisher aber kein Mangel gewesen.

Beschaffungsfrist.

(Siehe „Septennat".)

Bevölkerungszunahme.

(Siehe unter „Volksvermehrung".)

Blockade.

(Ueber Blockadeabwehr, Blockadegefahr und Seerecht besondere Artikel.)

Unter Blockade versteht man die Absperrung von Häfen und Küstengewässern mit Hülfe von Seestreitkräften (Blockadeflotten); sie bezweckt, die betreffenden Häfen und Küsten gänzlich vom Handelsseeverkehr, auch von dem unter neutraler Flagge, auszuschließen. Die Blockade kann schon im Frieden als Gewaltmittel angewendet werden, wie z. B. gegen Griechenland 1886, bildet aber für Seestaaten, die nicht ganz ohnmächtig zur See sind, meist den Casus belli. Nach den herrschenden und fast allgemein anerkannten seerechtlichen Gepflogenheiten soll die Blockade den neutralen Staaten rechtzeitig angemeldet werden, auch soll den neutralen Schiffen eine Frist zum Auslaufen aus den blockirten Gewässern gewährt werden, wenn sie kein Kriegssperrgut (sogenannte **Kriegskontrebande**, siehe besonderen Artikel) führen. Die Blockade kann auch nur auf Absperrung der Zufuhr (z. B. von Waffen) oder der Ausfuhr (z. B. von Sklaven) gerichtet sein. Schiffe in Seenoth dürfen blockirte Häfen anlaufen. Neutrale Kriegsschiffe dürfen sich im Blockadegebiet aufhalten, aber lediglich zum Schutze ihrer bedrohten Landesangehörigen.

Im Allgemeinen soll die Blockade *wirksam* vollzogen werden, wenn sie für die Neutralen rechtsverbindlich sein soll: mit anderen Worten, der Blockirende darf nur dann neutrale Schiffe als *Blockadebrecher* „aufbringen“, d. h. wegnehmen, wenn das neutrale Schiff Kenntniß von der Blockade hatte, und wenn es innerhalb der blockirten Gewässer beim Versuche aufgegriffen wurde, in die blockirten Häfen hinein- oder aus ihnen herauszulaufen. Nach allgemeiner Rechtsgepflogenheit hört die Blockade auf, rechtsverbindlich zu sein, wenn die blockirenden Schiffe aus anderen Gründen, wie aus höherer Gewalt (Sturm, Seenoth, große Havarie), ihre Blockadestation verlassen haben. Das Gelingen eines beabsichtigten Blockadebruchs in vereinzelten Fällen ändert an dem Bestehen der Blockade gar nichts, vorausgesetzt, daß dieses Einzelunternehmen mit Gefahr verbunden war.

Die Bedingungen für die *wirksame* oder *effektive* Blockade sind als Punkt 4 der Seekriegsrechtsdeklaration des Pariser Kongresses vom 15. April 1856 festgesetzt worden. Diese Deklaration (oder Rechtserklärung) leidet, wie alle internationalen Abkommen, zunächst daran, daß starke Seemächte sie jederzeit beugen, d. h. zu ihren Gunsten auslegen können, und ferner daran, daß sie nicht einmal allgemein anerkannt ist; die Vereinigten Staaten von Nordamerika sind der Deklaration bis auf den heutigen Tag nicht beigetreten, Spanien und Mexiko auch nur mit gewissen Vorbehalten. Ferner darf man nicht aus dem Auge lassen, daß zur Zeit des Abschlusses der Deklaration, im Jahre 1856, der Seekrieg — also auch die Blockade — in wesentlich anderen Formen sich abspielte, als heutzutage. Kriegsdampfer wie Handelsdampfer befanden sich noch im ersten Entwickelungsstadium, der Kern der Kriegs-

und Handelsflotten bestand noch aus Segelschiffen. Der Segelschiffsverkehr mit seiner großen Abhängigkeit vom Winde forderte damals eine anders geartete Bewachung der Blockadegebiete, als sie heutzutage mit Hülfe sehr schneller Kreuzer als Blockadewächter nöthig ist. Deshalb versuchte Dänemark schon 1864, also gegen Ende des ersten Jahrzehnts nach dem Abschluß der Pariser Deklaration, den Begriff der wirksamen Blockade zu ändern; die dänische Regierung erklärte nämlich die Häfen Cammin, Swinemünde, Wolgast, Greifswald, Stralsund und Barth als blockirt, schickte dazu aber nur ein Blockadegeschwader von vier Schiffen in die Höhe von Rügen, so daß thatsächlich kein einziger der genannten Häfen gesperrt war, z. B. wurden vor Swinemünde im ganzen Monat März nur dreimal dänische Kriegsschiffe beobachtet. Die preußische Regierung erkannte zwar diese Blockade nicht als zu Recht bestehend an, theilte dies den Neutralen auch mit, erhielt aber dabei z. B. von Frankreich die sehr zweideutige Antwort (nach dem Generalstabswerk von 1864, Bd. II, S. 458), daß sich Dänemark, *falls die Blockade nicht wirksam sei*, völkerrechtlichen Entschädigungsansprüchen aussetze. Bei der erwiesen unfreundlichen Haltung Englands gegen Oesterreich und Preußen im Jahre 1864 (z. B. hatte England das Einlaufen des österreichischen Geschwaders nur zu dem Zwecke, „*den deutschen Handel in der Nordsee zu schützen*“, gestattet, wie im Generalstabswerk, Bd. I, S. 286 zu lesen ist) ist der Zweifel daran durchaus berechtigt, ob der damals seemächtigste neutrale Staat, nämlich England, Streitfragen in Blockadeangelegenheiten zu unseren Gunsten entschieden haben würde. Sei dem in diesem besondern Falle auch wie ihm wolle, jedenfalls ist zuzugeben, daß Begriffe, auch rechtliche, wandelbar sind. Wenn eine Blockadeflotte überhaupt im Stande ist, Blockadebrecher ernstlich zu bedrohen oder zu gefährden, so ist die Blockade wirksam, gleichgültig, auf welche Weise der Blockirende seinen Zweck erreicht. England namentlich hat, gestützt auf seine maritime Uebermacht den Blockadebestimmungen stets eine beliebige Auslegung gegeben. (*Kiesselbach*, Die Kontinentalsperre, S. 45 ff.)

Wenige Meerestheile sind so bequem zu blockiren wie die deutsche Bucht der Nordsee. Um den *Seeverkehr zu sperren, genügt eine weitläufige Kette sehr schneller Kreuzer, die zwischen Wangeroog und Sylt stationirt sein müßten, sei es stillliegend, sei es hin und her* dampfend. Der Kern der Blockadeflotte, die feindlichen Schlachtschiffe, würden sich irgendwo hinter ihren Kreuzern aufhalten und würden dadurch vor überraschenden Angriffen von Torpedobootsflottillen geschützt sein; denn die Kreuzer genügen zur Bekämpfung der Torpedoboote. Naht aber die deutsche Ausfallflotte, so würden die feindlichen Kreuzer die eigene Schlachtflotte herbeirufen, damit diese die Entscheidung über die Seeherrschaft in den blockirten Gewässern ausfechte. Ein seemächtiger Feind würde also nur die Erklärung an die Neutralen abgeben, daß er die deutsche Nordsee-Bucht als sein Blockadegebiet betrachte und jedes in diesem Meerestheile aufgegriffene Schiff als Blockadebrecher behandeln würde. Daß auf diesem großen Gebiete einzelnen Schnelldampfern der Blockadebruch möglicherweise gelegentlich gelingen wird, ändert durchaus nichts an der Wirksamkeit der Blockade, wenn der Blockirende nur so viele schnelle Kreuzer besitzt, um jedes aus- oder einlaufende Schiff bedrohen zu können. Man vergesse dabei nicht, daß die Schußweite der Schiffsgeschütze sich seit 1856 ungefähr verdreifacht hat, daß ferner die Schußsicherheit auf große Entfernungen ganz außerordentlich gesteigert ist und daß schließlich nur sehr wenige Handelsdampfer die große Geschwindigkeit der modernen kleinen und mittelgroßen Kriegskreuzer haben. Also schon die technischen Fortschritte in den Waffen des Seekriegs und im Dampferbau erleichtern eine Ausdehnung des Blockadebegriffs, ohne daß dabei die Blockade weniger wirksam wird als bei wörtlicher Befolgung der 1856er Deklaration.

Es ist klar, daß durch Blockaden die Interessen Neutraler erheblich geschädigt werden. Auch neutrale Staaten, die große Seeinteressen haben, bedürfen daher einer starken Flotte, um ihre Interessen und Rechte als Neutrale den Kriegführenden gegenüber zur See wahren zu können.

Blockadeabwehr.

(Ueber Blockade, Blockadegefahr, Küstenvertheidigung, Schlachtflotte besondere Artikel.)

Die Verhinderung einer wirksamen Blockade der deutschen Häfen und die Offenhaltung der benachbarten Meere sind die Hauptaufgaben der deutschen Flotte. — Daß die Blockadeverhinderung nicht durch eine passive

Küstenvertheidigung zu erreichen ist, muß überall anerkannt werden. Denn „zum Schutz der Nord- und Ostsee“ (wie der Reichstagsabgeordnete Richter am 7. Dezember die eine Hauptaufgabe der Flotte bezeichnet) genügen weder Küstenkanonen, noch Minensperren, noch kleine Küstenpanzerschiffe. Um die Nordsee und Ostsee schützen zu können, muß man feindliche Schiffe, also auch feindliche Blockadeflotten, aus diesen Gewässern hinauswerfen können; denn solange der Feind diese Gewässer in seiner Gewalt hat, sind sie eben ungeschützt, und der Feind kann mit seinen schnellen Aufklärungskreuzern den Schiffsverkehr nach und von deutschen Häfen vollständig verhindern. „Die Defensive kann unter Umständen“, sagt Richter sehr richtig, „nur durch offensive Vorstöße wirksam gemacht werden“, mit anderen Worten, ohne Offensivvermögen ist eine Blockadeabwehr, d. h. ein wirksamer Schutz der Nordsee und Ostsee, nicht möglich; denn ein Schutz, eine Vertheidigung gegen die Blockadegefahr ist eben ein solcher Umstand, der offensive Vorstöße fordert. Verschiedene Ansichten können nur über die Art und Stärke der Streitmittel bestehen, die zur Blockadeabwehr erforderlich sind. Um was handelt es sich dabei? Doch offenbar darum, feindliche Panzerschiffe stärkster Art (wie sie eben heutzutage bei allen größeren Seemächten in großer Zahl vorhanden sind) auf hoher See, d. h. aus Sicht der Küste, also etwa 10 bis 15 Seemeilen von ihr entfernt, anzugreifen, um sie zur Aufgabe ihrer Blockadestellung, d. h. zum Rückzug aus dem inneren Theile der Nordsee, der sogenannten deutschen Bucht der Nordsee, zu zwingen oder aus den Gewässern vor den deutschen Ostsee-Häfen zu vertreiben. Es ist sehr beachtenswerth, daß man demgemäß schon vor 30 Jahren, nämlich bei der Aufstellung des Flottenplanes von 1867, erkannt hatte, welche Art von Seestreitmitteln in erster Reihe unentbehrlich seien. In den Motiven zu jenem Gesetzentwurf wird gesagt: „Die erste Hauptklasse besteht aus Schiffen, welche bestimmt sind, **gegen den Feind die hohe See zu behaupten und ihn dort mit Erfolg anzugreifen.** Bisher vorherrschend von Linienschiffen gebildet, besteht diese Abtheilung gegenwärtig fast durchweg bei allen Marinen aus Panzerschiffen.“ Richters „ABC-Buch“ von 1898 verweist demgegenüber auf einen Satz der Denkschrift von 1884: „Zahlreichen und gut gebrauchten Torpedobooten gegenüber wird die Durchführung einer Blockade nur schwer möglich sein.“ Man beachte, daß dieser Satz vor 1½ Jahrzehnten aufgestellt wurde, zu einer Zeit, wo die Entwickelung der Torpedowaffe einen Gipfelpunkt erreicht hatte, den sie seitdem nur in gewissen Einzelheiten noch überschritten hat. Dagegen sind die übrigen Seekriegswaffen, besonders die Schnellfeuergeschütze, in dem letzten Jahrzehnt derart vervollkommnet (vergl. Entwickelung des Flottenmaterials), daß der relative Werth der Torpedos als Hochseekriegswaffe heute ganz wesentlich geringer ist, als manche damals annahmen. Darüber sind die verantwortlichen Fachleute aller Seestaaten heute einig, das beweist der seit 1885 in allen Seestaaten stark zunehmende Bau von Hochseeschlachtschiffen. Für gelegentliche, nächtliche Beunruhigung der Blockadekreuzer, vielleicht auch für die Unterstützung der Schlachtflotte bei Angriffen auf die feindlichen Panzerschiffe behalten die Torpedoboote (und ihre größere Abart, die sogenannten Torpedobootszerstörer) auch jetzt noch ihren Gefechtswerth — aber eben nach wie vor nur als Gelegenheitswaffe. Panzerschiffe können nur durch Panzerschiffe bekämpft werden; Torpedoboote allein ohne Bedeckung von Schiffen können bei Tage auf offener See den modernen Linienschiffen nichts anhaben, weil sie mit Sicherheit abgeschossen werden, bevor sie auf brauchbare Torpedoschußweite herangekommen sind. Je größer die Schlachtschiffe sind, um so ruhigere Plattformen bilden sie für ihre Schnellfeuergeschütze. Mit Hülfe der elektrischen Scheinwerfer ist es guten Schützen auch nachts nicht schwer, die Torpedoboote kampfunfähig zu machen, ehe sie auf Torpedoschußweite (höchstens 300 m) herangekommen sind.

Kürzlich hat ein englischer Admiral a. D., Namens Colomb, einen für Parteipolitiker sensationellen Erisapfel, vielleicht nicht ohne böse Absicht gegen uns, zwischen die längst abgeklärten Ansichten der Fachleute zu werfen versucht, der aber weder irgend einem anderen englischen noch einem deutschen Admiral imponiren konnte, weil die Sache weder neu, noch verständig ist. Er will nämlich einen gepanzerten Torpedobootszerstörer schaffen, der jedem Panzerschiff überlegen sein soll; sein Vortrag über dieses **neue Panzerschiff** (dessen Dimensionen Colomb selbst noch nicht bestimmt hat), wurde von **allen** bei der Sitzung anwesenden Fachleuten gründlich widerlegt. Gepanzerte Torpedoboote sind auch in Deutschland versucht, bewähren sich aber gar nicht, weil ihnen der Schwere wegen zu viel an Geschwindigkeit verloren gehen muß. Wie im Richterschen „ABC-Buch“ zu lesen, sagt ja schon die oben erwähnte Caprivische Denkschrift von 1884, es könne gleichwohl kein Zweifel darüber sein, daß gepanzerte Schiffe auch bei den bescheidensten Ansprüchen für die deutsche Flotte nicht zu entbehren sind (siehe Artikel Schlachtflotte). Eine starke Schlachtflotte von Linienschiffen ist nöthig, um die Blockade abzuwehren und unsere Häfen offen zu halten.

Ueber Blockadeabwehr sagt der Kontre-Admiral z. D. Plüddemann in der Flottenumfrage der „Münchener Allgemeinen Zeitung“:

„Eine Blockade und die Versperrung der Zugänge zu den deutschen Häfen kann nur durch eine starke Flotte verhindert werden. Beim Fehlen einer solchen kann der Feind schon durch eine Anzahl kleiner, aber schneller Kreuzer eine hermetische Abschließung bewirken. Dagegen würden Armee und Küstenbefestigungen überhaupt nichts nützen. Der Feind braucht nur bei Tage außerhalb des Bereichs der Kanonen zu bleiben. Schlage man sich einmal auf der Landkarte mit dem Zirkel einen Kreis von, sagen wir drei Meilen um jeden befestigten Küstenpunkt und sehe dann zu, welche Meeresflächen dadurch bei Tage unbefahrbar gemacht werden könnten. Sie fallen nicht ins Gewicht.“

Blockadegefahr für die Volkswirthschaft.

(Ueber Blockade, Blockadeabwehr besondere Artikel.)

Am 13. März 1851 sagte der Stettiner Abg. Wegener im preußischen Landtage: „Diese beiden Blockadejahre (1848/49) kosten uns das, wofür wir eine Flotte haben könnten, wie sie hier hingestellt ist. Die nicht in Zahlen auszusprechenden Nachtheile sind noch bedeutender.“ Er führt dann aus, daß seine Anschauungen — „Preußen muß eine Marine haben, wenn es als Großmacht dastehen will, es ist unverantwortlich von den Räthen der Krone, daß sie diesem Gegenstand eine so geringe Aufmerksamkeit zuwenden“ — sich auf Erfahrungen gründen, die einem großen Theile seiner Mitbürger einen Theil ihres Vermögens gekostet hätten; gerade die ärmsten Provinzen hätten unter den Kalamitäten der Jahre 1848 und 1849 gelitten. „Vergessen Sie die Erfahrungen nicht, die wir gemacht haben!"

Der glänzend siegreiche Krieg von 1870/71 hat durch die Blockade der deutschen Küsten nachweisbar einen beträchtlichen Theil des Seeverkehrs von den deutschen Häfen abgelenkt und theils zeitweilig, theils dauernd den Verkehr der holländischen Häfen sowie Antwerpens und Londons gefördert. Daß die Handelsschwächung für Deutschland der Hauptsache nach nur vorübergehend war, ist lediglich dem Umstande zu danken, daß die Blockade nicht lange dauerte, und daß zu jener Zeit der Antheil der deutschen Flagge am Verkehr in unseren Häfen geringer als heute war. Heutzutage vermag eine längere Blockade schlimmere wirthschaftliche Folgen nach sich zu ziehen als ein unglücklicher aber kurzer Landkrieg.

Was zunächst die direkten Folgen angeht, so steht in der Broschüre des Abg. Müller (Fulda):

> Der auswärtige Handel würde durch einen Krieg mit einem oder mehreren der europäischen Großstaaten auch keineswegs lahm gelegt sein. . . . Dagegen würden allerdings die Frachtraten erheblich ansteigen und insbesondere der deutschen Schifffahrt im Falle eines europäischen Krieges große Nachtheile entstehen.

Der sozialdemokratische Parvus meint (in „Marineforderungen, Kolonialpolitik und Arbeiterinteressen" S. 17):

> Im Kriegsfalle könnten die deutschen Exporteure und Importeure ihre Waaren dadurch in Sicherheit bringen, daß sie die deutschen Schiffe nur zur Ausfuhr gebrauchen und die Einfuhr nach Deutschland auf fremden Schiffen besorgen lassen. Sie werden neutrale Schiffe miethen, denen sie einen um ein paar Pfennige höheren Frachtsatz per Tonne bezahlen, und ihre Fracht ist gesichert.

Beide Aussprüche beweisen die völlige Unkenntniß der Verfasser auf diesem Gebiete; denn eine Blockade hat ohne jeden Zweifel die allerschwersten Folgen für das gesammte Erwerbsleben der Nation. Wird zur selben Zeit an der Ost- und Westgrenze gefochten, dann wäre bei einer effektiven Blockade Deutschland die Möglichkeit der Versorgung mit Lebensmitteln, die Versorgung der Industrie mit Rohmaterial und jede Art von Ausfuhr über See abgeschnitten, während gleichzeitig die Bezüge durch Oesterreich-Ungarn hindurch mindestens sehr erschwert, aus Frankreich unmöglich würden. Es ist höchst wahrscheinlich, daß die Blockade sich alsdann auch auf die Häfen Belgiens und Hollands ausdehnen wird; inwieweit der Verkehr durch die Schweiz und Italien zu lenken wäre, ist nicht zu übersehen. Sicher würde gerade in diesem Falle, wo der Seehandel eine noch größere Wichtigkeit besäße, als in Friedenszeiten, eine ungeheure Verkehrserschwerung eintreten, die sich auf alle Stände für ihre Ernährung, für ihre Beschäftigung und für die Verwendung ihrer Kapitalien erstrecken müßte. Industrie und Handel würden zum großen Theile brach liegen, Arbeiter und Arbeiterinnen mangels genügender Rohmaterialien und genügenden Absatzes (vergl. Artikel Seehandel) beschäftigungslos werden, alle Preise erheblich steigen, bewegliche Kapitalien wenn möglich Arbeit im Ausland suchen.

Auch wenn nur einzelne Materialien einer Industrie abgeschnitten werden, müssen große Betriebe stocken. Will Deutschland unter diesen Verhältnissen dann importiren, so muß es, soweit die Zufuhr überhaupt möglich ist, gesteigerte Transport- und Versicherungskosten bezahlen; will es exportiren, um für die nothwendigen Zufuhren zu bezahlen, so muß es die höheren Kosten des Exportes selber tragen. Seine Handelsbilanz würde sich verschlechtern, Baargeld ausfließen gerade zur Zeit, wo es am nöthigsten im Lande gebraucht wird. Und dazu würde bei längerem Kriege ein noch gesteigertes Bedürfniß an Nahrungsmitteln eintreten, da dem heimischen Ackerbau zahlreiche Kräfte durch die Heere entzogen werden, die durch Heranziehung von Industriearbeitern bei deren Unkenntniß des landwirthschaftlichen Berufs kaum genügend ersetzt werden können.

Die Fachkreise sind anderer Ansicht als die genannten Broschüren. So erklärte man in Danzig: „Es läßt sich annehmen, daß bei einer Blockade unserer Häfen ein Einkommen aus Handel und Schifffahrt überhaupt nicht mehr fließen würde. Der Wegfall dieses Einkommens würde aber natürlich auch alle übrigen Gewerbe in mehr oder minder starke Mitleidenschaft ziehen, da bei einer See- und Handelsstadt die wichtigsten Erwerbsquellen nicht versiegen können, ohne daß das gesammte Erwerbsleben das in empfindlichster Weise verspürt."

Die Beschäftigungslosigkeit der Tausende von Hafenarbeitern — z. B. wurden allein in Hamburg während des Streiks 17 000, ausschließlich der Werft- und Speicherarbeiter, gezählt —, von anderen Arbeitern, die direkt und indirekt mit Handel und Verkehr verknüpft sind, von Hunderttausenden von Industriearbeitern und -Arbeiterinnen, deren Schaaren durch die ins Feld rückenden Truppen nur einen Bruchtheil von Entlastung empfangen würden, wird eine unausdenkbare Lage im Lande herbeiführen. Selbst wenn man annimmt, daß die Nahrungsmittelversorgung nicht stocken würde, genügt der Gedanke an die Zustände in Lancashire, als die nordamerikanische Baumwollzufuhr während des Sezessionskrieges stockte, um klar zu machen, was die Folge sein würde, wenn nicht ein Theil der Zufuhren in einer Industrie, sondern **erhebliche Theile oder die ganzen Zufuhren in zahlreichen Industrien längere Zeit ausblieben.**

Daß bei solchen Zuständen auch die Landwirthschaft aus den vorübergehend zu erzielenden hohen Preisen nur einen sehr fraglichen Nutzen davon tragen würde, liegt auf der Hand. Denn ihr würden nicht nur die Einnahmen, sondern auch die Ausgaben unendlich erhöht werden.

Breite Klassen des **Mittelstandes** aber würden in ihrer wirthschaftlichen Existenz **für immer** zu Grunde gehen, da sie bei den gesteigerten Preisen und der gesunkenen Konsumtionskraft der Volksmassen, deren Lieferanten sie als Händler oder Gewerbetreibende sind, nur zu schnell ihr kleines Kapital aufgezehrt haben würden.

Nicht sehr viel anders würde die Situation sein, wenn etwa eine Blockade nur durch eine Seemacht, etwa England, effektiv durchgeführt würde, ohne daß gleichzeitig ein Landkrieg stattfände. Hier würde allerdings die indirekte Versorgung, selbst eine Sperrung der Häfen von Belgien und Holland vorausgesetzt, etwas erleichtert werden. Im Ganzen würden aber ähnliche Wirkungen, wenn auch anfänglich in milderer Form, eintreten. England würde den Krieg ohne Zweifel sehr lange hinziehen, um uns überall möglichst vollständig zu verdrängen, und die Zustände würden dann auch sehr schlimm werden. Es ist außerdem mindestens zweifelhaft, inwieweit angesichts der heutzutage geltenden Anschauungen über die Beobachtung des Seerechts im Kriegsfalle (Admiral Aube, Sir Charles

Dilke ꝛc.) auf eine Sicherung des Privateigenthums durch die neutrale Flagge zu rechnen ist. (Vergl. den Artikel Seerecht.)

Auch der frühere Reichskanzler Graf v. Caprivi hielt die Blockadegefahr mit Rücksicht auf unseren Handel für so groß, daß wir — **„um während eines Krieges das Landheer leistungsfähig,** die Steuerzahler, die überhaupt noch Steuern zahlen, steuerfähig zu erhalten" — danach streben müßten, von unseren Küsten die Blockade fernzuhalten. In seiner Rede am 8. März 1893 führte er darüber aus:

„Um diesen Handel schützen zu können, müssen wir eine feindliche Blockade von uns fernhalten."

„Wie können wir nun aber unsere Küste vor Blockade schützen? Wie können wir es machen, daß unser Handel, wenigstens bis zu einem gewissen Grade, während des Krieges weiter geht? Das ist an den Küsten selbst im Wesentlichen nur zu machen durch gepanzerte Schiffe und Fahrzeuge und Torpedos, auf hoher See durch Kreuzer. Man kann nicht mehr, wie in alten Zeiten, ganze Flotten, die mit Getreide kommen, durch Schiffe konvoyiren und eskortiren, sondern man muß durch eigene Kreuzer die Feinde aufsuchen und sie zu vernichten suchen, um dann den eigenen Schiffen den freien Weg über den Ozean zu bereiten. Wir sind für den Kriegsfall in dieser Beziehung, namentlich, wenn wir an einen Krieg gegen Westen denken, in einer schwierigen Lage. Was bei uns eingeführt werden soll und über den Atlantischen Ozean kommt, muß entweder den Kanal passiren oder nördlich um England herumgehen. Einer an Kreuzern überlegenen feindlichen Flotte würde es nicht schwer sein, unseren Schiffen den Kanal zu sperren. Es würde ihr wahrscheinlich auch nicht schwer sein, den Weg über dem Nordende von Schottland so zu beobachten, daß die Passage für unsere Schiffe eine schwierige wird. Wir werden also immer darauf angewiesen bleiben, zunächst unsere Küsten durch Panzer und durch Torpedoboote schützen zu müssen, um den Schiffen, die nun durch den Kanal oder um das Nordende von England gekommen sind, wenn sie sich unseren Küsten nähern, den Eingang in unsere Häfen offen zu halten. Wir brauchen also die Panzer nicht, um auf Abenteuer auszugehen, **sondern um unsere Existenz während eines Landkrieges zu sichern;** denn, wenn wir während eines Krieges auf einen Import nicht mehr rechnen können, kann unsere Existenz schwer bedroht sein."

Die hamburgischen Fachleute sagen: „Der Schaden Hamburgs aus einer ... Blockade würde sich nicht annähernd ermessen lassen. Die Schiffe, die Quais, der Hafen würden still liegen, mit ihnen die Schiffsausrüstungsgeschäfte aller Art und die Werften, die Hafenarbeiter würden beschäftigungslos sein. Da die hamburgischen Industrien größtentheils auf den Bezug überseeischer Rohstoffe und auf den Absatz ihrer Erzeugnisse ins Ausland angewiesen sind, würde die ganze industrielle Thätigkeit Hamburgs ruhen. Die Folgen davon würden sich jedem Einwohner, welches Gewerbe er auch betreiben würde, aufs Empfindlichste fühlbar machen. Ob die hiesigen Kaufleute ihr Geschäft in gewissem Umfange würden fortführen können, indem sie ihre Waaren über ausländische Häfen leiten, läßt sich nicht übersehen. Jedenfalls würde das hamburgische und das bisher über Hamburg geleitete deutsche und fremde Geschäft über ausländische Häfen geleitet werden müssen und später schwer wieder für Hamburg zurückgewonnen werden können. Aller Voraussicht nach würde Hamburg seine Vorherrschaft vor den belgischen und holländischen Häfen dauernd verlieren. England würde die ihm mit Mühe abgerungene dominirende Stellung im Zwischenhandel zwischen den überseeischen Ländern und Deutschland wieder gewinnen. **Die Errungenschaften der letzten 25 Jahre im überseeischen Handel würden für Hamburg und Deutschland mit einem Schlage vernichtet sein."**

Aehnliche Ansichten haben andere Fachleute, und die entsprechenden Schlüsse sind überall zu ziehen.

Die dauernden Nachwirkungen einer Sperrung des deutschen Seehandels lassen sich daraus ermessen, daß Frankreich erst 1827 die Exportziffern von 1788 wieder erreichte. Erst 1832 kamen die Hamburgischen Schiffszahlen wieder denjenigen zu Anfang des Jahrhunderts nahe. Nach Aufhören der Napoleonischen Sperre ließen sich zahlreiche englische Handlungshäuser in Hamburg nieder. Erst nach mehr als einem Jahrzehnt vermochten die Hamburger ihren eigenen Markt wieder zu erobern. „Deutschland muß Waaren ausführen oder Menschen"; „das Deutschland von heute muß über See verkaufen oder untergehen" (Dubois: Systèmes coloniaux et peuples colonisateurs).

Würde sein Seehandel beschnitten, so müßte es seine Auswanderung künstlich antreiben und damit mangels eigener aufnahmefähiger Gebiete fremden Ländern die gefährlichste Förderung für einen gesteigerten Wettbewerb zuführen. Die wirthschaftliche Konkurrenz Deutschlands würde einzelnen Ländern gewiß Veranlassung bieten, einer Blockade Deutschlands wohlwollend zuzusehen.

Hinsichtlich der finanziellen Wirkung einer Blockade äußert in der Flottenumfrage der „Münchener Allgemeinen Zeitung“ Nr. 8 Seite 3 der Direktor der Norddeutschen Bank und Sozietär der Diskonto-Gesellschaft, Max Schinckel:

„Was eine effektive Blockade unserer großen Häfen und eine Vernichtung unserer Handelsflotte dem Reiche kosten würde, ist kaum auszumalen. Mit einem solchen Faktor darf gar nicht gerechnet werden, wenn man die Rechnung zum Stimmen bringen will. Es würden da Summen herauskommen, für welche das Zehn- und Zwanzigfache der jetzt geforderten Flotte angeschafft werden könnte.“

Ueber die Wirkung der Blockade auf die deutsche Industrie sagt der Direktor der Zwirnerei Augsburg, Zeiß, ibidem Nr. 9 Seite 7:

„. . . . . sie würde vor allen Dingen einen vollständigen Ruin unserer gesammten deutschen Industrie in finanzieller und wirthschaftlicher Beziehung bedeuten. Denn beinahe die gesammte Industrie des Deutschen Reiches hat sich in den letzten 20 Jahren so entwickelt und ausgewachsen, daß sie heute neben der möglichsten Deckung des inländischen Bedarfes unbedingt mit einem bedeutenden Prozentsatz ihrer Produktion auf den Export angewiesen ist, um, abgesehen von den Maschinen, ständig ihre Arbeiter beschäftigen zu können.“

Und über die soziale Wirkung sagt Ed. v. Hartmann:

„Während des Krieges Theuerung der nothwendigen Lebensmittel, nach dem Kriege ein tiefer Niedergang des deutschen Ausfuhrhandels, infolgedessen auch der Exportindustrie, und dadurch starke Verminderung der Arbeitsgelegenheit mit dem aus ihr entspringenden Nothstand.“

Oberbürgermeister Fuerbringer in Emden sagt hierüber Folgendes:

„Wir würden Verluste haben, die in die Milliarden gingen, während es sich jetzt bloß um Aufwendungen von 120 Millionen handelt, die demnach sehr wirthschaftlich angelegt sein werden. Die übrigen Folgen lassen sich kaum ermessen, sie würden eine vollständige Wendung in der Weltgeschichte und die Degradirung des Deutschen Reichs unter den europäischen Großmächten, sowie den Verlust der Möglichkeit einer ferneren Kolonialpolitik und des überseeischen Großhandels zur Folge haben."

Der Militärschriftsteller Hauptmann Hoenig äußert sich in der Flotten-Umfrage wie folgt über die Folgen einer Blockade:

„Eine Blockade könnte bei längerem Kriege zu einer Hungersnoth führen, Handel und Wandel schwer schädigen; zeitweise von der See abgeschnitten zu sein, mit mehr als 50 Millionen Bewohnern und steigenden Bedürfnissen, das könnte auch für einen Landkrieg von großem Schaden sein, uns zu Konzessionen zwingen, vielleicht selbst die volle Ausnutzung eines Sieges nicht mehr gestatten. Nach einem unglücklichen Kriege vom Meere ausgeschlossen zu sein, wäre der politische und wirthschaftliche Tod Deutschlands."

Oberstlieutenant Graf Moltke-Ueterſen sagt:

„Unsere industrielle und merkantile Konkurrenzfähigkeit nach fast allen Richtungen hin steht und fällt mit dem freien Zutritt zu den Meeren und mit deren ungehinderter Ausnutzung. Unsere Küsten und Häfen sind die Lungen, durch die wir athmen.

Man darf nie vergessen, daß das Deutschland am Ende des Jahrhunderts eine andere Politik führen und dazu auch über ganz andere Mittel verfügen muß, als das in engen kontinentalen Grenzen eingeschlossene Preußen, Bayern oder Sachsen aus den Zeiten des seligen Bundestages.

Eine Nation, welche von der Seegeltung ausgeschlossen ist, hat m. E. keine Zukunft mehr."

Admiral Plüddemann meint:

„Der Handel nicht nur, sondern auch der Verdienst durch die Schifffahrt wird auf das Aergste geschädigt. Wie viel das ausmachen kann, sieht man klar, wenn man erwägt, daß im Jahr 1896 Ein- und Ausfuhr des deutschen Zollgebiets einen Werth von 8,3 Milliarden, davon fünf Milliarden im Seeverkehr, hatte, und daß das in deutschen Seeschiffen angelegte Kapital etwa 500 Millionen ausmacht. Nicht nur der Nettoverdienst aus einem großen Theil dieser Milliarden geht verloren, sondern auch der Verdienst, den Millionen fleißiger Hände aus der Arbeit in den betreffenden Industrien gezogen haben. Die Ausgaben für eine starke Flotte sind eine wichtige

Versicherungsprämie gegen Schädigung des Nationaleinkommens durch Kriegsgefahren."

Der Hamburger Schiffsrheder Adolf Woermann sagt hierüber:

„Würde Deutschland sich nicht zu solchen Ausgaben entschließen können, die doch nur als Versicherungsprämie für die Erhaltung großer Kapitalien und bedeutender Interessen anzusehen sind, so würden allerdings die Folgen einer Blockirung der deutschen Küsten und eines unglücklichen Seekriegs, in welchem der größte Theil der deutschen Handelsflotte vernichtet werden könnte, unberechenbar sein. Die Rhederei würde sich von einem solchen Schlage schwer oder gar nicht wieder erholen können, weil der Muth fehlen würde, Kapital in deutschen Schiffen anzulegen."

Ueber das Elend, welches infolge einer Blockade unserer Küsten im deutschen Binnenlande entstehen würde, äußert sich Direktor A. Diederichs-Bonn in der Flottenumfrage der „Münchener Allgemeinen Zeitung" wie folgt:

„. . . Und wie schrecklich würde dies Elend gegenwärtig sein, wo unsere so ungeheuer vermehrte Bevölkerung das überseeische Getreide nicht mehr entbehren kann, wenn es nicht hohe, für die Menge unerschwingliche Brotpreise zahlen will! Denkt man sich dies Elend von den früher nur vereinzelt vorhandenen und kleinen Fabrikörtern auf die weiten Provinzen und Länder Deutschlands ausgedehnt, deren Bevölkerung jetzt von der Industrie lebt, und denkt man sich dann noch die Kontributionen und Steuern hinzu, welche im Falle unserer Besiegung in einem Kriege die Folge des feindlichen Eindringens in unser Land, der Zahlung von Milliarden an den Sieger und der Auslage ähnlicher Summen für den Ersatz verbrauchten oder verdorbenen Kriegsmaterials, zerstörter Festungen, Häfen, Eisenbahnen, Brücken u. s. w. sein würden, so kommt man auf den Gedanken, daß die Angehörigen und namentlich die Führer derjenigen Parteien, welche stets die von der Regierung für den Landesschutz als nothwendig erachteten Forderungen übermäßig beschneiden oder gar verweigern, entweder Leute sein müssen, die leichtsinnigerweise weder sich noch ihr Hab und Gut versichern, oder die — falls nicht gar die böse Freude am Nörgeln und an der Erschwerung der Landesregierung die Triebfeder ihres Thuns und Lassens ist — für ihr Land und Volk nicht dasselbe Interesse haben, wie für ihre eigene Person."

Professor Adolph Wagner-Berlin äußert sich in der Flottenumfrage auf die Frage: Welches sind die Folgen einer Blockade der deutschen Küsten?

„Die traurigsten, der unmittelbare Ruin, eine förmliche Aushungerung wäre die nächste Folge. Aber auch bleibend würden wir bestenfalls um Jahrzehnte, wahrscheinlich um Menschenalter zurückgeworfen, und die Welt wäre vollends endgültig vertheilt, wenn wir uns endlich einmal wieder erholen sollten. **Uns aber wäre recht geschehen, da wir abermals die Zeit verpaßt haben."**

Budgetrecht und Flottengesetz.

Es wird allgemein jetzt zugestanden, daß der Entwurf des Flottengesetzes in der Form den Bestimmungen der Reichsverfassung über das Etatsrecht des Reichstages vollkommen entspricht. Wenn in Artikel 69 der Reichsverfassung vorgeschrieben wird, daß alle Einnahmen und Ausgaben des Reichs für jedes Jahr veranschlagt und auf den Reichshaushaltsetat gebracht werden müssen, so trägt die Vorlage dieser Forderung ausdrücklich Rechnung. In der Sache aber liegt in diesem Falle keine andere „Bindung" des Etatsrechtes, als sie jedes andere Gesetz mit dauernden Ausgaben auch enthält. (Vergl. den Artikel Aeternat.) Mit der Beschlußfassung über jedes Gesetz, das Kosten verursacht, übernimmt der Reichstag Verpflichtungen, die er jahraus jahrein erfüllt und die auch sein Nachfolger anerkennt. Auf diese Weise sind im Budget des Reichshaushaltes über 90 pCt. sämmtlicher Ausgaben „gebunden". In der Bewilligung solcher Gesetze hat der Reichstag noch nie eine Beschränkung seiner Rechte gesehen; es ist ihm bisher nie eingefallen, bei der Genehmigung einer Institution, die für die Dauer Aufwendungen an Beamtengehältern erfordert, oder bei der Zustimmung zu einem Bauplan, der die Kosten der Ausführung auf eine Reihe von Jahren vertheilt, oder bei dem Beschluß über eine ständige Organisation, deren Kosten nur schätzungsweise — wie z. B. bei der Arbeiterversicherungsgesetzgebung — zu veranschlagen waren, an eine „Knebelung" des wichtigsten Rechtes des Parlaments zu denken, die von einem „Mißtrauen" gegen die

Volksvertretung diktirt sei. Wenn der Einwand erhoben wird, daß ein großes Bauwerk mit verschiedenen Jahresraten ein in sich geschlossenes Ganze sei, während die Flotte sich aus einzelnen Bauten, von denen jeder für sich bestehe, zusammensetze, so ist darauf zu erwidern, daß dieser Anschauung eine mangelhafte Einsicht in das Wesen der Kriegsmarine zu Grunde liegt. Denn die Schlachtflotte bildet erst dann ein voll brauchbares Ganzes, wenn sämmtliche zugehörigen Schiffe vorhanden sind; die einzelnen Schiffe sind nur Theile eines Organismus. Dies hat der Staatssekretär der Marine im Reichstag am 6. Dezember 1897 überzeugend dargelegt (stenogr. Bericht S. 45); auch die Motive der Vorlage erweisen dies, und der Abg. Dr. Lieber hat dies ebenfalls anerkannt (stenogr. Bericht S. 88).

Endlich wird der „Bindung" des Etatsrechts auch aus sogenannten finanztechnischen Gründen widersprochen: um die finanzielle Ordnung in den einzelnen Jahren aufrecht zu erhalten, sei die Möglichkeit von Abstrichen erforderlich, und da an dauernden Ausgaben nur sehr wenig zu kürzen sei, so müsse man sich an die einmaligen — also die Schiffsbauten — halten. Es ist hier jedoch zu bedenken, daß einmal der finanzielle Nutzeffekt solcher Abstriche, selbst wenn man ihre Zweckmäßigkeit zugeben würde, sehr gering, ja praktisch gleich Null ist (im Jahre 1897 wurden 12 Millionen Mark Schiffsbauten gekürzt, das ist noch nicht 1 pCt. des Gesammtetats), daß andererseits aber der dadurch anzurichtende Schaden für die Flotte und die nationale Vertheidigung enorm sein kann.

> Die Kriegsmarine darf weder ein Kompensationsobjekt für die Machtbestrebungen der parlamentarischen Opposition noch für die Finanzkünste der Budgettechniker sein.

„In jedem Jahre", sagt der Reichsanzeiger vom 27. November 1897, „müssen die nöthigen Mittel auf den Etat gebracht und der Beschlußfassung der gesetzgebenden Faktoren unterbreitet werden. Die verfassungsmäßigen Rechte des Reichstags bleiben somit völlig unberührt." Und an anderer Stelle: „Es handelt sich lediglich darum, daß die gesetzgebenden Faktoren darüber Beschluß fassen, wie groß die Marine sein soll und in welcher Zeit sie beschafft werden kann, damit die danach erforderlichen Mittel alljährlich verfassungsmäßig veranschlagt und auf den Etat gebracht werden können.

In der Anschauung, daß das Flottengesetz auch sachlich keine Beeinträchtigung der Rechte des Reichstages bedeutet, stimmen mit den verbündeten Regierungen große Parteien des Reichstages selbst und Autoritäten der staatsrechtlichen Wissenschaft überein. In diesem Sinne haben sich Vertreter der Konservativen, der Reichspartei und der Nationalliberalen bei der ersten Lesung des Entwurfs ausgesprochen. H. v. Sicherer, Lehrer des Staatsrechts an der Universität München, erklärt in der „Allg. Ztg.", daß ihm die Form der Marinevorlage um deswillen sehr glücklich gewählt scheine, „weil sie dem konstitutionell-monarchischen Prinzip entspricht, und wie sie auf der einen Seite das Ausgabebewilligungsrecht des Reichstages wahrt, so auf der anderen Seite jedem Versuche vorbeugt, mittelst der Flottenfrage die bestehende Reichsverfassung in parlamentarischem Sinne umzubilden." P. Laband schreibt in der „Deutschen Juristenzeitung" Nr. 23 des Jahrgangs 1897: „Das Ausgabenbewilligungsrecht des Reichstages wird in nicht höherem Grade als bei irgend einer anderen, auf gesetzlicher Grundlage stehenden Verwaltung, insbesondere nicht mehr als beim Militäretat, beschränkt." Und Arndt kommt in derselben Zeitschrift (Nr. 4, 1898) auf Grund eingehender Ausführungen zu dem Schluß, „daß aus dem Budgetrecht, insbesondere aus dem Ausgabenbewilligungsrecht des Reichstages, Bedenken gegen die Marinevorlage nicht entnommen werden können." Beide genannten Autoritäten sind aber auch der Ansicht, daß, wenn eine „Bindung" des Reichstages vorliege, dies doch ebenfalls für die Regierungen zutreffe. Abg. Dr. Lieber hat diesen Gedanken dahin ausgedrückt (5. Sitzung des Reichstages, stenogr. Bericht S. 87), die wirksamste Bindung der verbündeten Regierungen liege in der Vorlage selbst, da sie, wenn der Entwurf Gesetz werde, dem Reichstag nicht mehr mit den Forderungen eines einzelnen Schlachtschiffes kommen könnten, da außerhalb des Geschwaders, der Gefechtseinheit, dafür gar kein Platz in der rangirten Schlachtflotte künftig sei. Herr Lieber hat auch davon gesprochen, daß das Schreckbild von der Bindung des nächsten und übernächsten Reichstages auf das richtige Maß zurückzuführen sei. In dieser Hinsicht ist noch eine Aeußerung bemerkenswerth, die der Präsident der Bürgerschaft in Hamburg, Sigm.

Hinrichsen, der „Allg. Ztg.“ geschrieben hat; er erwidert auf den Einwand, daß die Mitglieder des Reichstages in der letzten Session ihre Nachfolger nicht binden wollen, Folgendes:

1. Der Reichstag ist der deutschen Nation verantwortlich dafür, daß er nach sorgfältiger Erwägung zur rechten Zeit das Rechte beschließt;
2. er ist, als gleichberechtigter Faktor der Gesetzgebung, eine dauernde Institution, unabhängig von dem Wechsel der Personen, und
3. es kann die deutsche Nation von dem Reichstag verlangen, daß er zu jeder Zeit seine Schuldigkeit thue!

Der Staatssekretär des Innern Graf v. Posadowski sagte in der Sitzung vom 6. Dezember 1897 über die Beziehungen des Flottengesetzes zum Budgetrecht:

„Der Herr Vorredner hat auch davon gesprochen, daß dieser Gesetzentwurf ein Attentat auf die gesetzlichen und verfassungsmäßigen Rechte des hohen Hauses sei. Meine Herren, ich muß — ehrlich gestanden — sagen: wie ich in der Presse zuerst las, daß hier in dieser Vorlage ein Bruch des Etatsrechtes liegen soll, und als ich mir darauf noch einmal die Paragraphen der Verfassung ansah, habe ich nicht verstanden, wie man so etwas ernstlich behaupten kann.

(Sehr richtig! rechts.)

Wenn darin ein Bruch des Etatsrechts vorliegt, daß Ihnen ein Gesetz zur verfassungsmäßigen Genehmigung vorgelegt wird, wenn darin ein Bruch des Verfassungsrechts liegt, daß Ihnen ein Gesetz vorgelegt wird, welches eine Organisation für eine Reihe von Jahren festlegen soll, ja, meine Herren, dann ist jedes Gesetz ein Bruch des Etatsrechts, das irgend einen künftigen Reichstag bindet; auch alle die Gesetze, die rein organisatorischer Natur sind, ohne finanzielle Belastung des deutschen Volkes, auch diese Gesetze würden dann die Rechte künftiger Parlamente widerrechtlich binden, — denn auch solche Gesetze können nicht wieder aufgehoben werden, ohne ausdrückliche Zustimmung der verbündeten Regierungen.“

(Sehr gut! rechts.)

Deckung der Kosten für die Flotte.

In seiner Mittheilung über den Entwurf eines Gesetzes, betreffend die deutsche Flotte, hatte der „Reichsanzeiger“ (Nr. 280, vom 27. November 1897, 2. Ausgabe) gesagt, „daß nach Ansicht der verbündeten Regierungen das Flottengesetz ausgeführt werden kann, ohne daß neue Steuern oder eine einmalige große Anleihe erforderlich sind. Es wird vielmehr bestimmt angenommen, daß die Deckung der nöthigen Mittel in jedem Jahre auf dem bisherigen budgetmäßigen Wege vollzogen werden kann." Abg. Richter bemängelte in der Sitzung des Reichstages vom 7. Dezember, daß eine derartige Ausführung finanzieller Art im Flottengesetz selbst nicht enthalten sei. Das ist richtig; wenn er aber behauptete, eine solche Mittheilung sei auch in der ersten Berathung der Vorlage im Reichstage nicht von Seiten der verbündeten Regierung abgegeben worden, so irrt er. Denn tags zuvor, am 6. Dezember, bereits hatte der Staatssekretär des Reichsschatzamtes v. Thielmann im Eingange seiner Rede (stenogr. Protokoll S. 53) erklärt: „Meine Aufgabe ist es, Ihnen zu zeigen, daß die Anforderungen, die die Flottenvorlage an das Reich stellt, die Geldanforderungen, sich harmonisch in den Rahmen des Etats hineinfügen, ohne Zwang, und ohne daß irgend welche neuen Deckungsmittel dafür erforderlich wären." Er wies dann darauf hin, daß das Reich in den Jahren 1896 und 1897 je rund 50 Millionen Schulden getilgt habe, daß es 1897 auch noch an 13 Millionen an die Bundesstaaten herauszahle, daß 1898 eine einmalige Forderung von 42 Millionen Mark für Artilleriematerial aus laufenden Einnahmen gedeckt werden soll, deren vorjährige Rate von 44 Millionen 1897 auf Anleihe verwiesen war. Für spätere Jahre ständen für diesen Zweck noch 58 Millionen aus. In diesem Artilleriematerial und in der Naturalienreserve der Armee seien zwei Posten von zusammen 42 bis 43 Millionen gegeben, die von 1899 ab theilweise, von 1901 ab ganz fortfallen, da die betreffenden Bedürfnisse alsdann befriedigt sind. Der Reichsschatzsekretär berechnete den jährlichen Mehraufwand für die Flotte bis 1904 auf durchschnittlich 25 Millionen und sagte dann wörtlich:

> Diese 25 Millionen sind genau die Hälfte von dem, was wir im Jahre 1896 allein an Schulden getilgt haben; sie sind genau die Hälfte von dem, was wir im laufenden Jahre an Schulden tilgen werden, und sie sind nur wenig mehr als die Hälfte von dem, was wir an Artilleriematerial jetzt in die laufenden Ausgaben eingestellt haben statt wie früher ins Extraordinarium, welcher Posten, wie ich bereits bemerkte, sich im übernächsten Jahre, im dritten Jahre, sehr verringern und später ganz verschwinden wird. Also diese 25 Durchschnittsmillionen, die das Flottengesetz jähr-

lich fordert für sieben Jahre, finden ihren Platz im Etat gewissermaßen vorbereitet und leer, sie fügen sich ohne Zwang in das Bild des Etats ein, und es ist ersichtlich, wenn sie sich ohne Zwang einfügen, daß neue Deckungsmittel zu ihrer Befriedigung nicht nöthig sein werden.

In der Umfrage der „Münchener Allg. Ztg." hinsichtlich der Flottenvorlage sprechen sich viele Autoritäten der Wissenschaft, des Handels und der Industrie dahin aus, daß die Erfüllung der Forderungen für eine Verstärkung der Marine recht wohl mit dem Stande der Reichs- und Staatsfinanzen vereinbar sei. Adolph Wagner weist auf die viel höheren Lasten in Frankreich und England hin (vergl. Uebersicht der Ausgaben für die Flotte in den wichtigsten Großstaaten). Direktor A. Gwinner von der Deutschen Bank meint, Niemand, der über die Frage zu urtheilen im Stande sei, werde zu verneinen vermögen, daß die Flottenvermehrung mit dem Stande unserer Finanzen vereinbar sei. Generaldirektor Kirbach-Rheinelbe schreibt: „Ausgaben für die Flotte sind, vom allgemeinen Staatsstandpunkte aus, direkt rentable Anlagen, weil sie befruchtend nach jeder Richtung hin wirken, und daher im Interesse der Staatsfinanzen." Kommerzienrath A. vom Rath-Köln meint: „Eine Nation, die jährlich drei Milliarden für alkoholische Getränke ausgiebt, ist reich genug, die zu ihrer Existenz und zur Behauptung der ihr gebührenden Stellung unter den anderen Mächten nöthigen Vertheidigungsmittel aufzubringen." Bankdirektor M. Schinckel-Hamburg glaubt, „daß der wachsende Wohlstand allein soviel Mehreinnahmen bringen wird", und kann sich „kaum eine nothwendigere und schließlich auch keine rentablere Geldausgabe vorstellen". Dieser Gedanke der Produktivität der Aufwendungen für die Flotte tritt überhaupt in zahlreichen Antworten hervor. Auch für die Gegenwart gilt, was der große deutsche Volkswirth Friedrich List vor 50 Jahren über die Wechselwirkung zwischen materiellem Reichthum und politischer Macht gesagt hat:

Macht ist wichtiger als Reichthum; warum aber ist sie wichtiger? Weil die Macht der Nation eine Kraft ist, neue produktive Hülfsquellen zu eröffnen, und weil die produktiven Kräfte der Baum sind, an welchem die Reichthümer wachsen, und weil der Baum, welcher die Frucht trägt, werthvoller ist, als die Frucht selbst. Macht ist wichtiger als Reichthum, weil eine Nation vermittelst der Macht nicht bloß sich neue produktive Quellen eröffnet, sondern sich auch im Besitz der alten und ihrer früher erlangten Reichthümer behauptet, und weil das Gegentheil von Macht —

die Unmacht — alles was wir besitzen, nicht nur den Reichthum, sondern auch unsere produktiven Kräfte, unsere Kultur, unsere Freiheit, ja unsere Nationalselbständigkeit in die Hände derer giebt, die uns an Macht überlegen sind. Seefahrende Leute lachen über das Hunger- und Sparsystem am Boden kriechender Nationalökonomen, wohl wissend, daß die See an guten Dingen unerschöpflich ist, und daß man nur Muth und Kraft haben dürfe, sie zu holen.

Englisches Flottengesetz

„betreffend weitere Vorbereitungen für die Vertheidigung zur See und die Bestreitung der Kosten derselben vom 31. Mai 1889" lautet:

Art. 1. (1.) Die Admiralität hat sofort zu veranlassen, daß die Schiffe verschiedener Klassen, welche in der diesem Gesetz beigefügten Tabelle einzeln aufgeführt sind, gebaut, ausgerüstet und mit hinreichender Armirung für den Seegebrauch fertiggestellt werden, und daß jedes Schiff annähernd den Tonnengehalt und die Geschwindigkeit, sowie als Theil seiner Armirung die Kanonen enthält, wie dies in der Tabelle angegeben ist.

(2.) Diese Schiffe u. s. w. sollen mit ihrer Armirung, soweit irgend möglich, zum Gebrauch fertig sein vor dem 1. April 1894.

(3.) Die Admiralität darf in Verfolg dieses Gesetzes für die vorgenannten Zwecke die Summe von **438 600 000** Mk. ausgeben mit nachstehender Maßgabe:

a) für den Bau derjenigen Schiffe, deren Herstellung der Privatindustrie übertragen wird — vergl. Theil I der Tabelle zum Gesetz — (in diesem Gesetz „Kontraktschiffe" genannt), sowie für die Armirung derselben: die Summe von **204 000 000** Mk.,

b) für die Werfbauten, d. h. für den Bau, die Ausrüstung und die Fertigstellung für den Seegebrauch derjenigen Schiffe, deren Herstellung auf den Königlichen Werften erfolgen soll — vergl. Theil II der Tabelle zum Gesetz — (in diesem Gesetz „Werftschiffe" genannt), sowie zur Vervollständigung der Ausrüstung der Kontraktschiffe, nachdem sie von den Baufirmen zur Ablieferung gelangt sind, auf den Königlichen Werften: die Summe von **176 460 000** Mk.,

c) für die Armirung der Werftschiffe die Summe von 58 140 000 Mk.

Art. 2. (1.) Für die Zwecke dieses Gesetzes soll bei der Bank von England ein Konto eröffnet werden (in diesem Gesetz das Seevertheidigungs-Konto genannt) und das für dies Konto in Gemäßheit dieses Artikels ausgeworfene Geld soll verwandt werden zum Bau, zur Ausrüstung und zur Armirung der Kontraktschiffe, wie solche in der dem Gesetz beigefügten Tabelle Theil I aufgeführt sind, und zu keinem anderen Zweck.

(2.) Für das erwähnte Konto soll aus der konsolidirten Schuld zu den in diesem Artikel angegebenen Zeiten die Summe von 204 000 000 Mk. hergegeben werden.

(3.) Während der nächsten 7 Etatsjahre, welche am 31. März 1896 endigen, soll jährlich 1/7 dieser Summe der konsolidirten Schuld zur Last gelegt und aus diesem Fonds oder dessen Einkünften dem Seevertheidigungs-Konto überwiesen werden, zu solchen Zahlungsterminen und Zeiten in jedem Jahre, wie sie das Schatzamt von Zeit zu Zeit festsetzt.

(4.) Wenn das Seevertheidigungs-Konto zeitweilig nicht Mittel genug besitzen sollte, um ein eintretendes Geldbedürfniß für einen Zweck, wie ihn dieser Artikel angiebt, befriedigen zu können, so soll das Schatzamt nach eigenem Ermessen berechtigt sein, den fehlenden Betrag aus der konsolidirten Schuld oder den Einkünften derselben vorzustrecken oder denselben durch eine Anleihe zu beschaffen; ein so gezahlter Vorschuß muß der konsolidirten Schuld vor dem Ende der obenerwähnten 7 Etatsjahre aus den Geldern, welche dem Seevertheidigungs-Konto zustehen, zurückerstattet sein.

(5.) Zum Zweck einer solchen Anleihe oder der Beschaffung von Geld zur Zurückzahlung eines etwaigen Vorschusses an die konsolidirte Schuld oder zur Wiedererstattung sonstiger unter Sicherheit dieses Artikels aufgenommener Gelder darf das Schatzamt nach eigenem Ermessen Schatzkammer-Obligationen oder -Scheine oder -Noten ausgeben, oder in anderer Weise eine Anleihe ins Werk setzen auf den Kredit hin, welchen die durch dies Gesetz bestimmte Bürgschaft der konsolidirten Schuld schafft, oder sonstige zum Zweck führende Maßnahmen treffen. Das durch solche Ausgabe von Obligationen oder Anleihen einkommende Geld soll in die Schatzkammer eingezahlt werden.

(6.) Das Kapital aller so ausgegebenen Werthscheine oder Vorstehendem gemäß gemachter Anleihen, sowie die darauf zu zahlenden Zinsen sollen vor Ablauf der vorerwähnten sieben Etatsjahre zurückgezahlt sein, und zwar das Kapital aus den für das Seevertheidigungs-Konto bestimmten Geldern, die Zinsen aus den vom Parlament für Flottenzwecke jährlich zu bewilligenden Mitteln.

(7.) Die Bezahlung dieser Kapitalien mit Zinsen soll durch die konsolidirte Schuld verbürgt sein, und zwar sollen für den Fall, daß die zur Deckung etwa anderweitig beschafften Gelder sich als unzureichend erweisen, Kapital und Zinsen in dem Betrage, als die erwähnten Gelder nicht ausreichen, der konsolidirten Schuld zur Last gelegt und aus diesem Fonds oder dessen Einkünften bezahlt werden.

(8.) Wenn am Ende der mehrerwähnten sieben Etatsjahre bei den laut Bestimmung dieses Artikels für das Seevertheidigungs-Konto ausgeworfenen Geldern ein Ueberschuß vorhanden sein sollte, so soll dieser Ueberschuß als Theil der neuen Amortisationskasse eingezahlt und verwandt werden.

Art. 3. (1.) Zur Deckung der Ausgaben, welche der Admiralität durch den Bau der Werftschiffe, wie oben angegeben, und deren Armirung entstehen, sollen aus den Geldern, welche vom Parlament für Flottenzwecke während der nächsten fünf Etatsjahre, endigend am 31. März 1894, festgesetzt werden, Summen Verwendung finden bis zu dem Gesammtbetrage, wie solcher für die genannten Zwecke kraft dieses Gesetzes ausgegeben werden darf, und zwar als Maximalbetrag in jedem Etatsjahr:

a) für den Bau der gemäß der anliegenden Tabelle herzustellenden Werftschiffe die Summe von 54 060 000 Mk., bezw. eine geringere Summe, wenn solche von der Admiralität verlangt wird oder übrig bleibt, wenn eine Summe abgezogen werden muß, welche in Gemäßheit des weiter unten gemachten Vorbehalts für solche Werftbauten in dem Jahre nicht disponibel ist,

b) für die Armirung der in der Tabelle des Gesetzes aufgeführten Werftschiffe die Summe von 12 240 000 Mk., bezw. eine geringere Summe, wenn solche von der Admiralität in dem Jahre verlangt wird.

Es wird der Vorbehalt gemacht, daß Geldbeträge, welche von der Admiralität in irgend einem Etatsjahr aus den vom Parlament für Flottenzwecke bewilligten Mitteln zur Fertigstellung von Schiffen gefordert werden, welche in der Tabelle dieses Gesetzes nicht erwähnt sind und deren Bau bereits vor Beginn der genannten fünf Etatsjahre angefangen war, von den erwähnten 54 060 000 Mk. abgezogen werden müssen, die sonst laut Bestimmung dieses Artikels in dem Jahre hätten verausgabt werden können, in dem diese Geldbeträge für Werftbauten der Tabelle nicht disponibel sein sollen.

(2.) Wenn in einem Etatsjahre ein Theil der Summe, welche laut Bestimmung dieses Artikels für einen der beiden genannten Zwecke verwandt werden kann, nicht ausgegeben wird, so soll dieser Theil dem Seevertheidigungs-Konto gutgeschrieben werden und kann auf Verfügung des Schatzamts in einem anderen der erwähnten fünf Etatsjahre für dieselben Zwecke über die genannten 54 060 000 Mk. bezw. 12 240 000 Mk., wie der Fall gerade liegt, hinaus verwandt werden.

(3.) Wenn in irgend einem Etatsjahre die Admiralität das Schatzamt überzeugt, daß es für die Fertigstellung der Werftschiffe innerhalb der durch dies Gesetz bestimmten Zeit wünschenswerth ist, für Panzerplatten oder Kriegsvorräthe unverzüglich Zahlungen zu leisten, welche über den der Admiralität, wie weiter unten ausgeführt, vorzulegenden Voranschlag hinausgehen und die erwähnte Summe von 54 060 000 Mk. plus eines etwaigen Guthabens im Seevertheidigungs-Konto übersteigen, so kann das Schatzamt dem Seevertheidigungs-Konto die für solche Zahlungen erforderlichen Summen aus der konsolidirten Schuld bezw. deren Einkünften vorschießen; alle solche Vorschüsse dürfen nur für solche Zahlungen und zu keinen anderen Zwecken verwandt werden und sollen an die konsolidirte Schuld im nächsten Etatsjahr aus den mehrerwähnten 54 060 000 Mk. zurückgezahlt werden.

(4.) Wenn am Ende der mehrerwähnten fünf Etatsjahre bei den laut Bestimmung dieses Artikels dem Seevertheidigungs-Konto übergeschriebenen Geldern ein Ueberschuß vorhanden sein sollte, so soll dieser Ueberschuß als Theil der neuen Amortisationskasse eingezahlt und verwandt werden.

Art. 4. (1.) Die Admiralität soll dem Schatzamt vorlegen:

a) ehe irgend welches Geld in Gemäßheit dieses Gesetzes verwandt wird, einen Voranschlag, für jedes Schiff besonders, über die Totalkosten des Schiffes und seiner Armirung;

b) ehe irgend welches Geld in einem Etatsjahr so verwandt wird, einen Voranschlag der Ausgaben (entweder für alle oder einzelne Schiffe gemeinsam oder nicht) nach einem Schema, wie es vom Schatzamt verlangt wird, für welche während des Jahres Geld gewünscht wird.

(2.) Kein Schiff inkl. Armirung oder eine sonstige Position darf mehr kosten, als in der betreffenden Rubrik des Voranschlags für das Schiff oder die Position angegeben ist, es sei denn, daß die Admiralität schriftlich darthut und das Schatzamt überzeugt:

a) daß die Ueberschreitung aufgehoben wird durch eine Ersparniß bei einem anderen Schiffe oder einer anderen Position, wie der Fall gerade liegt,
b) daß die Ueberschreitung keine Ueberschreitung der Totalsumme, welche durch dies Gesetz bewilligt ist, zur Folge hat,
c) daß die Uebertragung von Kosten von einem Schiff oder einer Position auf ein anderes bezw. eine andere die Forderung dieses Gesetzes nicht berührt, daß die Schiffe einer solchen Klasse angehören, annähernd den Tonnengehalt und die Geschwindigkeit sowie die Kanonen haben sollen, wie in der Tabelle einzeln angegeben ist,

und das Schatzamt kann, wenn überzeugt, dann verfügen, daß Ersparnisse zur Bezahlung von Ueberschreitungen verwandt werden.

Art. 5. (1.) Die Admiralität soll am Ende jedes Etatsjahres, in dem unter dies Gesetz fallende Gelder verausgabt worden sind, eine Abrechnung in einer nach den Wünschen des Schatzamts bemessenen Form aufstellen lassen, in der sowohl für jedes Jahr als auch für die ganze nach dem Erlaß des Gesetzes verflossene Periode nachgewiesen wird, was folgt:

a) die Höhe des für die Zwecke dieses Gesetzes ausgegebenen Geldbetrages, jeder Zweck, für den solches Geld verwandt ist, besonders aufgeführt, und die für jedes Schiff und seine Armirung verwandten Ausgaben,
b) die Höhe des zur Bezahlung der Ausgaben erhobenen Geldbetrages und die Art und Weise, wie derselbe beschafft wurde, event. Betrag und Art der ausgegebenen Werthscheine,
c) ein etwaiger Ueberschuß an Geld, welches in Gemäßheit dieses Gesetzes für solche Ausgaben beschafft wurde.

(2.) Die unter dieses Gesetz fallenden Kostenabrechnungen sollen, soweit die Ausgaben nicht in den Nachweisen über die jährlich vom Parlament für Flottenzwecke bewilligten Gelder enthalten sind, vom Kontroleur der Flotte und dem Generalrevisor als Abrechnungen über Verwendung von Staatseinkünften revidirt werden.

(3.) Das Verzeichniß der Einnahmen und Ausgaben des Seevertheidigungs-Kontos soll vom Kontroleur der Flotte und dem Generalrevisor nach den Bestimmungen revidirt werden, welche das Schatzamt von Zeit zu Zeit erläßt, und soll jährlich zusammen mit einem Bericht dem Parlament vorgelegt werden.

Art. 6. (1.) Das in Gemäßheit dieses Gesetzes für irgend einen Zweck zu verausgabende Geld darf nicht zur Bezahlung von Ausgaben verwandt werden, welche bisher von der Admiralität als Einrichtungs- oder unvorhergesehene Ausgaben behandelt worden sind.

(2.) Die Zu- und Abschreibungen und die Ein- und Auszahlungen des Seevertheidigungs-Kontos und alle übrigen, dies Konto und die ihm zustehenden Gelder betreffenden Angelegenheiten sollen so behandelt und geregelt werden, wie es das Schatzamt von Zeit zu Zeit bestimmt.

(3.) Der Gouverneur und die Kompagnie der Bank von England dürfen jede Summe leihen, welche das Schatzamt durch dies Gesetz zu borgen ermächtigt ist.

Art. 7. Eine summarische Uebersicht über die infolge dieses Gesetzes eingegangenen Kontrakte, über jedes Kontraktschiff, seine Maschine und Artilleriearmirung soll beiden Häusern des Parlaments, wenn dasselbe versammelt ist, innerhalb 90 Tagen nach Abschluß der Kontrakte vorgelegt werden, ist es nicht versammelt, 30 Tage nach der nächsten abgehaltenen Sitzung.

Art. 8. In diesem Gesetz ist zu verstehen:

unter „Schatzamt“ die Verwalter des Schatzes Ihrer Majestät,

unter „Admiralität“ die mit der Verwaltung des Amtes des Lord Groß-Admirals beauftragten Personen,

unter „Etatsjahr“ die 12 Monate, endigend am 31. März,

unter „konsolidirte Schuld“ die konsolidirte Schuld des Vereinigten Königreichs von Großbritannien und Irland,

unter „Armirung“ sowohl Armirung wie Reservetheile,

unter „Geldaufwand“ auch der Werth von Ausrüstungsstücken, die aus den Vorräthen hergegeben und zum Bau oder zur Ausrüstung von Schiffen, die in Gemäßheit dieses Gesetzes hergestellt werden sollen, verwendet werden.

Art. 9. Dies Gesetz soll kurz genannt werden: Seevertheidigungs-Gesetz 1889.

Tabelle.

Theil I. Schiffe, welche von Privatfirmen zu erbauen sind (Kontraktschiffe). Klassen, annähernder Tonnengehalt, Geschwindigkeit und Armirung.

Anzahl der zu erbauenden Schiffe:	4	5	17	6
Klasse:	Schlachtschiffe I. Klasse	Geschützte Kreuzer I. Klasse	Geschützte Kreuzer II. Klasse modifizirt. „Medea“-Typus	Torpedo-Kanonenboote „Sharpshooter-“ Typus
Deplacement bei voller Ausrüstung	14 150 t	7350 t	3400 t	735 t
Größte Geschwindigkeit bei voller Ausrüstung:				
künstlicher Zug . . .	17,5 Sm	20 Sm	20 Sm	21 Sm
natürlicher Zug . . .	16 Sm	18 Sm	18 Sm	18,75 Sm
Armirung	4 34 cm-Geschütze 10 15 cm-Geschütze	2 23 cm-Geschütze 10 15 cm-Geschütze	2 15 cm-Geschütze 6 12 cm-Schnellf.-Geschütze	2 12 cm-Schnellf.-Geschütze

Bemerkung. Das Deplacement und die Geschwindigkeit sind für nicht mit Holzbekleidung versehene Schiffe gegeben. Einige Kreuzer werden mit Holz bekleidet und gekupfert werden, die Geschwindigkeit dieser Schiffe darf ein wenig geringer sein, wie oben angegeben.

Theil II. Schiffe, die auf den Königlichen Werften zu erbauen sind (Werftschiffe). Klassen, annähernder Tonnengehalt, Geschwindigkeit und Armirung.

Anzahl der zu erbauenden Schiffe	4		2	4	12	4	12
Klasse	Schlachtschiffe I. Kl.		Schlachtschiffe II. Kl.	Geschützte Kreuzer I. Kl.	Geschützte Kreuzer II. Kl. Modifizirte „Medea"-Typ.	Geschützte Kreuzer II. Kl. Modifizirte „Pandora"-Typ.	Torpedokanonenboote „Sharpshooter"-Typ.
	1 Thurmschiff	3 Barbetteschiffe					
Deplacement bei voller Ausrüstung	14 150 t	14 150 t	9000 t	7350 t	3400 t	2575 t	735 t
Größte Geschwindigkeit bei voller Ausrüstung:							
künstlicher Zug . .	17,5 Sm	17,5 Sm	18 Sm	20 Sm	20 Sm	19 Sm	21 Sm
natürlicher Zug .	16 Sm	16 Sm	16,5 Sm	18 Sm	18 Sm	16,5 Sm	18,75 Sm
Armirung	4 34 cm-Gesch. 10 15 cm-Gesch.	4 34 cm-Gesch. 10 15 cm-Gesch.	4 25,4 cm-Gesch. 8 12 cm-Schn.-Gesch.	2 23 cm-Gesch. 10 15 cm-Gesch.	2 15 cm-Gesch. 6 12 cm-Schn.-Gesch.	8 12 cm-Schn.-Gesch.	2 12 cm-Schn.-Gesch.

Bemerkung: Das Deplacement und die Geschwindigkeit sind für nicht mit Holzbekleidung versehene Schiffe gegeben. Die Schlachtschiffe II. Klasse und einige Kreuzer werden mit Holz bekleidet und gekupfert werden, die Geschwindigkeit dieser Schiffe darf ein wenig geringer sein, wie oben angegeben.

Englische Preßstimmen.

(Siehe unter „Saturday Review" und „Spectator".)

Entwickelung des Flottenmaterials.

Die hölzernen Linienschiffe, auf denen die Seehelden des 17. und 18. Jahrhunderts ihre glänzenden Erfolge errangen, behielten nahezu ein Vierteljahrtausend ihre Bauart und Bewaffnung fast unverändert bei. Die Einführung des Dampfes änderte anfangs so gut wie nichts an den Formen der Linienschiffe. Die Einführung der gefährlichen Sprenggeschosse bedingte indessen die wichtigste Umwälzung auf dem Gebiete der Seekriegswaffen: die Schlachtschiffe wurden gepanzert (Oberst Paixhans hatte schon 1825 die Nothwendigkeit der Panzerung vorausgesagt, Dupuy de Lôme baute aber erst 1859 die erste Panzerfregatte). Die Panzerung ihrerseits erweckte eine alte Waffe zu neuem Leben, den Sporn, der den attischen Trieren schon bei Salamis zum Siege verholfen hatte. Nebenher ging die Entwickelung der schon von Fulton erfundenen automobilen unterseeischen Sprengmittel zum jetzigen Torpedo, die ebenfalls den Kriegsschiffbau beeinflußte. Sie trug wesentlich dazu bei, das Zellensystem der seit der Mitte unseres Jahrhunderts aus Eisen erbauten Schiffe zu schaffen und immer sorgfältiger auszubilden, um dem Schiffskörper bei Verletzungen der Außenhaut (unter der Wasserlinie) die Schwimmfähigkeit zu erhalten.

Die Panzerschlachtschiffe erhielten die Feuertaufe 1866 in der Schlacht bei Lissa; dort zeigte sich ihre Ueberlegenheit über die Linienschiffe alter Art so deutlich, daß seitdem bis auf den heutigen Tag alle Seemächte ohne Ausnahme Hochseepanzerschiffe bauen.

Gegen auf Binnenrheden verankerte Panzerschiffe hatten im amerikanischen Bürgerkrieg ein paar Mal kühn geführte Torpedoboote nachts ähnlich gute Erfolge gehabt, wie in der Zeit der Linienschiffe die Branderfahrzeuge. Dadurch wurde besonders bei kleinen, lediglich auf die lokale Küstenvertheidigung angewiesenen Marinen der Wunsch rege, die relativ billige Torpedowaffe zu vervollkommnen. Das gelang auch bis zu einem gewissen Grade; der Torpedo erreichte auf diese Weise etwa um 1885 den relativen Höhepunkt seiner Entwickelung — relativ, d. h. im Vergleich mit den anderen Seekriegswaffen, insbesondere mit der Artillerie. — Damals trat vorübergehend eine Art Gährungszustand unter den Marinefachleuten ein, bei den warmblütigen Franzosen natürlich am stärksten. Im Hochseetorpedoboot und im Torpedokanonenboot, wie Admiral Aube und Gabriel Charmes es nach ihren Ideen konstruirt hatten, sahen verschiedene Schwärmer die mustergültigen Typen für die Zukunft. Aber diese Gährung klärte sich bald; zunächst sah man bald ein, daß den kleinen Fahrzeugen die Seetüchtigkeit der großen Schiffe fehlte, daß ihre Verwendung im Wesentlichen auf die Küstengewässer beschränkt werden mußte, und zwar in den stürmischen nördlichen Gewässern, wie in unserer Nordsee, natürlich noch mehr als an den Mittelmeerküsten. Daß die geringe Seetüchtigkeit das Personal schnell ermüdete, war ein nebensächlicher Grund gegenüber der Erkenntniß, daß die kleinen Fahrzeuge im Seegang weder mit den Torpedos noch mit den Geschützen genügend treffsichere Schüsse abgeben konnten. Auch die große Ueberlegenheit in der Schnelligkeit der Torpedoboote gegen die damaligen Schiffe im stillen Wasser ändert sich sehr zu Ungunsten der Boote auf der bewegten offenen See. Der Hauptgrund aber, der die Torpedoschwärmer unter den Fachleuten zu einer Wandlung in ihren Ansichten über die Werthschätzung der Torpedowaffe zwang, war die ungeheure Entwickelung der Schnellfeuergeschütze gegen Ende des vorigen Jahrzehnts — als Reaktion auf die Entwickelung des Torpedos im Anfang der achtziger Jahre — sowie die erhebliche Steigerung der Geschwindigkeit der Schlachtschiffe. Gleichzeitig, d. h. zwischen 1885 und jetzt, hat der Torpedo zwar einige Verbesserungen erfahren, weist aber nicht annähernd analoge Fortschritte auf, wie sie die Artillerie zu verzeichnen hat. Sein für Fortbewegung ungünstiges Medium, das Wasser, hat der Entwickelung der Geschwindigkeit feste Schranken gesetzt, während die Geschoßgeschwindigkeiten in der Luft noch von Jahr zu Jahr gesteigert werden. Daraus folgt unmittelbar, daß der relative Werth der Torpedowaffe in der Zukunft noch mehr abnehmen muß — im Vergleich mit dem Werthe der Schnellfeuerartillerie. Dazu kommt, daß heute durch Einführung der Schrapnels in die Schiffsartillerie eine weitere Waffe gegen Torpedoboote zur Verfügung steht.

Die Engländer sind in nautischen Dingen konservativ; weder die ersten Panzerschiffe noch die ersten Torpedoboote wurden in England gebaut. Erst als die anderen Seemächte große Torpedobootflottillen geschaffen hatten, begannen die Engländer sich gründlich mit der Torpedowaffe zu beschäftigen. Wie in allen anderen Marinen, so sind auch in England die verantwortlichen Fachleute dabei zu dem Schlusse gekommen, daß für gewisse Aufgaben das Torpedoboot auch heute noch brauchbar ist, daß es aber in seinem Werth und seiner Bedeutung mit dem gepanzerten Hochseeschlachtschiff überhaupt nicht in Vergleich treten kann. Weder bei uns noch in England hat an maßgebender Stelle überhaupt je der Gedanke bestanden, daß Schlachtschiffe durch Torpedoboote verdrängt werden könnten.

Zur Zeit, als die Wogen der Torpedomanie in allen Marinen am höchsten gingen, schrieb der Graf Caprivi, damals sicher kein Freund einer großen Marine:

„Ohne den Hintergrund von gepanzerten Schlachtschiffen, ohne die Sicherheit, in einer gesammelten, kampfbereiten Hochseeflotte nöthigenfalls ausgiebige Unterstützung finden zu können, würde ein der Weltstellung des deutschen Reichs angemessenes Auftreten jener Schiffe des politischen Dienstes auf die Dauer nicht gewährleistet sein.“ (Denkschrift betreffend die weitere Entwickelung der kaiserlichen Marine vom 11. März 1884.)

Wie früher Aube in Frankreich, so fällt jetzt der Admiral außer Diensten Colomb in England (und zwar als einziger Vertreter seiner Ansicht!) wieder in das Extrem, der Torpedobootszerstörer könne, wenn er gepanzert würde, das Schlachtschiff der Zukunft werden. Der Zerstörer ist zur Zeit nichts Anderes, als ein großes Torpedoboot, genau so gebaut, wie unsere Torpedodivisionsboote. Dieses Fahrzeug kann in bestimmten Gefechtslagen unter Umständen dem Panzerschiff gefährlich werden, besonders bei Nacht, wenn sich dann die feindlichen Panzerschiffe in seinem Bereiche finden lassen, oder bei Tage, wo es die eigenen Schlachtschiffe während einer Schlacht als Hülfswaffe mit unterstützen soll. Es ist aber heutzutage für Torpedofahrzeuge außerordentlich schwer, Panzerschiffe bei Nacht und auf hoher See zu finden, wenn sie mit denselben nicht schon bei Eintritt der Dämmerung Fühlung halten. Und dieses „Fühlungnehmen“ können die Torpedoboote wiederum nicht, vorausgesetzt, daß taktisch richtig verfahren wird, wenn sie nicht eine Bedeckung starker Schiffe bei sich haben. Sie werden sonst in alle Winde gejagt.

Colombs Idee eines gepanzerten Torpedobootszerstörers ist schon im Artikel „Blockadeabwehr“ behandelt. Colomb will die großen Torpedoboote, die sogenannten Torpedobootszerstörer, auch zur Nachtblockade verwenden; dann sollen sie z. B. bis in die Flußmündungen oder Hafeneingänge vorgeschoben werden. Das sind Gedanken vom grünen Tisch. Ohne Küstenbeleuchtung können sich Torpedoboote in Flußmündungen oder vor Häfen des Nachts nicht halten. Aber die Nachtblockade ist ja gar nicht die Hauptsache, denn der Blockirte kann meist nur bei Tage Versuche zur Blockadeabwehr (siehe diesen Artikel) machen, weil er auch für seine

Flotte die Küstenbeleuchtung nicht entbehren kann; am hellen Tage aber helfen die Colombschen Blockadetorpedoboote gar nichts, sondern müssen vor den Aufklärungskreuzern der Ausfallflotte schleunigst das Weite suchen, sonst werden sie abgeschossen.

Trotz Aube und Colomb baut man auch in Frankreich und England immer mehr und immer größere Panzerschiffe als früher. Der japanisch-chinesische Krieg hat deutlich genug für die Ueberlegenheit der Panzerschiffe in der Hochseeschlacht gesprochen und hat dadurch zur Klärung noch schwankender Ansichten mitgewirkt. Gegenüber solchen Erfahrungen sind die Colombschen Ideen lediglich graue Theorie.

Auch über einen zweiten Punkt, nämlich über die Behandlung des Kreuzerkriegs als strategischen Hauptzweck des Seekrieges, sind eine Zeit lang die Ansichten unter den Fachleuten auseinander gegangen. Aus der Torpedobootsmanie ging es in die Kreuzermanie. Die Erfolge des südstaatlichen Kaperkreuzers „Alabama“ hatten die Meinung aufkommen lassen, daß man den Feind im Seekriege durch die Zerstörung seiner Handelsflotte empfindlich schädigen könne. Die Erfolge dieses Schiffes setzten eine Zeit lang die stillere, aber viel wichtigere Thätigkeit der nordstaatlichen Blockadeflotten in den Hintergrund. Erst neuere kritische Untersuchungen des nordamerikanischen Krieges haben nachgewiesen, daß gerade die Mitwirkung der nordstaatlichen Flotte den Süden lähmte, weil sie ihn vom Auslandsverkehr abschnitt. Commander Stockton nannte in einem Vortrage am Naval War College in Annapolis den Industriekrieg, d. h. die Kriegführung, die die Zerstörung des Handels auf offenem Meere zum Zweck hat, eine herkömmliche belästigende Methode der Kriegführung, welche zu Zeiten auch in verschiedenen Kriegen recht wirksam dazu beigetragen hat, die Niederwerfung des Gegners zu beschleunigen. Der Gebrauch, feindliches Privateigenthum auf See zu konfisziren, hat nur sehr selten keine Anwendung gefunden. Stockton führt etwa folgendes aus:

„Der Werth der Zerstörung des feindlichen Handels durch den Industriekrieg (guerre de course) ist aber nicht so groß, wie der, welchen andere Methoden der Kriegführung haben, die Wirkung ist nicht durchschlagend: Beispiele: Revolutionskrieg der Vereinigten Staaten, die französisch-englischen Kriege, der Krieg von 1812 (zwischen England und Nordamerika).

Das Mittel, welches sich im Kriege 1812 als wirksam erwies, den Handel der Vereinigten Staaten zu zerstören, war die enge Blockade der Häfen derselben. Die Kaperei erwies sich als ein Fehlschlag, Prisen konnten nicht zum Verkauf nach Hause gesandt werden. Eine kräftige Blockade ist aber nur für Den möglich, der sich im Besitz der Seeherrschaft befindet.

Der amerikanische Sezessionskrieg zeigt in hervorragender Weise die Wirkung der zwei großen Methoden der Handelszerstörung, nämlich der Blockade und der Kriegführung durch besonders zur Handelszerstörung ausgerüstete und entsandte Schiffe. Beide Methoden wurden bis zu einem solchen Grade und mit derartiger Energie durchgeführt, daß es die Aufmerksamkeit der ganzen zivilisirten Welt erregte. Die Blockade der Küsten der Südstaaten war die ausgedehnteste und wirksamste Blockade, die bis dahin bekannt war. Sie verursachte den Untergang der Südstaaten durch die Unterbindung des Baumwollexports und machte sich in England und ganz Europa fühlbar. Baumwolle kostete das Pfund 8 Cts. (0,32 Mk.) in Wilmington und 54 Cts. (2,16 Mk.) in Liverpool. Außerdem hörte der Export von Tabak auf.

Die Seeherrschaft in den feindlichen Meeren würde nothwendig sein, um den Handel einer Nation zu zerstören. Ohne Seeherrschaft kann eine Blockade nicht durchgeführt werden, es ist dann nur möglich, Streifzüge in Szene zu setzen. Diese letzteren haben ihren Werth darin, daß sie ein Mittel sind, um die Streitkräfte des Feindes zu trennen.

Mittel zur Handelszerstörung sind:

1. Flotten und Geschwader,
2. Kreuzer (Kriegsschiffe),
3. Hülfskreuzer (armirte Handelsschiffe),
4. Kaperschiffe.

Schutz wird dem Handel gewährt:

1. Durch die Seeherrschaft des eigenen Staates in seinen heimischen Meeren.
2. Durch Konvoyirung der Handelsschiffe durch Kriegsschiffe.
3. Durch Abpatrouillirung der Handelsstraße durch Kriegsschiffe.
4. Durch Schnelligkeit der Handelsschiffe.

Daß man in anderer Weise als durch Erkämpfung der Seeherrschaft den feindlichen Handel zerstören könne — wenn man die Handelszerstörung nicht zum Zeitvertreib ausübt, — ist ein Wahn und eine falsche Annahme.“

Besonders weit in der Kreuzerschwärmerei sind die Franzosen gegangen, wenigstens in der Theorie; einer ihrer Admirale schlug vor einigen Jahren vor, man dürfe nur noch schnelle Panzerkreuzer und kleinere Kreuzer bauen, um den gegnerischen (d. h. den englischen oder deutschen) Seehandel auf die wirksamste Weise zu zerstören. Da Kreuzer und Torpedoboote billiger sind als Schlachtschiffe, so erfreuten sich diese Fahrzeuge eine Zeit lang einer besonderen Beliebtheit im deutschen und im französischen Parlament. Dazu kam, daß Kreuzer vielerlei Zwecken dienen und so wie so für den Auslandsdienst unentbehrlich sind. Auch die Bekämpfung der schnellen Torpedoboote erschien leichter durch die schnellen Kreuzer als durch die schweren und daher langsameren Schlachtschiffe; deshalb war der Kreuzerbau in manchen Flotten um die Zeit des Torpedohöhepunktes ebenfalls größer als später. Diese Kreuzer sollten aber jedes Gefecht mit feindlichen Schlachtschiffen vermeiden. Und hierin liegt der Grundfehler der Kreuzerkriegstheorie: **die Kreuzer müssen den Schlachtschiffen das Feld räumen, weil sie geringeren Panzerschutz und schwächere Geschütze als die Panzerschiffe haben und deshalb den Kampf um die Seeherrschaft in irgend einem Meerestheile nicht entscheiden können.** Deshalb sind in Frankreich thatsächlich nach wie vor und genau wie in England und bei den anderen Seemächten sehr leistungsfähige Schlachtschiffe gebaut worden.

In Nordamerika beschloß man, in der Mitte des vorigen Jahrzehnts, die nach dem Kriege sehr veraltete Flotte zu erneuern; man begann mit dem Bau einer größeren Zahl sehr schneller und gepanzerter Kreuzer. Da zeigte einer ihrer Landsleute, Kapitän Mahan, in seinem klassischen Werke: „Ueber den Einfluß der Seemacht auf die Geschichte“ (deutsch in 2 Bänden herausgegeben bei E. S. Mittler & Sohn, Berlin 1896 und 1898), **daß der Kreuzerkrieg den feindlichen Seehandel zwar schädigen, aber den Feind weder von Angriffen auf die eigene Küste und die eigenen Häfen abhalten, noch ihn gar bezwingen kann.** Mahan verurtheilt den Kreuzerkrieg mit folgenden Worten: **„Nicht die Wegnahme einzelner Schiffe**

oder Convois, seien es deren wenige oder viele, bringt die Zahlungsfähigkeit einer Nation in Gefahr, sondern der Besitz jener überwältigenden Macht zur See, die die feindliche Flagge von ihr verjagt oder ihr nur als Flüchtling zu erscheinen gestattet und die durch Beherrschung des Meeres dem feindlichen Handel die Zugänge zu seinen Küsten verschließt" — ihm also den Todesstoß versetzt! Mahan hat den Erfolg gehabt, daß seine Landsleute seitdem mit voller Kraft den Bau mächtiger Panzerschlachtschiffe unternommen haben; 4 davon sind bereits vom Stapel, 5 sind zur Zeit im Bau. Die Amerikaner wollen die Zahl ihrer großen Linienschiffe zunächst auf mindestens 20 bringen. Das beweist zur Genüge den praktischen Sinn dieses Volkes; unmittelbar nach Ueberwindung des Gährungszustandes in den Ansichten über die Zusammensetzung der Flotte baut Amerika sich mit großen Mitteln eine ganz neue mächtige Schlachtflotte!

Auch der deutsche Flottengesetzentwurf legt mit Recht das Hauptgewicht auf die Schaffung der Schlachtflotte. Wenn man die früheren Denkschriften verfolgt, so kann man erkennen, daß der Gährungszustand, der in Frankreich und Nordamerika besonders stark zu Tage getreten ist, auch bei uns — und zwar vor etwas mehr als einem Jahrzehnt — bestanden hat, aber schon gegen Ende des vorigen Jahrzehnts sich geklärt hat.

Mit einigen Worten soll noch auf die Schwierigkeiten hingewiesen werden, die die Ueberwindung des bisher betrachteten Gährungszustandes bereitete.

In allen Kriegsflotten hat ja die Uebergangszeit der Schlachtschiffe vom alten hölzernen Segellinienschiff auf das stählerne und gepanzerte Dreischraubenlinienschiff unserer Zeit eine solche Fülle technischer Erfindungen auf maritimem Gebiet gebracht, daß die Seeoffiziere mit deren Erprobung — gleichgültig, ob sich die Erfindungen schließlich als brauchbar oder unbrauchbar erwiesen — geradezu übersättigt wurden und deshalb längere Zeit brauchten, die vielfach einander widersprechenden Ideen zu verdauen, systematisch zu verbinden und vor Allem in praktischen Dienst umzusetzen und lebensfähig zu machen. Je größer nun eine Marine ist, über um so reichhaltigere personelle und materielle Mittel verfügt sie, um so schneller kann sie also auch technische Neuerungen sich zu eigen machen; der kleinere Mann muß verhältnißmäßig höheres Lehrgeld zahlen, um dasselbe zu lernen, wie der Wohlhabende. Kommt dann noch hinzu, daß es möglichst wenig kosten soll, dann finden falsche Ideen, deren Verwirklichung billiger ist, neue Nahrung. So ist es mit der Torpedomanie und der Kreuzermanie gewesen.

Die anderen Seemächte bestanden schon seit Jahrhunderten vor dem Gährungszustande, während die deutsche Flotte gerade in der kritischen Zeit der technischen Umwälzungen geboren werden mußte; man muß für die Zeit der schwierigen Geburt unserer Flotte die Jahre 1873 bis 1882 rechnen, während die Zeit zwischen 1848 und 1873 lediglich als die Vorbereitung zur Flottengründung aufgefaßt werden darf.

Zur allgemeinen Klärung der Ansichten über die Seekriegführung haben sehr wesentlich auch die großen Flottenmanöver aller Seemächte beigetragen, die gegen Ende der achtziger Jahre begannen und bis heute von Jahr zu Jahr systematischer und zielbewußter durchgeführt worden sind. Ferner ist durch das Studium der Seekriegsgeschichte, wie es in kritischer Weise zuerst durch das Schule machende Werk des schon erwähnten Amerikaners Mahan eingeleitet wurde, völlig klargestellt worden, daß heute Praxis und Theorie der Seekriegführung übereinstimmen.

Nebenher gingen bei uns zahlreiche systematische Versuche über die Verwendung der Schiffe, deren Ergebnisse durchaus einwandfrei sind. Wir stehen heute nicht mehr Ansichten und Ideen gegenüber, sondern den Ergebnissen praktischer Versuche, wir stehen auf dem Boden von Thatsachen, mithin auf absolut sicherem Boden.

Nur die kräftige Schlachtflotte kann die Küsten wirksam schützen, kann die Blockade der Küste abwehren, kann den Seehandel an den bedrohtesten Stellen offen halten und kann zur See die Entscheidung herbeiführen. Jetzt, wo für die Linienschiffe wieder eine allgemein anerkannte und bei allen Seemächten eingeführte Form festgestellt ist, ist es klar, daß die Uebergangszeit ihr Ende erreicht hat. Viele gewichtige Gründe sprechen dafür, daß, **so gut wie das alte Linienschiff Jahrhunderte lang fast unverändert blieb, auch das gepanzerte Linienschiff der Gegenwart seine Form für lange Zeit behalten wird.**

Ersatzbauten.

Ersatzbauten sind solche Schiffsbauten, welche dazu dienen, kriegsunbrauchbar gewordene Schiffe zu ersetzen. Paragraph 2 des Entwurfs zum Flottengesetz lautet:

„Die Mittel für die regelmäßigen Ersatzbauten sind so rechtzeitig in den Reichshaushaltsetat einzustellen, daß

Linienschiffe und Küstenpanzerschiffe nach 25 Jahren,
große Kreuzer nach 20 Jahren,
kleine Kreuzer nach 15 Jahren

ersetzt werden können."

In der allgemeinen Begründung ist die gesetzliche Regelung des Ersatzes kriegsunbrauchbar werdender Schiffe als nothwendig bezeichnet, um nach Erreichung des Sollbestandes auch die Erhaltung desselben sicherzustellen, während die Begründung der einzelnen Bestimmungen Folgendes ausführt:

„Um eine Flotte kriegsbrauchbar zu erhalten, muß der rechtzeitige Ersatz kriegsunbrauchbar werdender Schiffe sichergestellt sein. Nach den Erfahrungen in der deutschen und in fremden Marinen ist eine Ersatzbeschaffung durchschnittlich nach Ablauf der im Gesetzentwurf vorgesehenen Fristen erforderlich. Es können indeß Fälle vorkommen, in denen eine frühere oder spätere Ersatzbeschaffung geboten oder zulässig ist, ersteres beispielsweise beim Untergang eines Schiffes, letzteres, wenn ein Schiff nach Ablauf der vorgeschriebenen Lebensdauer noch kriegsbrauchbar ist.

Eine frühere Ersatzbeschaffung würde der Genehmigung durch den Reichshaushaltsetat bedürfen. Das Hinausschieben eines Ersatzbaues kann der Marineverwaltung überlassen bleiben. Um beiden Möglichkeiten Rechnung zu tragen, ist im Gesetzentwurf der Ausdruck »regelmäßige« Ersatzbauten gebraucht.

An Ersatzbauten sollen bis zum Ablauf des Rechnungsjahres 1904 in den Etat eingestellt werden:

Linienschiffe	Große Kreuzer	Kleine Kreuzer
„Bayern"	„Kaiser"	„Zieten"
„Baden"	„Deutschland"	„Blitz"
„Württemberg"	„König Wilhelm"	„Pfeil"
„Sachsen"	Summe 3	„Alexandrine"
Summe 4		„Arcona"
		„Greif"
		„Wacht"
		„Jagd"
		„Schwalbe"
		„Sperber"
		Summe 10.

Ferner muß zur Ergänzung und Erhaltung der Torpedofahrzeuge in jedem Jahre eine Torpedoboots-Division in Bau genommen werden."

Um die Flotte möglichst bald auf den gesetzlichen Sollbestand zu bringen, ist beabsichtigt, zunächst sämmtliche Neubauten fertig zu stellen, wodurch der Beginn einiger Ersatzbauten über den gesetzlichen Zeitpunkt hinaus verschoben werden muß. Die Rechnungsjahre, in welchen die ersten Raten für Ersatzbauten eingestellt werden sollen, ergeben sich aus folgender Uebersicht:

Rechnungsjahr	Linienschiffe	Große Kreuzer	Kleine Kreuzer
1898 1899	nur Neubauten.		
1900		1 Ersatzbau („Kaiser")	
1901		1 Ersatzbau („Deutschland")	1 Ersatzbau („Zieten")
1902	1 Ersatzbau („Bayern")	1 Ersatzbau („König Wilhelm")	3 Ersatzbauten („Blitz", „Pfeil", „Alexandrine")
1903	1 Ersatzbau („Baden")	—	3 Ersatzbauten („Arcona", „Greif", „Wacht")
1904	2 Ersatzbauten („Württemberg", „Sachsen")	—	3 Ersatzbauten („Jagd", „Schwalbe", „Sperber")
Summe	4 Ersatzbauten	3 Ersatzbauten	10 Ersatzbauten

Die Schiffe, welche bis zum Ablauf des Rechnungsjahres 1904 fertiggestellt sein werden, sind in gesperrter Schrift gedruckt.

Fischereischutz.

Zu den verschiedenen Aufgaben, welche die Marine im Frieden zu erfüllen hat, gehört, in jährlich wachsender Bedeutung der Schutz der deutschen Hochseefischerei.

Wenn auch durch einen im Jahre 1882 im Haag abgeschlossenen Vertrag der internationale Fischereibetrieb auf hoher See im Allgemeinen geregelt ist, so kommen doch unter den Fischern der verschiedenen Nationen, wenn sie sich auf den Fischereigründen zusammenfinden, nur allzu leicht Reibereien vor, die häufig in brutale Gewaltthaten ausarten. Die zum Fischereischutz bestimmten Kriegsschiffe haben demgegenüber die Aufgabe, die Innehaltung jenes Vertrages zu überwachen.

Hierzu rechnet in erster Linie der Schutz der eigenen Fischer gegen die Uebergriffe anderer, ferner aber auch die Beaufsichtigung der eigenen Fahrzeuge in Beziehung auf ordnungsmäßiges Führen der vorgeschriebenen Abzeichen und sachgemäße Ausübung der Fischerei, wie z. B. Innehalten der vorgeschriebenen Schonzeiten. — Bei der steigenden Bedeutung unserer Hochseefischerei in wirthschaftlicher Beziehung (vergl. Artikel Seefischerei) muß naturgemäß auch für einen erhöhten Fischereischutz gesorgt werden. Der Flottengesetzentwurf sieht daher unter den Spezialschiffen zwei Kreuzer für diesen Zweck vor. Dieselben sollen jedoch nicht besonders hierfür in Dienst gestellt, sondern aus der Zahl der im Dienste befindlichen Aufklärungsschiffe entnommen werden.

Flottenflaggschiff.

Flottenflaggschiff heißt dasjenige Schiff, auf welchem sich der Befehlshaber der Flotte eingeschifft befindet.

Die Flaggschiffe von Divisionen (4 Schiffen) oder Geschwadern (8 Schiffen) sind in diese Formationen eingereiht und daher an einen bestimmten Platz innerhalb derselben gebunden. Im Gegensatz hierzu haben es die mehrjährigen Flottenmanöver als unbedingt nothwendig erwiesen, das Flottenflaggschiff als den Leiter des ganzen Verbandes hinsichtlich seines Platzes vollständig unabhängig von der jeweiligen Formation zu machen. Der kommandirende Admiral muß im Stande sein, seinen Platz jederzeit da zu wählen, wo es ihm für die Führung der Flotte am besten zu sein scheint. — Infolgedessen fordert der Entwurf zum Flottengesetz zu den

16 Linienschiffen der heimischen Schlachtflotte ein 17. Schiff für den kommandirenden Admiral. Da dieses Schiff dem Gefecht der Linienschiffe nicht fernbleiben kann, muß es ebenfalls ein Linienschiff sein.

Das Flottenflaggschiff soll sich dauernd im Dienst befinden, und zwar sollen ihm zur Ersparung von Kosten während der Friedenszeit die Aufgaben des Torpedoschulschiffs übertragen werden.

Flottengesetz.

Der Entwurf eines Gesetzes, betreffend die deutsche Flotte, lautet:

I. Schiffsbestand.

§ 1.

1. Der Schiffsbestand der deutschen Flotte wird, abgesehen von Torpedofahrzeugen, Schulschiffen, Spezialschiffen und Kanonenbooten, festgesetzt auf:

a) verwendungsbereit:
17 Linienschiffe,
8 Küstenpanzerschiffe,
9 große Kreuzer,
26 kleine Kreuzer;

b) als Materialreserve:
2 Linienschiffe,
3 große Kreuzer,
4 kleine Kreuzer.

2. Von den am 1. April 1898 vorhandenen und im Bau befindlichen Schiffen kommen auf diesen Sollbestand in Anrechnung:

als Linienschiffe 12
= Küstenpanzerschiffe 8
= große Kreuzer 10
= kleine Kreuzer 23

3. Die Mittel für die zur Erreichung des Sollbestandes (Ziffer 1) erforderlichen Neubauten sind so rechtzeitig in den Reichshaushaltsetat aufzunehmen, daß die betreffenden Schiffe bis zum Ablauf des Rechnungsjahres 1904 fertiggestellt werden können.

§ 2.

Die Mittel für die regelmäßigen Ersatzbauten sind so rechtzeitig in den Reichshaushaltsetat einzustellen, daß

Linienschiffe und Küstenpanzerschiffe nach 25 Jahren,
große Kreuzer nach 20 Jahren,
kleine Kreuzer nach 15 Jahren

ersetzt werden können.

II. Indiensthaltungen.

§ 3.

Die Mittel für die Indiensthaltungen der heimischen Schlachtflotte sind jährlich bis zu solcher Höhe in den Reichshaushaltsetat einzustellen, daß im Dienste gehalten werden können:

a) zur Bildung von aktiven Formationen:
 9 Linienschiffe,
 2 große Kreuzer,
 6 kleine Kreuzer;

b) als Stammschiffe von Reserveformationen:
 4 Linienschiffe,
 4 Küstenpanzerschiffe,
 2 große Kreuzer,
 5 kleine Kreuzer;

c) zur Aktivirung einer Reserveformation auf die Dauer von zwei Monaten:
 2 Linienschiffe oder Küstenpanzerschiffe.

§ 4.

Die Bereitstellung der für die Indiensthaltung von Torpedofahrzeugen, Auslandsschiffen, Schulschiffen, Spezialschiffen und Kanonenbooten erforderlichen Mittel unterliegt der jährlichen Festsetzung durch den Reichshaushaltsetat nach Maßgabe des Bedarfs.

III. Personalbestand.

§ 5.

An Deckoffizieren, Unteroffizieren und Gemeinen der Matrosendivisionen, Werftdivisionen und Torpedoabtheilungen sollen vorhanden sein:

1. eineinhalbfache Besatzungen für die im Auslande befindlichen Schiffe;

2. volle Besatzungen für

die zu aktiven Formationen der heimischen Schlachtflotte gehörigen Schiffe,

die Hälfte der Torpedofahrzeuge,

die Schulschiffe,

die Spezialschiffe;

3. Besatzungsstämme (Maschinenpersonal zwei Drittel, übriges Personal die Hälfte der vollen Besatzungen) für

die zu Reserveformationen der heimischen Schlachtflotte gehörigen Schiffe,

die zweite Hälfte der Torpedofahrzeuge;

4. der erforderliche Landbedarf;

5. ein Zuschlag von 5 pCt. vom Gesammtbedarfe.

§ 6.

Die nach Maßgabe dieser Grundsätze erforderlichen Etatsstärken der Matrosendivisionen, Werftdivisionen und Torpedoabtheilungen sowie die Etatsstärken des sonstigen Personals unterliegen der jährlichen Festsetzung durch den Reichshaushaltsetat.

In dem allgemeinen Theil der Begründung ist dazu ausgeführt:

„Das deutsche Volk steht der Thatsache gegenüber, daß die Kriegsmarine zur Zeit in den wichtigsten Schiffsklassen weniger Schiffe besitzt als in früheren Jahren. Es fällt dies um so mehr ins Gewicht, als die meisten anderen Seemächte in den letzten 10 Jahren ihre Marinen erheblich verstärkt haben.

Wenn heute mobil gemacht würde, hätte die Marine statt der früher vorhanden gewesenen 14 nur 7 kriegsbrauchbare Linienschiffe zur Verfügung. 2 Schiffe bedürfen einer längeren — 1½ jährigen — Reparatur, 2 Schiffe sind als Schlachtschiffe kriegsunbrauchbar, und 3 Schiffe sind im Bau begriffen.*) Ebensowenig ist die Marine mit ihrem heutigen Schiffsbestand in der Lage, Deutschlands Interessen im Auslande so kraftvoll zu vertreten, als dies zu Anfang der achtziger

*) Kriegsbrauchbar: 4 „Brandenburg-Klasse", 2 „Sachsen-Klasse", „Oldenburg".

Reparaturbedürftig: 2 „Sachsen-Klasse".

Als Linienschiffe kriegsunbrauchbar: „Kaiser", „Deutschland".

Im Bau: „Kaiser Friedrich III", „Kaiser Wilhelm II", Ersatz „König Wilhelm".

Jahre möglich war. Die offizielle Schiffsliste vom Jahre 1882 weist an großen Kreuzern 11 kriegsbrauchbare Kreuzerfregatten auf, außerdem eine im Bau befindliche. Seitdem sind an Stelle der Kreuzerfregatten die Panzerkreuzer getreten. Die Schiffsliste vom Jahre 1897 weist keinen Panzerkreuzer auf. Zur Aushülfe können im Nothfalle 3 ältere, als Linienschiffe nicht mehr brauchbare Panzerschiffe und 1 größerer, geschützter Kreuzer verwandt werden. Im Bau befinden sich 6 große Kreuzer.*)

Zur Beseitigung dieses Zustandes sind zwar in den letzten Jahren eine größere Anzahl von Neubauten in Angriff genommen und erhebliche Geldmittel für Schiffsbauten in den Etat eingestellt worden, doch können diese Aufwendungen seitens der verbündeten Regierungen noch nicht als ausreichend erachtet werden. Um nun für die weiter aufzuwendenden Mittel eine sichere Grundlage zu gewinnen, ist es zunächst nothwendig, den Sollbestand an Schiffen festzusetzen. Da über die Höhe dieses Sollbestandes andauernd verschiedene Anschauungen zu Tage getreten sind, halten es die verbündeten Regierungen für nothwendig, den Sollbestand in den Hauptschiffsklassen gesetzlich festzulegen. Technische Bedenken gegen eine solche Festlegung sind nicht vorhanden. Die Schiffsklassen der Linienschiffe, großen Kreuzer und kleinen Kreuzer hat es seit Jahrhunderten gegeben und wird es auch weiter geben, da keine Erfindung der Neuzeit auf ein Aufhören derselben hindeutet. Innerhalb dieser Schiffsklassen läßt der Entwurf der technischen Entwickelung der einzelnen Schiffstypen freien Spielraum.

Es genügt indeß nicht, den Sollbestand festzusetzen, sondern es bedarf auch der Bestimmung des Zeitraums, in welchem die zur Erreichung des Sollbestandes erforderlichen Neubauten fertigzustellen sind. Die Festsetzung dieses Zeitraums durch eine Denkschrift ist nicht ausreichend, da eine solche keine bindende Kraft besitzt. Gerade Letzteres aber ist ein dringendes

*) 1882. Fertige Kreuzerfregatten: „Elisabeth", „Hertha", „Vineta", „Leipzig", „Prinz Adalbert", „Bismarck", „Blücher", „Moltke", „Stosch", „Gneisenau", „Stein".
Im Bau: „Charlotte".

1897. Fertige große Kreuzer (Panzerkreuzer): keine.
Als Aushülfe verwendbar: „König Wilhelm", „Kaiser", „Deutschland", „Kaiserin Augusta".
Im Bau: „Fürst Bismarck", „Viktoria Luise", „Hertha", „Freya", Kreuzer „M", Kreuzer „N".

Bedürfniß, das in den letzten Jahren in gleicher Weise von den verbündeten Regierungen und der Volksvertretung empfunden worden ist. Da der Sollbestand nicht nach künftigen Bedürfnissen, sondern nach den heutigen Seeinteressen des Reichs zu bemessen ist, müßte derselbe schon jetzt vorhanden sein. Die Flotte wird daher im Interesse der Sicherheit und der Wohlfahrt des Reichs so schnell als möglich auf die erforderliche Stärke gebracht werden müssen. Andererseits ist der Zeitraum, in welchem die für nothwendig erkannten Schiffe beschafft werden können, abhängig von der Finanzlage des Reichs, einer zweckmäßigen Beanspruchung der heimischen Privatindustrie und der Staatswerften, sowie ferner von der Möglichkeit, das nothwendige Personal heranzubilden. Nach diesen drei Gesichtspunkten konnte der erforderliche Zeitraum ohne Gefahr einer Ueberhastung auf 7 Jahre bemessen werden.

Um ferner nach Erreichung des Sollbestandes auch die Erhaltung desselben sicher zu stellen, bedarf es einer gesetzlichen Regelung des Ersatzes kriegsunbrauchbar werdender Schiffe.

Damit schließlich im Kriegsfalle die Schlachtflotte leistet, was von ihr erwartet wird, ist ein bestimmtes Maß von Friedensindiensthaltungen und das dazu erforderliche Personal unerläßlich. Wie später näher ausgeführt, hängt von dem Umfange der Indiensthaltungen die zu wählende Organisation der Schlachtflotte, und als Folge derselben die Art der im Frieden vorzubereitenden Mobilmachungs- und Operationspläne ab. Da eine Organisation etwas Dauerndes und Feststehendes sein muß, müssen auch die zur Innehaltung der Organisation erforderlichen Indiensthaltungen dauernd, d. h. gesetzlich gesichert sein.

Die infolge der gesetzlichen Bestimmungen über Sollstärke, Beschaffungszeit, Ersatzbau, Indiensthaltungen und Personal erforderlichen Geldmittel sind verfassungsmäßig für jedes Jahr zu veranschlagen und auf den Reichshaushaltsetat zu bringen."

Das Flottengesetz will nichts weiter, als den zweiten Arm der Landesvertheidigung, die Wehrhaftigkeit zur See, den übrigen feststehenden organischen Staatseinrichtungen angliedern.

Wie der Staatssekretär des Reichs-Marine-Amts im Reichstage mittheilte, hat sich Fürst Bismarck in einem an den Staatssekretär gerichteten Briefe dahin ausgesprochen, daß er, falls er im Reichstage wäre, dem Entwurf der verbündeten Regierungen zustimmen würde.

Herr Dr. Lieber hat den Aufbau des ganzen Plans mit folgenden Worten anerkannt:

„Und ich muß anerkennen, daß diese Vorlage die . . . erste . . . ist, welche dieser immer dringender gewordenen Forderung (daß endlich einmal Klarheit und Bestimmtheit geschaffen werde) in ihrer Art Genüge thut — die erste deswegen, weil sie uns . . . einen, auf organisatorischer Grundlage aufgebauten Flottenplan vorlegt . . . Hier wird, was den Hauptbestandtheil der Flotte angeht, in Wahrheit . . . eine wohldurchdachte, in Sollbestand und Indiensthaltung logisch zusammenhängende und folgerichtig ausgegliederte organische Bildung angestrebt; die Vorlage **will aus dem seitherigen Mechanismus unserer Flotte einen Organismus machen** . . Gegenüber dem 30jährigen Zeitalter von hinter uns liegenden Denkschriften aller Art **stellt diese Vorlage einen ganz unverhältnißmäßigen Fortschritt dar.**“

In dem ersten Vierteljahrhundert nach der Wiederaufrichtung des Reichs hat die Flotte „von der Hand in den Mund“ gelebt, wie der Reichskanzler Fürst Hohenlohe am 6. Dezember 1897 sagte.

Der Entwurf bricht mit dem „Wirrwarr“ früherer Denkschriften und bietet ein scharf begrenztes Programm, welches der Marine neben dem Vortheil der rationellen Wirthschaft die nothwendige Stetigkeit in der Entwickelung sichert. Das Flottengesetz ermöglicht auf allen Gebieten planmäßige Arbeit ohne Ueberstürzung und ohne Unterbrechung, weil das Arbeitsziel feststeht; das gilt nicht nur für den Schiffbau, sondern für die gesammte Marineverwaltung wie auch für die kriegsmäßige Ausbildung des ganzen Personals.

Aehnliche Flottengesetze sind in England und Italien von den Parlamenten festgesetzt worden.

Staatsrechtliche Gründe sprechen nur für die gesetzliche Festlegung der Flottenstärke, und gegen „uferlose Flottenpläne“ bietet das Gesetz die beste Garantie.

Flottenpläne.

(Ueber Aufgaben der Kriegsflotte, Flottengesetz besondere Artikel.)

Schon am 17. Juli 1817 regte, wie besonders beachtet zu werden verdient, ein süddeutscher Staat, nämlich Baden, beim Bundestag in Frankfurt die Schaffung einer Kriegsmarine an. „Deutsche verstehen Schiffe zu rüsten, unsere Seeleute dienen auf allen Meeren, sollte dies vorliegende Interesse der Nationalehre und des Vortheils und der Nothwendigkeit nicht Beschlüsse hervorrufen und verwirklichen, die allein den Zweck (d. i. Sicherung der Deutschen gegen die Kaperschiffe der Raubstaaten, die bis in die Nordsee kommen) sicher und dauernd zu erreichen verheißen?“ sagt der badische Antrag, in dem das Land sich zu einem Kostenbeitrag freiwillig erbot.

Im Jahre 1848 wurde von dem Marineausschuß der Nationalversammlung in Frankfurt a. M. die Nothwendigkeit erkannt, der zu schaffenden Marine einen bestimmten, von jeweiligen Majoritätsschwankungen unabhängigen Plan zu Grunde zu legen, da die umfangreiche Schöpfung einer Marine nur dann gelingen könne, „wenn ihre verschiedenen Theile mit unwandelbarer Stetigkeit nach einem Plan und mit getreuem Festhalten an der vorzuzeichnenden Grundlinie angegriffen und durchgeführt werden“. Ferner wird bemerkt, es sei wünschenswerth, dieser Behörde „eine festere, von den Majoritätsschwankungen minder abhängige Stellung anzuweisen“, und man hoffe, daß dieselbe „eine vom Sinken und Steigen der Parteiwellen möglichst unberührte Position“ erhalten werde, was bei ihrer rein objektiven Aufgabe sehr wohl ausführbar sein werde. Es ist nothwendig, daran zu erinnern, daß dieser Ausspruch im Jahre 1848 gethan wurde, zu einer Zeit, wo das souveräne Volk nicht an einem Titelchen seiner „Grundrechte“ gerüttelt sehen wollte, wo man in der Nationalversammlung Anträge debattirte, daß die Marineoffiziere bis aufwärts zum Kapitän aus der Wahl der Mannschaft hervorgehen sollten, und wo man gleichwohl erkannte, daß die nationale Nothwendigkeit einer seebeherrschenden Flotte eine gewisse Sonderstellung bedingte, wenn sie nicht ebenso wie alles Andere, was man damals berieth und hoffte, ein Schemen bleiben sollte.

Etwas später, vor jetzt 43 Jahren, am 17. Dezember 1854, wurde dem König von Preußen vom Prinzen Adalbert eine Denkschrift vorgelegt, worin Folgendes ausgeführt wird:

„Der Zweck einer preußischen Marine ist die Aufrechterhaltung der Unabhängigkeit Preußens und Oldenburgs auf den Meeren, welche die Küsten dieser beiden Länder bespülen, und Wahrung ihrer maritimen Interessen; sodann den preußischen und oldenburgischen Seehandel auch auf entfernten Meeren zu schützen, die Binnengewässer Preußens zu vertheidigen und die Operationen der Landarmee längs der Küste durch entsprechenden Flankenschutz zu unterstützen; die Transportmittel für überseeische Operationen der Landarmee zu gewähren; die Machtstellung und den politischen Einfluß Preußens im Allgemeinen zu erhalten und zu erweitern."

„Dann seien" — so hieß es weiter — „unter Berücksichtigung der in Betracht kommenden gegnerischen Flotten erforderlich:

9 Schraubenlinienschiffe von je 90 Kanonen, wovon sechs im Wasser und drei auf Stapel, letztere durchschnittlich etwa zu drei Viertel vollendet — (Linienschiffe),
3 Schraubenfregatten von je 40 Kanonen — (große Kreuzer),
6 Schraubenkorvetten von je 24 Kanonen } (kleine Kreuzer),
3 Dampfavisos }
36 Kanonenschaluppen à 2 Kanonen,
6 Kanonenjollen à 1 Kanone und einige Uebungsfahrzeuge."

In der Begründung der Denkschrift wurde zur Geltung gebracht, daß eine Seemacht, die kein rangirtes Gefecht mit Aussicht auf Erfolg durchführen könne, selbst in den europäischen Gewässern keinerlei Bedeutung zu beanspruchen habe. In der Ost- und Nordsee würde es auch einer Flotte bei der beschränkten Ausdehnung dieser Gewässer nicht einmal möglich sein, einem solchen rangirten Gefecht auszuweichen, falls sie sich nicht mit Hintansetzung ihres Hauptzweckes und mit Preisgebung des gesammten Küstengebietes hinter unangreifbare Festungswerke zurückziehen könne oder wolle.

Also vor 43 Jahren stand Prinz Adalbert hinsichtlich der von der kleinen preußischen Flotte zu erfüllenden Aufgaben genau auf dem Standpunkte, den heute nach bald einem halben Jahrhundert die Marineverwaltung des Deutschen Reiches einnimmt.

Wie freudig würde die damalige Demokratie die Mittel für diese Zwecke bewilligt haben, wenn Preußen eine Regierung besessen hätte, die das Verständniß und den Muth hatte, solche Mittel zu fordern!

Verhandlungen über Marinepläne findet man schon im preußischen Landtage von 1851. Damals sollten 12 Fregatten, 10 Dampfkorvetten, 14 Avisodampfschiffe, 5 Schooner, 5 Uebungs- und Transportfahrzeuge, 36 Kanonenschaluppen, 6 Jollen (im Ganzen 96 Schiffe und Fahrzeuge) für ungefähr 14 Millionen Thaler gebaut, außerdem für die Marineetablissements bei Stralsund und Swinemünde 5½ Millionen Thaler und für Reservevorräthe 1½ Millionen Thaler aufgewendet werden. Dieser Plan, von der Marineverwaltung stammend, wurde trotz der wiederholten Forderung des Landtags von der Regierung aus technischen Bedenken den Kammern nicht vorgelegt. Besonders eifrig trat der liberale Abgeordnete Harkort für die Marine ein, er rief 1859: „Ich halte dafür, die Ehre des Landes ist für unsere Marine verpfändet“, und sagte ein Jahr später, er müsse glauben, daß die vielen Räthe hinderlich seien, den Gründungsplan fertigzustellen! Auch der Abgeordnete Behrend beklagte 1860 auf das Allerentschiedenste, daß immer noch kein Gründungsplan vorgelegt sei.

Der älteste, sehr unvollständige Flottenplan, vom Kriegs- und Marineminister v. Roon 1862 verfaßt, fand nicht die Billigung des Abgeordnetenhauses; es wurde aber eine Resolution angenommen, die Regierung möchte in der nächsten Session einen vollständigen Plan zur beschleunigten Entwickelung der Kriegsmarine vorlegen. Im März 1865 legte die Regierung dem Abgeordnetenhause einen Gesetzentwurf vor, der zu verschiedenen maritimen Zwecken, darunter auch zur Anschaffung von Schlachtschiffen Geldmittel (bis zur Höhe von 30 Millionen Mark) zu beschaffen forderte; die Summe sollte nach Bedarf im Laufe der nächsten 6 Jahre überwiesen werden. Zugleich mit diesem Kreditgesetz wurde ein Plan zur Erweiterung der preußischen Kriegsmarine vorgelegt, der in einer Zeit von 12 Jahren durchgeführt werden sollte. Sein Ziel war die Herstellung einer Seemacht zweiten Ranges (siehe Artikel: Aufgaben der Kriegsflotte). Die zu gründende Flotte sollte 10 Linienschiffe (Panzerfregatten), 10 Küstenpanzerschiffe (Panzerfahrzeuge), 8 große Kreuzer (gedeckte Korvetten), 12 kleine Kreuzer (6 Glattdeckskorvetten und 6 Avisos), sowie 4 Transportschiffe zählen. Diese verhältnißmäßig große Schlachtflotte war dazu bestimmt: „nöthigenfalls die Passage durch den Sund in die Nordsee erzwingen zu können“ und dadurch den Ostseehandel vor der Sperrung des Sundes und der Belte zu schützen. Mit anderen Worten: um die Ostsee blockadefrei zu halten, hielt man schon 1865 10 Schlachtschiffe für erforderlich!! Da der Berichterstatter der Budgetkommission des Abgeordnetenhauses, der große Gelehrte und utopische Friedensapostel Virchow, der Ansicht Geltung verschaffte: „trotz aller Theilnahme für die Entwickelung und Förderung der Marine sei das Verhältniß zur Verfassungsfrage ein näheres und wichtigeres“ — (als die realen Bedürfnisse des Vaterlandes!) — so wurde der Gesetzentwurf verworfen.

Gelegentlich der Verhandlung äußerte Fürst Bismarck am 1. Juni 1865:

„Es hat wohl keine Frage die öffentliche Meinung in Deutschland in den letzten 20 Jahren so einstimmig interessirt wie gerade die Flottenfrage. Wir haben gesehen, daß die Vereine, die Presse, die Landtage ihren Sympathien Ausdruck gaben, diese Sympathien haben sich in Sammlung von verhältnißmäßig recht bedeutenden Beträgen bethätigt. Den Regierungen, der konservativen Partei wurden Vorwürfe gemacht über die Langsamkeit und über die Kargheit, mit der in dieser Richtung vorgegangen würde; es waren besonders die liberalen Parteien, die dabei thätig waren. Wir glaubten deshalb Ihnen eine rechte Freude mit dieser Vorlage zu machen.“ Und ferner:

„Ich glaubte, wir würden nie genug gefordert haben, Sie würden das Bedürfniß haben, noch bestimmter und schneller die maritimen Unternehmungen zu fördern, und ich war nicht darauf gefaßt, in dem Bericht der Kommission eine indirekte Apologie Hannibal Fischers zu finden (Heiterkeit), der die deutsche Flotte unter den Hammer brachte. Auch diese deutsche Flotte scheiterte daran, daß in den deutschen Gebieten, ebenso in den höheren, regierenden Kreisen wie in den niederen, die Parteileidenschaft mächtiger war als der Gemeinsinn. Ich hoffe, daß der unsrigen dasselbe nicht beschieden sein wird. Ich war einigermaßen überrascht ferner darüber, daß dem Gebiete der Technik ein so großer Raum in dem Berichte angewiesen war. Ich zweifle nicht daran, daß es viele unter Ihnen giebt, die vom Seewesen mehr verstehen als ich und mehr zur See gewesen sind als ich, die Mehrzahl unter Ihnen, meine Herren, ist es aber nicht, **und doch muß ich sagen, ich würde mich nicht getrauen, über technische Details der Marine ein Urtheil zu fällen, welches meine Abstimmung motiviren, welches mir Motive zur Verwerfung einer Marinevorlage geben könnte.**"

Im Herbst 1867 wurde dem Norddeutschen Reichstage ein neuer Flottengründungsplan für die Marine des Norddeutschen Bundes vorgelegt; er war mit einem ähnlichen Kreditgesetz, wie dem von 1865, verbunden. Dieser Plan forderte „vorläufig" 16 Schlachtschiffe (von letzteren waren 2, „Arminius" und „Prinz Adalbert", vorhanden), 20 Korvetten, 8 Avisos und 32 andere Schiffe und Fahrzeuge (3 Transportschiffe, 22 Dampfkanonenboote, 2 Artillerieschiffe, 5 Uebungsschiffe). Diese Schiffe sollten in der ersten Bauperiode, von 1868 bis 1877, erbaut werden; gleichzeitig waren große Summen für den Bau, die Einrichtung und Befestigung der beiden Bundeskriegshäfen Kiel und Wilhelmshaven im Flottenplan vorgesehen. Gegen diesen Plan wurden keine Widersprüche erhoben, alle Forderungen der Regierung wurden bewilligt, wobei nur die Deckungsfrage längere Verhandlungen hervorrief. Der liberale Abgeordnete v. Kirchmann rief am Schlusse seiner Rede, auf die rechte Seite des Hauses weisend: „Wir wollen ebenso eine Flotte wie Sie!" Daß die Regierung sich zum Bau der Flotte 10 Jahre Zeit nehmen wollte, erschien dem einzigen seefahrtkundigen Abgeordneten, Herrn H. H. Meier, dem bewährten Schöpfer des Norddeutschen Lloyd, viel zu lang, er brachte deshalb den Antrag ein, diese Zeit auf 5 Jahre zu kürzen, doch aus finanziellen Gründen wurde dieser Antrag abgelehnt.

Nach dem großen Kriege, der Deutschlands Einheit begründete, lag es nahe genug, daß der Einfluß der Seemacht niedriger bewerthet wurde, und demgemäß der Ausbau der Flotte, trotz der Vergrößerung des Reichs, nicht wesentlich über den alten Flottenplan von 1867 angesetzt wurde. Immerhin ist es sehr beachtenswerth, daß die Denkschrift von 1873 (der sogenannte Flottengründungsplan) drei Momente anführt, welche eine Vergrößerung der Ansprüche an unsere Kriegsmarine gegen 1867 ergaben, nämlich, nach den Worten der Denkschrift:

„a) Unser Seehandel hat faktisch an Bedeutung gewonnen;

b) die Machtentwickelung des Deutschen Reiches hat die im Auslande lebenden Deutschen wieder zu Deutschen gemacht; sowohl diejenigen Deutschen, welche den heimathlichen Verband auf auswärtigen Handelsniederlassungen erhalten haben, sowie die ganz ausgewanderten Deutschen suchen eine Anlehnung an das Deutsche Reich in einer Ausdehnung, wie sie im Jahre 1867 nicht vorherzusehen war;

c) die maritime Entwickelung Deutschlands findet **immer größere** Aufmerksamkeit bei den anderen maritimen Staaten Europas, welche bisher **allein** die Meere beherrschten."

Ferner heißt es in dieser Denkschrift, die nur sechs Jahre nach dem 1867er Plane aufgestellt ist: „Wenn die deutsche Kriegsmarine also ihre friedlichen maritimen Aufgaben ebenso kräftig heute lösen will, wie sie dies im Jahre 1867 thun sollte, so muß sie nicht nur die Zahl ihrer laufend beschäftigten Schiffe vergrößern, sondern sie muß auch ihr Personal vermehren."

Das Richtersche „ABC-Buch", dem doch diese Sätze nicht entgangen sein können, legt nun merkwürdigerweise Werth darauf, zu betonen, daß im Plane von 1873 nicht mehr die Rede sei von einem ersten Abschnitt zum Ausbau der Flotte, dem noch andere zu folgen hätten. Nun, wenn aber schon nach 6 Jahren der ältere Plan umgeworfen wird, und zwar aus den unter a, b und namentlich unter c angeführten Gründen, so kann es doch nicht überraschen, wenn ganz ähnliche oder dieselben Gründe nach einem Zeitraum von **25** Jahren einen dritten Abschnitt in der Flottenentwickelung unvermeidlich machen. Der Flottengründungsplan von 1873 forderte 14 Linienschiffe (8 Fregatten und 6 Korvetten), 7 gepanzerte Monitors und 2 Panzerbatterien. Richters „ABC-Buch" (S. 427) gibt irrthümlich an: „Danach wurden also nur 14 große Panzerschiffe verlangt, während der Plan von 1867 16 und der Plan von 1865 20 verlangt hatte." Das ist nicht richtig, denn 1865 waren nur 10 große Panzerfregatten (sowie 10 Panzerfahrzeuge, d. h. Küstenvertheidiger) gefordert, und 1867 waren 16 Panzerschiffe und Fahrzeuge gefordert (also eine unbestimmte Zahl großer Panzerschiffe, sicher aber weniger als 16, denn 2 Panzerfahrzeuge, „Arminius“ und „Prinz Adalbert“, waren schon vorhanden!). Danach sieht die Sache ganz anders aus, es ist thatsächlich eine Vergrößerung der Schlachtflotte von 1865 auf 1867 und von 1867 auf 1873 zu erkennen! Die Monitors und Panzerbatterien waren neu auf dem Plane. Insgesammt also an Panzerschiffen und Panzerfahrzeugen 1865: 20, 1867: 16, 1873: 23. Kreuzer und Spezialschiffe änderten sich nicht wesentlich; der Flottengründungsplan von 1873 forderte 20 Korvetten größerer und kleinerer Art einschl. Uebungsschiffe, 6 Avisos, Stationstender u. s. w, 18 Kanonenboote einschl. Vermessungsfahrzeuge, 2 Artillerieschiffe, 3 Segelbriggs und 28 Torpedofahrzeuge aller Größen.

Der Abgeordnete Müller (Fulda) sagt in seiner bekannten Flugschrift, die Forderung für 6 bis 8 Panzerfregatten sei lediglich mit dem Umstande motivirt, daß die Insel Helgoland nicht in deutschem Besitz und jedem Gegner dadurch ein Stützpunkt gegeben sei; er glaubt, daß diese Forderung daher seit dem Erwerb von Helgoland gegenstandslos geworden sei! Der Abg. Müller hätte noch etwas weiter in der Denkschrift lesen sollen, dann würde er den folgenden Satz gefunden haben:

„Soll der Gegner hier (bei Helgoland) beunruhigt werden, so müssen unsere offensiven Defensivmittel mindestens annähernd so stark sein wie die Angriffsmittel des Gegners; wir bedürfen hier zur offensiven Defensive der großen Schlachtschiffe, wie sie die Gegner uns entgegenstellen.“ Bei der Motivirung der 6 bis 8 Panzerfregatten ist also doch offenbar auch die wahrscheinliche Stärke des Gegners und nicht lediglich die Neutralität Helgolands berücksichtigt. Natürlich konnte dabei nur die Stärke der möglichen maritimen Gegner vor einem Vierteljahrhundert, d. h. um 1873, zur Berechnung der Zahl von 6 bis 8 Panzerfregatten dienen.

Nun bleiben aber die Defensivmittel immer von der Stärke der Angriffsmittel unserer möglichen Gegner abhängig, d. h. sie müssen in einem gewissen nicht allzu ungünstigen Verhältniß zu der gegnerischen Kraft stehen, damit uns die Möglichkeit des Sieges in der Hochseeschlacht bleibt. Trotzdem Helgoland deutsche Befestigungen erhalten, und trotzdem der Nord-Ostsee-Kanal gebaut worden, hat sich das Stärkeverhältniß zu unseren möglichen Gegnern seit 1873 erheblich zu unseren

Ungunsten verschoben, weil dieselben heute über ganz bedeutend stärkere Angriffsmittel als 1873 verfügen. Es giebt keine unabhängig bestimmbare Größe auf der Erde; jede Maßeinheit ist relativ, ist von anderen Größen abhängig! Es ist also zum Mindesten sehr einseitig, wenn Herr Müller (Fulda) auf S. 11 a. a. O. ausspricht: „Obwohl den Forderungen der Denkschrift von 1873 durch den Bau des Nordostsee-Kanals (vollendet 1895) und durch den Erwerb der Insel Helgoland (1890) der Boden zum Theil entzogen worden ist, haben gerade seit dieser Zeit die Ansprüche für die Schiffsbauten und sonstigen außerordentlichen Aufwendungen für die deutsche Marine sich nicht vermindert, wie man logischerweise auf Grund der Denkschrift von 1873 hätte erwarten dürfen, sondern im Gegentheil, die Forderungen und Bewilligungen haben sich gerade seit dieser Zeit ganz besonders erhöht."

Was bis etwa 1882 zur Erfüllung der Aufgaben der Kriegsflotte an Schiffen den damaligen verantwortlichen Fachleuten nöthig schien, forderte der Flottengründungsplan von 1873; was aber bis ins 20. Jahrhundert hinein jetzt, d. h. 1898, den heutigen verantwortlichen Fachleuten nöthig scheint, fordert der Flottengesetzentwurf. Der Flottengründungsplan ist die Grundlage, auf dessen Boden das Flottengesetz weiterbaut; da aber das zweite Stockwerk über dem Boden liegt, so hat Herr Müller (Fulda) Recht, freilich nur in diesem Sinne, zu behaupten, daß „man seitens der Marineverwaltung den Boden der Denkschrift von 1873 nunmehr gänzlich verlassen hat". Aber darum behält die Flotte den großen Seemächten gegenüber dennoch nach wie vor lediglich die Bedeutung einer Ausfallflotte. Trotz mancher Wandlungen in den Flottenplänen ist der Kern der Sache unverändert geblieben. Dies zur Beruhigung für Herrn Müller (Fulda) wegen der auf S. 11 von ihm angeführten Aeußerung des früheren Staatssekretärs des Reichs-Marine-Amts, die für sich allein in ihrer knappen Fassung ohne Mitanführung der späteren Berichtigungen allerdings zu Mißverständnissen Veranlassung geben kann.

Französische Ansichten über den Küstenkrieg.

Die Gegner der Flottenverstärkung haben als Beweis dafür, daß unsere Küsten im Falle eines Krieges von feindlichen Angriffen nichts zu befürchten hätten, wiederholt angeführt, daß seitens der Franzosen 1870/71 nichts gegen unsere Seegrenzen unternommen wäre, obwohl dieselben damals bei Weitem nicht den fortifikatorischen Schutz gehabt hätten wie heutzutage. Demgegenüber ist in der unbefangen urtheilenden Tagespresse und von den mit Rede und Schrift für die Verstärkung unserer Flotte eintretenden Fachmännern betont worden, daß dieser Beweis nicht stichhaltig sei. Französischerseits beabsichtige man, den Lehren des Admirals Aube folgend, im nächsten Kriege den Angriff auf unsere Küste in der Weise durchzuführen, daß Alles, was dem Feinde erreichbar sei, schonungslos gebrandschatzt, verwüstet und geplündert werden würde.

Betrachten wir diese Lehren des Admirals Aube, die jetzt nicht nur in Frankreich, sondern auch in anderen seemächtigen Staaten für die Führung des Küstenkrieges der Zukunft als maßgebend anerkannt werden, etwas näher. Man erhält über dieselben sehr beherzigenswerthe Aufschlüsse durch einen Einblick in die Schriften des verstorbenen Gabriel Charmes, des ehemaligen litterarischen Adjutanten des Admirals. Die Lehren Aubes über die Führung des Küstenkrieges haben mit der Zeit in keiner Weise an Gültigkeit verloren, im Gegentheil, sie haben nur noch mehr Anhänger gefunden, denn sie lassen sich mit den enorm weittragenden schweren Geschützen der heutigen Linienschiffe noch ausgiebiger und gründlicher durchführen als vor 10 Jahren.

Charmes führt aus, daß die politische Umgestaltung Europas im Verlauf der 60er und im Anfange der 70er Jahre den Wettkampf der einzelnen Nationen auf dem Gebiete der Industrie und des überseeischen Handels nothwendigerweise verschärfen mußte. Ueberall in Europa haben sich nationale Einheiten gebildet, bereit ihr Recht aufs Leben zu fordern. Die neu entstandenen Staaten Italien und Deutschland hätten, solange sie um ihre Existenz kämpften, alle ihre Hülfsquellen dazu benutzen müssen, um militärisch machtvoll zu werden, ohne welche Vorbedingung es keine politische Macht giebt. Kaum frei, machten sie sich an die Arbeit und schufen sich eine Industrie; sie bedurften daher des Handels. Aber dieser kann sich nur entwickeln, wenn man sich in der ganzen Welt Absatz verschafft, wenn man aus der ganzen Welt sich die Rohstoffe zusammenbringt, welcher die

Fabriken des Landes bedürfen. Daher das allgemeine Drängen der Völker nach den noch herrenlosen Ländern, nach fernen Küsten, nach unzivilisirten Gebieten, welches unter dem Namen Kolonialpolitik das hervorragendste, beinahe einzige Streben Europas geworden zu sein scheint.

Es ist zweifellos zu kühn, annehmen zu wollen, daß die großen Nationen es ganz aufgegeben haben, sich um die politische Hegemonie in Europa zu streiten, nichtsdestoweniger ist man wohl berechtigt zu behaupten, daß dieselben sich in Zukunft hauptsächlich um die kommerzielle Hegemonie streiten werden. Der Handelswettstreit wird aber noch erbitterter werden als der militärische. Eine thatkräftige, zielbewußte Politik muß vor Allem und über Allem hinweg nach materiellen Vortheilen streben, der Quelle und dem Ursprung aller anderen.

Da der Gesammtreichthum des Landes nichts ist als die Summe aller Privatreichthümer desselben, so liegt es auf der Hand, daß man im Kriege der Zukunft, um den Handel vom feindlichen Lande abzulenken und ihm denselben zu entreißen, mitleidslos jedes feindliche Privateigenthum vernichten muß und danach streben wird, durch eine Reihe von Schädigungen, dem Einzelnen zugefügt, den Gesammtwohlstand des Feindes zu untergraben und zu zerstören.

Charmes zieht aus Vorstehendem naturgemäß den Schluß, daß trotz beredter Proteste von Philosophen und platonischer Erklärungen von Kongressen Niemand daran denken dürfe, im Falle eines Krieges nicht die Kaperei in ausgedehntestem Maße zu betreiben.

„Die Praxis, die man auf dem offenen Meere ausübt", fährt Charmes fort, „wird man natürlich auch an der feindlichen Küste befolgen. Die Kaperei auf hoher See hat zur selbstverständlichen Konsequenz, daß man an der Küste offene Häfen, unvertheidigte Städte und unbefestigte Stapelplätze des Handels und der Industrie vergewaltigt. In dem Augenblicke, wo es nicht nur erlaubt, sondern geboten ist, das feindliche Privateigenthum auf dem Meere zu vernichten, kann es nicht verboten sein, dasselbe am Lande zu verwüsten. Es ist ebensowenig Grund vorhanden, irgend eine Stadt des Feindes, besonders wenn es eine blühende, wohlhabende Stadt ist, zu schonen, als ein solcher vorliegt, die Handelsflotte desselben unangetastet zu lassen. Ob man die Produkte eines Landes in seinen Schiffen oder in seinen Magazinen und Werften anzündet, ist ganz dasselbe. Die zweite Handlung hat vor der ersten sogar noch den Vorzug, daß sie in materieller wie moralischer Beziehung noch viel einschneidender wirkt. Es ist zweifellos, daß man den Feind ebenso sicher zum Frieden zwingt, wenn man seine Handelshäfen verwüstet, als wenn man seine Kriegshäfen zerstört. Würde die Vernichtung von Marseille weniger schmerzhaft empfunden werden wie die von Toulon? Und um eine Handels- und Industriestadt durch ein Bombardement zu zerstören, ihren Reichthum zu vernichten, dazu bedarf es nur weniger, plötzlich während der Nacht auftauchender Schiffe. Ein Angriff auf Toulon, wenn man ohne die geringste Gefahr Nizza, Marseille, Cette von Grund aus verwüsten kann, würde eine ritterliche Thorheit, eine militärische Dummheit sein. Der Angriff auf Küstenbefestigungen wie die Vertheidigung der Küste durch solche kann nur noch ein Andenken an die Vergangenheit sein. Wir wollen unsere Schiffe nur zum Bombardement offener Städte und Handelsplätze sowie sonstiger unbefestigter Ortschaften verwenden, wo sie unvermuthet eintreffen, um ihr Zerstörungswerk zu erfüllen. Und, falls es ausnahmsweise nöthig wird, auch eine befestigte Stadt zu bombardiren, so soll man die Arsenale, die Magazine und die Privathäuser beschießen und so Entsetzen und Verzweiflung in die Stadt werfen, wie es die Preußen gethan haben, als sie ihre Granaten über die Befestigungen von Straßburg, von Paris hinweg in die Stadt einschlagen ließen, wohl eingedenk dessen, daß man im Kriege dahin den Hieb richten muß, wo der Gegner ihn am meisten fühlt.

Ein Beispiel noch, wie viel mehr Wirkung erzielt wird, wenn man offene Städte angreift und sich nicht die feindlichen Küstenforts als Angriffsobjekt wählt. Futschau ist sicher einer der ruhmvollsten Namen in den Annalen unserer Kriegsgeschichte, die Aktion dort ist eine unserer schönsten Waffenthaten, auf die unsere Marine mit Recht stolz sein kann. Das ist viel, das ist aber auch Alles. Wie viel größere Resultate hätten aber erreicht werden können, wenn unser Geschwader, den Grundsätzen des modernen Krieges folgend, Futschau und sein Arsenal bei Seite gelassen hätte, um sich auf den Yang-tse-Kiang zu stürzen, dort die offenen Städte bombardirt, die Dschunken in den Grund gebohrt, die Kanäle verstopft, den Handel brach gelegt und dadurch die Revolution in diesen

Gegenden entflammt hätte, die von der Taiping-Revolte noch glühten und noch bluteten von dem Massakre, welches der Unterdrückung derselben folgte. Wir wiederholen, der Krieg der Zukunft muß die Kaperei betreiben und muß sich in schonungslosester Weise gegen die Küsten des feindlichen Landes selbst und gegen die seiner Kolonien richten."

Die vorstehenden Ausführungen, welche eine Kriegführung brutalster, mitleidslosester Art predigen, reden eine derart deutliche Sprache, daß jeder Kommentar überflüssig ist. Wir möchten nur nochmals darauf hinweisen, daß die Aube und Charmes mit ihren Ansichten nicht allein stehen, sondern Schule gemacht haben, und daß ihre Grundsätze in weiten Kreisen fremder Marinen durchaus anerkannt werden.

Noch ganz vor Kurzem, im Jahre 1894, hat der französische Kontreadmiral Réveillère ein sehr lesenswerthes Buch über die Eroberung des Weltmeeres (la conquête de l'océan) geschrieben, worin er sagt: „In allen großen Kriegen ist der Sieg und der Vortheil immer der Macht oder der Bundesgenossenschaft geblieben, die die See beherrschte. Abgesehen von Ausnahmen, wie der Krieg von 1870, wo die Niederlage so schnell und unheilbar war, daß der Seekrieg sich kaum entwickeln konnte (weil damals die französische Flotte nicht schnell genug kriegsbereit war), ist der, der zur See herrscht, auch sicher, den Sieg auf dem Lande zu erringen. Je mehr der Krieg sich verlängert, um so mehr Hülfsquellen findet das Volk, das von seinem Seehandel ernährt wird, seine Gegner zu schwächen und sie zum Vergleiche zu zwingen. Der nächste Krieg wird schrecklich sein, sagt man. Wer weiß es? Von beiden Seiten ist die Grenze sehr gut bewacht; auf beiden Seiten wird es durchaus nicht leicht sein, den Gürtel der Sperrforts zu durchbrechen. Es ist kaum anzunehmen, daß die Franzosen oder die Deutschen auf der ganzen Linie Sieger sein werden; man wird aller Wahrscheinlichkeit nach an einer Stelle Sieger, an anderer Besiegter sein. Die Kräfte sind fast gleich stark, und auf jeder Seite ist die Nothwendigkeit, zu siegen, zu gebieterisch, als daß man Alles mit einem Schlage wird entscheiden wollen." Réveillère führt dann aus, daß Rußland, der Bundesgenosse Frankreichs, seine Offensivkraft nur sehr langsam entwickeln könne. Russische Generale hätten gesagt, Frankreich müsse den Kampf so lange aushalten können, bis die Russen mit allen Mitteln und Kräften eingreifen könnten. —

Nach der Ansicht des Admirals kann Rußland nun, weil es keine große Industrie hat, den Krieg sehr lange aushalten; er fährt dann fort: „Um die russische Bundesgenossenschaft wirklich ausnutzen zu können, müssen wir uns also auf die Möglichkeit eines lange dauernden Kampfes gefaßt machen. Die schrecklichste Seite des nächsten Krieges ist vielleicht weniger das blutige Drama des Schlachtfeldes, als der Stillstand des Volkslebens. Vom Bauern bis zum Bankier (!) ist Jedermann an der Grenze, jeder verzehrt, keiner arbeitet; es ist allgemeiner Ausstand. Stille herrscht auf den Feldern und in den Fabriken und Werkstätten, die nicht einen Tag schlummern können, ohne Tausenden von Mündern das Brot zu entziehen. Der Krieg ist ebenso sehr ein wirthschaftlicher wie ein kriegerischer Kampf. In einem französisch-deutschen Kriege, an dem auch Rußland theilnimmt, wird das Volk siegen, das am geduldigsten ist und sich am besten auf dem Seewege nähren kann." Ueber den Einfluß des Seekrieges selbst sagt der Verfasser: „Man beginnt einzusehen, wie wichtig, ja vielleicht entscheidend die Rolle der Kriegsflotte gegen den Dreibund sein würde, sei es durch Beunruhigung Italiens auf seinen Inseln und an seinen Küsten, sei es in der Ostsee, um Deutschland zu zwingen, aus Furcht vor einer Landung ein Heer an seinen Küsten aufzustellen, oder um ihm durch eine strenge Blockirung jede Verbindung mit dem Auslande abzuschneiden; dieses doppelte Ziel ist mit der wahrscheinlichen Unterstützung durch Dänemark und Rußland keineswegs unerreichbar. Seit dem Abschlusse des Dreibundes und des französisch-russischen Einvernehmens ist die Kriegsflotte eine wichtigere Waffe geworden als je zuvor, und das besonders aus zwei Gründen: der Krieg gegen Italien muß und wird hauptsächlich zur See geführt werden; im Bunde mit Rußland, besonders wenn Dänemark dem Bunde beitreten würde, wird die Flotte in der Ostsee einen den Krieg vielleicht entscheidenden Flankenangriff machen. Und schließlich, je mehr wir auf dem Meere zu fürchten sind, um so mehr können wir darauf rechnen, daß England neutral bleibt."

An anderer Stelle sagt Réveillère:

„Man darf ja nicht vergessen, daß Frankreich 1871 nur dank seiner freien Bewegung auf dem Meere seinen Widerstand verlängern und durch die Verlängerung des Kampfes zwar nicht sein Gebiet, aber doch seine Ehre retten konnte. Da es durch seine Küsten mit der ganzen Erde in Verbindung stand, fand es im Meere eine unerschöpfliche Lebensquelle. In der schwierigen Lage eines Menschen, dessen eine Lunge nicht arbeitet, athmete es mit der anderen. So konnte es leben bis zu dem Tage, wo der Deutsche ihm das Herz erdrückte. Wenn die Deutschen Herren des Meeres gewesen wären, so würde Frankreich, wie in einem Schraubstock eingeschlossen, schon zu Anfang an Erstarrung umgekommen sein."

In demselben Sinne äußerte sich vor Kurzem der frühere französische Marineminister Lockroy gelegentlich der Berathung des französischen Marineetats für 1898:

„Wenn Frankreich 1870 so lange seinen Gegnern widerstehen konnte, wenn es schon erlahmend den Ansturm seiner Feinde zurückwerfen konnte, so rührt das nicht nur daher, daß es aus der Gluth seines Patriotismus und aus seinen unerschöpflichen Hülfsquellen immer neue und immer verstärkte Kräfte schöpfte, sondern auch und wohl besonders daher, daß es offenes Meer hinter sich fühlte, daß es jenseits des Kanals und jenseits des Ozeans, in England und in Amerika, die Waffen holen konnte, die es brauchte, um den Kampf zu verlängern, den es begonnen hatte und den es verzweifelt fortführte."

Aus den Darlegungen sind für uns drei Folgerungen zu ziehen:

1. daß der Feind im nächsten Kriege sich mit harmlosen Demonstrationen an unseren Küsten begnügen wird, wie 1870/71 die Franzosen, ist gänzlich ausgeschlossen;
2. mit Befestigungen unsere Küste zu schützen, ist unmöglich, da der Feind sich vor Allem auf die offenen Plätze stürzen wird. An solchen ist kein Mangel, denn wir können nicht jede Stadt und jedes Dorf so befestigen, daß es feindlichen Schiffen Widerstand leisten kann. Und selbst wenn dies möglich wäre, würde eine Bombardementssicherheit für die Städte dadurch nicht geschaffen;
3. das allein sichere Mittel gegen eine Vergewaltigung unserer Küste und das dadurch verursachte grenzenlose Elend ist eine Schlachtflotte, stark genug, um den Feind von der Küste fern zu halten. —

Fremde Kriegsflotten.

(Im Vergleich mit der deutschen.)

Ueber die Stärken der fremden Kriegsflotten giebt der Theil IX der „Seeinteressen des Deutschen Reiches" eine kurze und einfache Aufklärung. In demselben sind, um für den Vergleich mit dem Schiffsbestand der deutschen Marine einen gleichen Maßstab zu erhalten,

als Linienschiffe alle Panzerschiffe mit einem Tonnengehalt von mindestens 5000 t,

als Kreuzer alle Kreuzer (gepanzerte, geschützte und ungeschützte) mit einem Tonnengehalt von mindestens 800 t gerechnet. —

Zu den unten folgenden Tabellen ist zu bemerken:

1. Tabelle I und II geben den Bestand an Linienschiffen und Kreuzern an, welchen die verschiedenen Staaten im Jahre 1883 und 1897 aufzuweisen haben. Beide Tabellen dienen als Grundlage für die folgenden.
2. Tabelle III giebt auf Grund der Tabelle I die Unterschiede zwischen dem Schiffsbestand Deutschlands und dem der einzelnen Länder für 1883 an. England hat z. B. im Jahre 1883 38 Linienschiffe, Deutschland 11 Linienschiffe, folglich hat England 27 mehr.
3. Tabelle IV giebt auf Grund der Tabelle II die Unterschiede zwischen dem Schiffsbestand Deutschlands und dem der einzelnen Länder für 1897 an. Frankreich hat z. B. im Jahre 1897 36 Linienschiffe, Deutschland 12, folglich hat Frankreich 24 mehr.
4. Tabelle V zeigt, indem sie die sich entsprechenden Zahlen aus Tabelle III und IV miteinander vergleicht, um wieviel sich das Stärkeverhältniß zwischen Deutschland und den einzelnen Ländern zu Deutschlands Ungunsten (Vorzeichen plus) oder Gunsten (Vorzeichen minus) verschoben hat.

   Betrug z. B. der Unterschied in der Zahl der Linienschiffe zwischen Deutschland und Rußland im Jahre 1883 —8, hatte Rußland also in diesem Jahre 8 Linienschiffe weniger als Deutschland, und der Unterschied im Jahre 1897 beträgt +6, d. h. Rußland hat in diesem Jahre 6 Linienschiffe mehr als Deutschland, so hat sich das Stärkeverhältniß hinsichtlich der Linienschiffe zwischen den beiden Staaten verschoben um + 14 Linienschiffe zu Ungunsten Deutschlands.

1883. I.

Länder	Linienschiffe über 5000 t		Kreuzer über 800 t	
	Anzahl	Tausend Tonnen Deplacement	Anzahl	Tausend Tonnen Deplacement
	1	2	3	4
England	38	312	98	189
Frankreich	19	152	70	142
Rußland	3	22	30	71
Italien	7	66	11	20
Vereinigte Staaten von Amerika	0	0	30	62
Japan	0	0	10	11
Deutschland	11	80	22	48

1897. II.

(Fertige und im Bau befindliche Schiffe.)

Länder	Linienschiffe über 4000 t		Kreuzer über 800 t	
	Anzahl	Tausend Tonnen Deplacement	Anzahl	Tausend Tonnen Deplacement
	1	2	3	4
England	62	699	197	758
Frankreich	36	347	83	311
Rußland	18	182	33	140
Italien	12	148	45	102
Vereinigte Staaten von Amerika	11	113	47	123
Japan	7	88	39	129
Deutschland	12	110	33	116

Unterschied gegen Deutschland: (+) = mehr, (—) = weniger als Deutschland.

III. 1883.

Länder	Linienschiffe über 5000 t		Kreuzer über 800 t	
	Anzahl	Tausend Tonnen Deplacement	Anzahl	Tausend Tonnen Deplacement
	1	2	3	4
England	+ 27	+ 232	+ 76	+ 141
Frankreich	+ 8	+ 72	+ 48	+ 94
Rußland	— 8	— 58	+ 8	+ 23
Italien	— 4	— 14	— 11	— 28
Vereinigte Staaten von Amerika	— 11	— 80	+ 8	+ 14
Japan	— 11	— 80	— 12	— 37

IV. 1897.

Länder	Linienschiffe über 5000 t		Kreuzer über 800 t	
	Anzahl	Tausend Tonnen Deplacement	Anzahl	Tausend Tonnen Deplacement
	1	2	3	4
England	+ 50	+ 589	+ 164	+ 642
Frankreich	+ 24	+ 237	+ 50	+ 195
Rußland	+ 6	+ 72	± 0	+ 24
Italien	± 0	+ 38	+ 12	— 4
Vereinigte Staaten von Amerika	— 1	+ 3	+ 14	+ 7
Japan	— 5	— 22	+ 6	+ 13

V.
(IV—III.)

Mithin hat sich seit 1883 das Stärkeverhältniß zu Deutschlands Ungunsten (+) oder Gunsten (—) verschoben gegenüber:

Länder	Linienschiffe über 5000 t		Kreuzer über 800 t	
	Anzahl	Tausend Tonnen Deplacement	Anzahl	Tausend Tonnen Deplacement
	1	2	3	4
England	+ 23	+ 357	+ 88	+ 501
Frankreich	+ 16	+ 165	+ 2	+ 101
Rußland	+ 14	+ 130	— 8	+ 1
Italien	+ 4	+ 52	+ 23	+ 24
Vereinigte Staaten von Amerika...	+ 10	+ 83	+ 6	— 7
Japan........	+ 6	+ 58	+ 18	+ 50

Zum Schlusse mögen hier zwei Aussprüche des Fürsten Bismarck folgen:

Fürst **Bismarck** sagte am 10. Januar 1885 im Reichstage: „Mit England leben wir in gutem Einvernehmen. Daß England mit dem Bewußtsein: »Britannia rules the waves« etwas verwunderlich aussieht, wenn die Landratte von Vetter — als die wir ihm erscheinen — plötzlich auch zur See fährt, ist nicht zu verwundern.“

Und ferner:

„Der Herr Vorredner hat es nun so dargestellt, daß er uns nur die Wahl stellte, entweder auf unsere Kolonialpolitik zu verzichten oder unsere Seemacht auf eine Höhe zu erheben, daß wir überhaupt zur See Niemand zu fürchten haben — ich will also einmal sagen: auf die Höhe der Seemacht von England; dann hätten wir immer noch ein Bündniß von England und Frankreich zu fürchten. Die sind immer noch stärker, als eine einzelne Macht jemals in Europa sein kann und sein wird. Dies ist daher ein Ziel, das nie erstrebt werden kann. Ich gebe zu, daß das Fahren zur See immer eine gefährliche Sache für Kaufleute, aber noch mehr für Kriegsschiffe ist; es ist von allerlei Gefahren und von allerlei Kosten umgeben. Aber wie machen es denn andere Mächte? Frankreich also ist zur See vielleicht weniger stark als England, und es fürchtet sich doch nicht, seine Kolonien, die so weit entlegen sind, daß der Seeweg ihm an verschiedenen Stellen unterbunden werden kann, ruhig im Vertrauen auf sein Geschick, seine Tapferkeit und sein Ansehen sowie auf die Gerechtigkeit und Friedensliebe anderer Staaten durchzuführen.... Sollte Deutschland wirklich außer Stande sein, eine Seemacht zu halten, die allen übrigen Mächten außer England und Frankreich gegenüber die See halten kann, letzteren gegenüber sie auch halten wird nach dem Geiste, den ich in unseren Seeleuten kenne (Bravo! rechts), entweder über der See oder unter der See?" (Erneutes Bravo.)

Friedensthätigkeit der Kriegsflotte.

(Siehe „Kulturaufgaben der Kriegsflotte".)

Gährungsprozeß, technischer.

(Siehe unter „Entwickelung des Flottenmaterials".)

Gefechtsformation.

(Siehe „Ausnutzung der Gefechtsformation".)

Geschützte Kreuzer.

(Siehe unter „Kreuzer".)

Geschwader.

(Siehe unter „Schlachtflotte".)

Hafenvertheidigung.

(Siehe unter „Küstenvertheidigung".)

Handelsflotte.

(Siehe unter „Seehandel".)

Heimische Gewässer.

(Siehe auch „Ausland".)

Unter den heimischen Gewässern versteht man die die heimischen Küsten begrenzenden Meerestheile.

Dieselben werden in zwei Bezirke — die heimischen Stationen — eingetheilt: die Station der Ostsee und die Station der Nordsee. Jeder derselben steht ein Marinestationskommando als oberste Territorialbehörde der Marine vor.

Hochseefischerei.

(Siehe „Fischereischutz und Seefischerei".)

Hochseeschlachtschiffe.

(Siehe „Linienschiffe".)

Hülfskreuzer.

Wenn man die Schiffslisten der verschiedenen Marinen ansieht, findet man meist im Anschluß an die Kreuzer auch sogenannte Hülfskreuzer aufgeführt.

Es werden darunter diejenigen Dampfer der Handelsflotte verstanden, welche vermöge ihrer großen Geschwindigkeit aushülfsweise im Kriege einzelne Aufgaben der Kreuzer, wie den Melde- und Nachrichtendienst, übernehmen können. Es kommen hierfür vor Allem die großen Dampfer der transatlantischen Linien in Betracht; diese Schiffe erhalten im Kriege eine leichte Armirung von Schnellfeuergeschützen und Maschinenkanonen.

Sie sind für die eigentliche Kriegsführung nur von sehr untergeordnetem Werth und vermögen niemals einen wirklichen Kreuzer zu ersetzen. Dazu fehlt ihnen die erforderliche Gefechtskraft, bestehend in der Ausrüstung mit stärkerer Artillerie, mit Torpedos und Ramme, wie auch die nothwendige Defensivkraft, beruhend auf einem ausgiebigen Panzerschutz für Maschinen und Kessel und einer weitgehenden Zelleneintheilung zum Schutz gegen Torpedotreffer. Demgemäß können sie sich auch nicht mit einem modernen Kreuzer in ein Gefecht einlassen. Ihre einzige Waffe ist ihre Geschwindigkeit; man wird diese Schiffe daher auch nur da verwenden, wo sie vermöge dieser Eigenschaft von Nutzen sein können, also hauptsächlich für den Nachrichtendienst. Außerdem können sie natürlich noch zum Kampf gegen ihresgleichen sowie zum Kapern feindlicher Handelsschiffe mit Vortheil benutzt werden.

Indiensthaltungen.

Unter einem in Dienst gehaltenen Schiff versteht man ein Schiff, welches vollständig ausgerüstet ist und seine volle Besatzung an Bord hat, so daß es jederzeit verwendungsbereit ist. — Hinsichtlich der Indiensthaltungen bestimmt der Entwurf zum Flottengesetz in den Paragraphen 3 u. 4 Folgendes:

§ 3.

Die Mittel für die Indiensthaltungen der heimischen Schlachtflotte sind jährlich bis zu solcher Höhe in den Reichshaushaltsetat einzustellen, daß im Dienste gehalten werden können:

a) zur Bildung von aktiven Formationen:
9 Linienschiffe,
2 große Kreuzer,
6 kleine Kreuzer;

b) als Stammschiffe von Reserveformationen:
4 Linienschiffe,
4 Küstenpanzerschiffe,
2 große Kreuzer,
5 kleine Kreuzer;

c) zur Aktivirung einer Reserveformation auf die Dauer von zwei Monaten:
2 Linienschiffe oder Küstenpanzerschiffe.

§ 4.

Die Bereitstellung der für die Indiensthaltung von Torpedofahrzeugen, Auslandsschiffen, Schulschiffen, Spezialschiffen und Kanonenbooten erforderlichen Mittel unterliegt der jährlichen Festsetzung durch den Reichshaushaltsetat nach Maßgabe des Bedarfs.

In dem allgemeinen Theil der Begründung wird darauf hingewiesen, daß ein bestimmtes Maß von Friedensindiensthaltungen unerläßlich sei, damit die Schlachtflotte im Kriegsfalle das leiste, was von ihr erwartet werde.

Im Reichstage erkannte schon der Abg. Dr. Lasker am 4. März 1880 an, daß in der Marine die Kriegstüchtigkeit von der Zeitdauer der Indiensthaltung abhängig ist: . . „Ich bekenne für meine Person, daß, als ich erfahren habe, daß ein Schiff, wenn es vollständig in Dienst gestellt werden soll, keine diesem Schiffe selbst zugehörige, für dieses Schiff designirte Mannschaft und Offiziere hat, sondern daß Mannschaft und Offiziere unvorbereitet zusammengerufen werden, ich dies kaum begreifen konnte . . .“

Auch der Abg. Rickert sagte am 17. Januar 1888 im Reichstage: „Eine Marine läßt sich nicht so schnell wie eine Landarmee herstellen. Die Hauptbedingung ist doch die, daß sie das erforderliche Personal ausgebildet habe.“

Zur Begründung der Paragraphen über die Indiensthaltungen sagte der Staatssekretär des Reichs-Marine-Amts, Kontreadmiral Tirpitz, am 6. Dezember 1897: „Was die Indienststellungen anbetrifft, die gesetzlich geregelt werden sollen, so handelt es sich dabei um die Kadres unserer Schlachtflotte. Von den Kadres der Schlachtflotte hängt die Kriegsbereitschaft, die im Frieden aufzustellenden Mobilmachungsvorarbeiten und schließlich die Verwendungsweise der Flotte im Kriege ab. Diese Indiensthaltungen bilden also gewissermaßen das Rückgrat des ganzen organisatorischen Aufbaues unserer Marine und bedürfen aus diesem Grunde einer gesetzlichen Regelung.“

Von dem Umfange der Indiensthaltungen hängt die Organisation der Schlachtflotte ab, sowie als Folge der letzteren die Art der im Frieden zu treffenden Kriegsvorbereitungen. Da eine Organisation etwas Dauerndes und Feststehendes sein muß, müssen auch die zur Innehaltung der Organisation erforderlichen Indiensthaltungen dauernd, d. h. gesetzlich, gesichert sein.

Die Begründung zum Flottengesetzentwurf sagt:

„Der Gesetzentwurf unterscheidet Indiensthaltungen für die Schlachtflotte (Linienschiffe, Küstenpanzerschiffe, Aufklärungsschiffe) und die sonstigen Indiensthaltungen.

Gesetzlich soll nur die Bereitstellung der Mittel für diejenigen Indiensthaltungen festgelegt werden, welche zur Durchführung der in Aussicht genommenen Organisation der Schlachtflotte erforderlich sind.

Diese Indiensthaltungen werden durch nachstehende Tabelle erläutert:

Planmäßige Formation.	Besteht aus				Davon im Dienst				Davon außer Dienst			
	Linienschiffen	Küstenpanzerschiffen	großen Kreuzern	kleinen Kreuzern	Linienschiffe	Küstenpanzerschiffe	große Kreuzer	kleine Kreuzer	Linienschiffe	Küstenpanzerschiffe	große Kreuzer	kleine Kreuzer
Flotten-flaggschiff (für die aus den beiden Linienschiffsgeschwadern zu bildende Flotte) . . .	1	—	—	—	1	—	—	—	—	—	—	—
1 aktives Linienschiffsgeschwader	8	—	—	—	8	—	—	—	—	—	—	—
1 Reserve-Linienschiffsgeschwader	8	—	—	—	4	—	—	—	4*)	—	—	—
2 Reserve-Küstenpanzerschiffs-Divisionen . .	—	8	—	—	—	4	—	—	—	4*)	—	—
2 aktive Aufklärungsgruppen	—	—	2	6	—	—	2	6	—	—	—	—
4 Reserve-Aufklärungsgruppen	—	—	4	10	—	—	2	5	—	—	2	5
Im Ganzen . .	17	8	6	16	13	4	4	11	4	4	2	5
	47				32				15			

*) Anmerkung. Von diesen 8 Schiffen sollen jährlich 2 auf die Dauer von 2 Monaten in Dienst gestellt werden.

Diese Indiensthaltungen werden sich in vollem Umfange erst nach Ergänzung des Schiffs- und Personalbestandes durchführen lassen.

Die sonstigen Indiensthaltungen — Torpedofahrzeuge, Auslandsschiffe, Schulschiffe, Spezialschiffe und Kanonenboote — lassen sich nicht gesetzlich festlegen, weil sie nicht auf einer organisatorischen Grundlage beruhen, sondern durch den wechselnden Bedarf bestimmt werden. Infolgedessen soll die Bereitstellung der Geldmittel für dieselben lediglich der jährlichen Festsetzung durch den Reichshaushaltsetat überlassen bleiben. Um indeß den voraussichtlichen Personalbedarf und die voraussichtliche Höhe der gesammten Indiensthaltungskosten für 1904 berechnen zu können, sind nachstehend diejenigen sonstigen Indiensthaltungen aufgeführt, welche für das genannte Jahr in Aussicht genommen sind.

Eine Vermehrung der Indiensthaltung von Torpedofahrzeugen ist nicht beabsichtigt.

Im I. Theil der Begründung ist bereits ausgeführt worden, daß im Auslande die dauernde Indiensthaltung von

3 großen Kreuzern,
10 kleinen Kreuzern,
4 Kanonenbooten und
1 Stationsschiff

für erforderlich erachtet wird.

Wie bereits im I. Theil angegeben, sollen die Aufgaben der bisherigen Schulschiffe künftig zum Theil von den im Dienste befindlichen Schiffen der Aufklärungsgruppen übernommen werden. Infolgedessen können nachfolgende Schulschiffe in Fortfall kommen:

1. 2 Beischiffe des Artillerieschulschiffs zur Ausbildung der Schnellladekanonenschützen, Maschinenkanonenschützen und Maschinengewehrschützen,
2. das Schiff zur Ausbildung in der Küstenkenntniß,
3. das Torpedoflottillenfahrzeug,
4. das Schiff zur Ausbildung von Torpedoheizern.

Die Aufgaben des Torpedoschulschiffs sollen dem Flottenflaggschiff übertragen werden.

Von den Aufklärungsschiffen können nicht wahrgenommen werden die Aufgaben

a) der Schulschiffe zur Ausbildung von Seekadetten, Kadetten und Schiffsjungen,
b) des Schiffes, welches als Artillerieschule im Dienste gehalten werden muß,

c) der Torpedoschulboote zur Ausbildung der Torpedorekruten.

Diese Indiensthaltungen sind daher auch ferner vorzusehen.

Von den Aufgaben der Spezialschiffe können seitens der im Dienste befindlichen Aufklärungsschiffe künftig wahrgenommen werden:

a) der Fischereischutz (zwei Schiffe),
b) die Aufgaben des Torpedoversuchsschiffs.

Dagegen müssen auch ferner besonders vorgesehen werden:

a) die Kaiserliche Yacht,
b) 1 Vermessungsschiff,
c) 2 Panzerkanonenboote zur Vertheidigung des Hafens von Danzig,
d) 1 Versuchsschiff für Minenwesen.

Eine nach vorstehenden Ausführungen aufgestellte Berechnung der Kosten für den Betrieb der Flotte (Kapitel 52) sowie für Instandhaltung und Reparatur der im Dienst befindlichen Schiffe (Kapitel 60 Titel 8a) im Jahre 1904 ergiebt 26,9 Millionen Mark.

Die nachfolgende Tabelle gewährt einen Ueberblick, wie sich die Kosten auf die einzelnen Indiensthaltungszwecke vertheilen. Zum Vergleich ist die Vertheilung für 1897 daneben gestellt.

	1897		1904	
	Millionen Mark	Prozent	Millionen Mark	Prozent
Schlachtflotte	9,0	50	13,7	51
Auslandsschiffe	4,2	23	7,2	27
Schulschiffe	3,7	21	4,1	15
Spezialschiffe	0,9	5	1,7	6
Sonstige Zwecke	0,1	1	0,2	1
Im Ganzen	17,9	100	26,9	100

In dieser Tabelle sind die Indiensthaltungskosten derjenigen Schiffe der Schlachtflotte, welche im Frieden als Schulschiffe oder Spezialschiffe Verwendung finden, den Ausgaben für letztere Schiffe zugerechnet worden.

Italienisches Flottengesetz.

Dieses Gesetz vom 1. Juli 1877 lautet:

Art. 1. Die Staatsflotte wird aus folgenden Schiffen bestehen:

Kriegsschiffe.

16 Kriegsschiffe 1. Klasse, die zu jedem Marinedienst geeignet sein müssen;

10 Kriegsschiffe 2. Klasse, die zu verschiedenen Spezialdiensten des Seekrieges bestimmt sind und auch zum Schutze des Handels; nämlich Schiffe für Lokalvertheidigung, besondere Schiffe zum Kreuzen, Schiffe für die Stationen im Auslande und dergleichen;

20 Kriegsschiffe 3. Klasse oder auch unter derselben, nämlich: Avisos, Torpedoboote mit Auslegertorpedos, kleine Kanonenboote oder ähnliche Schiffe.

Schiffe für den Hülfsdienst der Flotte.

2 Last- oder Hülfsschiffe 1. Klasse von mehr als 3000 Tonnen Deplacement;

4 Hülfsschiffe 2. Klasse von 1000 bis 3000 Tonnen Deplacement;

8 Hülfsschiffe 3. Klasse von 200 bis 1000 Tonnen Deplacement.

Schiffe für den Ortsdienst.

12 Schiffe für den Ortspolizeidienst oder für den Dienst des Kleinhandels in den Marinedepartements unter einem Deplacement von 200 Tonnen, andere kleine Boote und Werftfahrzeuge für den Arsenalgebrauch.

Art. 2. Die Schiffe, welche augenblicklich im Dienst der Königlichen Marine oder sich im Bau befinden, werden den oben angegebenen Arten und Klassen beigezählt werden, gemäß der Vertheilung, wie dieselbe in der dem gegenwärtigen Gesetze beigefügten Tabelle angegeben ist.

Art. 3. In dem ordentlichen Theil des Marinebudgets werden die nöthigen Summen ausgeworfen werden, um die Unterhaltung und den Betrieb der in Dienst befindlichen Schiffe ermöglichen zu können. Außerdem werden die Summen ausgeworfen, die den jährlichen Wiederherstellungskosten der vorhandenen Schiffe entsprechen, sowie die Kosten für die nach

Art. 1 des gegenwärtigen Gesetzes nothwendig werdenden Neubauten und Ersatzbauten.

Art. 4. Die Stärke der Staatsflotte im Dienst, wie sie durch den Art. 1 des gegenwärtigen Gesetzes festgelegt ist, soll erreicht werden in einem Dezennium vom 1. Januar 1878 bis 1. Januar 1888. Um diejenigen Schiffe zu bauen, welche der obengenannten Anzahl fehlen, um die augenblicklich im Bau befindlichen Schiffe fertig zu machen und um die vorhandenen Schiffe, welche aus der Schiffsliste wegen ihres Alters oder aus sonstigen Gründen vor dem Ende des Jahres 1887 gestrichen werden müssen, zu ersetzen, wird im Marinebudget **außer der jährlichen ordentlichen Ausgabe**, wie im vorigen Artikel angegeben, **noch eine außerordentliche** Ausgabe im Gesammtbetrage von 20 000 000 Lire ausgeworfen werden. Vertheilt wird die Summe innerhalb der obengenannten zehn Jahre, wie folgt:

Finanzjahr 1878	. . . 1 000 000	Lire,
„ 1879	. . . 1 000 000	„
„ 1880	. . . 2 000 000	„
„ 1881	. . . 2 000 000	„
„ 1882	. . . 2 000 000	„
„ 1883	. . . 3 000 000	„
„ 1884	. . . 3 000 000	„
„ 1885	. . . 3 000 000	„
„ 1886	. . . 2 000 000	„
„ 1887	. . . 1 000 000	„
	20 000 000	Lire.

Art. 5. Im Voranschlag eines jeden Jahres werden diejenigen Schiffe angeführt, welche die Regierung zu bauen gedenkt.

Der Marineminister wird jedes Jahr gleichzeitig mit dem definitiven Budget einen Bericht verbinden über das, was im vorhergegangenen Jahre ausgeführt ist, und zwar auf Grund der Verordnungen des gegenwärtigen Gesetzes.

Die Zeichnungen der zu erbauenden Schiffe werden der Prüfung eines besonderen Rathes unterbreitet, der zu diesem Zweck durch Gesetz oder Dekret einberufen werden wird.

Art. 6. Wenn es der Marineminister für nöthig und zweckmäßig hält, die Zusammensetzung der Schiffe, wie dieselbe im Art. 1 des gegenwärtigen Gesetzes angegeben ist, etwas zu ändern, so muß dies durch einen anderen Gesetzesvorschlag geschehen, welcher vom Parlament besprochen und genehmigt werden muß, gleichzeitig mit dem Voranschlag der Marine.

Kaiser Wilhelm-Kanal.

(Siehe „Ausfallflotte und Küstenvertheidigung".)

Kanonenboote.

Kanonenboote nennt man die kleinste Art von Kriegsschiffen, deren Hauptbewaffnung aus Kanonen besteht.

Dieselben sind entweder gepanzert oder ungepanzert. Im ersteren Falle heißen sie Panzerkanonenboote und besitzen meist nur ein sehr schweres Geschütz. — Panzerkanonenboote sind wegen ihrer geringen Seeeigenschaften und ihres kleinen Aktionsradius zu einer Verwendung auf hoher See nicht geeignet, sie kommen nur für die Vertheidigung einzelner Häfen in Betracht, wo sie eine Unterstützung der Küstenbefestigungen bilden. Die deutsche Marine besitzt 13 solcher Fahrzeuge, welche an Stelle der im Flottengründungsplan von 1873 vorgesehenen Monitors und schwimmenden Batterien beschafft wurden.

Ungepanzerte Kanonenboote, kurz Kanonenboote genannt, bilden gewissermaßen eine kleinere Klasse ungeschützter Kreuzer und sind vermöge des geringen Wasserstandes auf den Flüssen in China und Westafrika zur Wahrung deutscher Interessen erforderlich.

Die deutsche Marine besitzt zur Zeit drei dieser Fahrzeuge, „Habicht", „Wolf" und „Hyäne", von denen sich die ersteren beiden auf der westafrikanischen Station befinden; zwei weitere sind im Bau. Die Begründung zum Flottengesetzentwurf nimmt als Bedarf an neuen Kanonenbooten in den nächsten sieben Jahren drei an.

Kaperei.

(Ueber Seerecht siehe besonderen Artikel.)

Das Unternehmen von Privatpersonen, unter Autorität einer kriegführenden Macht den feindlichen Seehandel und den unerlaubten Seehandel Neutraler zu schädigen, nennt man Kaperei.

Sie ist 1856 in der Pariser Seerechtdeklaration von einer Anzahl von Staaten abgeschafft.

Nicht beigetreten sind die Vereinigten Staaten, Spanien und Mexiko.

In England ist schon häufig gegen die Pariser Deklaration agitirt. In einem Zukunftskrieg, der gerade auf Vernichtung des Handelsrivalen abzielen wird, wird aller Wahrscheinlichkeit nach die Kaperei sehr umfangreich betrieben werden.

Geeignete Kaperschiffe sind in den zahlreichen Schnelldampfern bei allen Nationen in großer Zahl vorhanden.

Kauffahrteiflotte.

(Siehe „Rhederei".)

Kreuzer.

(Aufklärungsschiffe, Auslandsschiffe besondere Artikel.)

Die Begründung zum Flottengesetz sagt:

„Eine Schlachtflotte besteht nicht nur aus Linienschiffen, sondern sie bedarf heute ebenso wie in früherer Zeit zahlreicher Aufklärungs- und Vorpostenschiffe. Ferner ist gegen früher noch die Nothwendigkeit hinzugetreten, die auf dem Marsche, zu Anker oder im Gefechte befindliche Schlachtflotte durch vorgeschobene schnelle Kreuzer gegen Torpedobootsangriffe zu schützen. Schon in der vorigen Session des Reichstages ist darauf hingewiesen worden, daß in England auf jedes Panzerschiff der Schlachtflotte 2, in Frankreich 1 bis 2 Kreuzer gerechnet werden. Nach unseren Erfahrungen sind für die rangirte Schlachtflotte von 17 Linienschiffen und die beiden Küstenpanzerschiffsdivisionen zum Aufklärungs- und Sicherheitsdienst sowie zum Schutze gegen Torpedobootsangriffe

6 große Kreuzer und
16 kleine Kreuzer

erforderlich. Kleine Kreuzer allein genügen nicht, weil auf einen Zusammenstoß mit den gegnerischen Aufklärungsgruppen, welche durchweg auch Schiffe größerer Gefechtsstärke enthalten, gerechnet werden muß und daher die eigenen Aufklärungsgruppen, um sich Kenntniß von Stärke und Standort des Feindes zu verschaffen oder um die Bewegungen der eigenen Flotte dem

Feinde zu verbergen, Kraft zum Widerstande gegen diese feindlichen Kreuzer besitzen müssen. Eine derartige Widerstandskraft kann aber nur durch große Kreuzer, nicht durch eine größere Anzahl kleiner Kreuzer gegeben werden.

Zur Wahrnehmung der heutigen Seeinteressen des Reichs im Auslande werden

3 große Kreuzer, und zwar
  2 in Ostasien,
  1 in Mittel- und Südamerika,
10 kleine Kreuzer, und zwar
  3 in Ostasien,
  3 in Mittel- und Südamerika,
  2 in Ostafrika,
  2 in der Südsee,
4 Kanonenboote, und zwar
  2 in Ostasien,
  2 in Westafrika,
1 Stationsschiff

für erforderlich erachtet.

Um den Auslandsdienst in diesem Umfange zu versehen, ist in der Heimath eine Materialreserve erforderlich, aus der reparaturbedürftige Schiffe ersetzt werden können.

Diese Materialreserve ist so hoch zu bemessen, daß sich aus ihr auch Verstärkungen entnehmen lassen, wenn zur Beilegung entstandener Konflikte eine größere Machtentfaltung an Ort und Stelle nothwendig wird.

Für solche Zwecke planmäßig die im Dienste befindlichen Aufklärungsschiffe zu verwenden, ist nicht angängig. Wenn es nothwendig ist, Verstärkungen mit möglichster Beschleunigung ins Ausland zu schicken, wird man allerdings auf diese Schiffe zurückgreifen müssen. Dann ist es aber erforderlich, die bei der Schlachtflotte entstandenen Lücken durch Schiffe der Materialreserve sofort wieder auszufüllen, da die heimische Schlachtflotte die Aufklärungsschiffe nicht entbehren kann.

Als Materialreserve für den Auslandsdienst werden hiernach

3 große Kreuzer und
4 kleine Kreuzer

für erforderlich erachtet.

Im Kriegsfalle wird es die Aufgabe sämmtlicher nicht zur Schlachtflotte gehörigen Kreuzer sein, den eigenen Handelsschiffen den möglichsten Schutz zu gewähren. Je nach Lage der Verhältnisse kann dies dadurch geschehen, daß die Handelsschiffe gesammelt und durch Kriegsschiffe begleitet werden (Konvois), oder dadurch, daß die eigenen Kreuzer die feindlichen angreifen, oder letztere durch Angriffe auf feindliche Kolonien und feindliche Handelsschiffe von den eigenen Handelsschiffen ab und auf sich ziehen."

Kriegskontrebande.

(Ueber Blockade und Seerecht s. bes. Artikel.)

Unter Kriegskontrebande versteht man solche Waaren, welche zur Kriegführung erforderlich sind oder dieselbe erleichtern können.

Jede kriegführende Macht hat die Befugniß, die Neutralen zu hindern, den Feind mit Zufuhr zu versorgen, welche zu Kriegszwecken bestimmt ist; geschieht dies doch, diese wegzunehmen.

Theorie und Praxis sind hier sehr verschieden. Die Engländer und Franzosen haben auch Lebensmittel als Kriegskontrebande erklärt, ja, in früherer Zeit hat England sogar oft die Ausrede des Vorhandenseins kleinster Mengen von angeblicher Kontrebande als Vorwand für die Aufbringung von neutralen Schiffen verwandt. Die neuere Praxis hat die Kriegskontrebande ausgedehnt auf Zufuhr von Mannschaften für den Land- und Seekrieg (aktive Militärpersonen, Wehrpflichtige), auf freiwillige Beförderung von Depeschen an Kriegführende und auf Agenten der Kriegführenden. Neutrale Schiffe, welche Ladung von Kriegskontrebande haben, gelten als gute Prisen, wenn sie in flagranti ertappt sind. Ihre Aburtheilung erfolgt durch Prisengerichte.

Wie in früherer Zeit die Seemächtigen über den Begriff der Kriegskontrebande dachten, zeigt folgender Auszug aus Büschs Werken; man denke beim Lesen dieser 300 Jahre alten Geschichte aber nur nicht, daß es jetzt oder in Zukunft anders sein würde, wenn Deutschland als Neutraler keine kräftige Seemacht hätte (vergl. Artikel Seerecht). Der Auszug lautet:

„Aber von der Zeit an schwankt denn auch schon dieser nur zu sehr zur Gewaltthätigkeit geneigte Staat (England) in seinen Behauptungen und Maßregeln, denn im Jahre 1589 trifft eine englische Flotte auf ihrer Rückkehr von einem verunglückten Seezuge wider Lissabon auf sechzig mit Korn und Schiffbaumaterialien beladene hanseatische Schiffe, giebt die Schiffe zwar frei, behält aber die Ladungen ohne einigen Ersatz, ungeachtet der darüber geführten und vom Kaiser und Reich unterstützten Klagen. Die Königin stützte ihr Betragen darauf, daß sie die Hansestädte durch Briefe und mit Androhung des Verlustes der Ladung und der Schiffe gewarnt habe. Aber es war ebenso sehr die Frage, ob sie zu diesen Drohungen berechtigt gewesen sei.

Dies ist, wo nicht das erste, doch eins der ersten Beispiele einer von einer Seemacht gemachten Verfügung, welche sie von unabhängigen Staaten befolgt zu sehen verlangte ... Anmerklich ist es auch, daß bei diesem Kriege die Königin öffentlich erklärte, sie wolle die Spanier durch Hunger zwingen" u. s. w. (J. G. Büsch: Ueber das Bestreben der Völker neuerer Zeit, einander in ihrem Seehandel recht wehe zu thun. Gesammelte Werke, Wien 1815. Bd. 4, S. 221 und 222.)

Kriegsschiffbau für fremde Mächte in Deutschland.

(Siehe „Leistungsfähigkeit deutscher Werften" und „Schiffbau".)

Der starke Impuls, welchen der deutsche Schiffbau durch die Bauten für die Kriegsmarine empfing, ergiebt sich auch daraus, daß seit Anfang der 80er Jahre fortdauernd in steigendem Umfange für die Rechnung auswärtiger Regierungen Kriegsschiffe auf deutschen Werften in Bau gegeben wurden. Von 1881 bis 1896/97 wurden gebaut auf vier deutschen Privatwerften für die Rechnung der deutschen Kriegsmarine Schiffe im Werthe von 141,7 Millionen Mark, für die Rechnung fremder Kriegsmarinen im Werthe von 92,1 Millionen Mark.

An dem Gesammtbau von Kriegsschiffen dieser Werften war also das Ausland mit fast 40 pCt. betheiligt. Wenn kein deutscher Kriegsschiffbau bestände, würden diese 92 Millionen Mark nicht ins Land geflossen sein!

Küstenfischerei.

(Siehe „Seefischerei".)

Küstenkrieg.

(„Französische Ansichten über den Küstenkrieg“ und „Militärische Ansichten über den Küstenkrieg“, besondere Artikel desgl. über Blockade und Küstenvertheidigung).

Die Geschichte wiederholt die Lehre, daß Festungen, die von See aus unterstützt werden können, vom Lande aus sehr schwer einzunehmen sind. So widerstand im vorigen Jahrhundert Gibraltar mehreren Belagerungen von der Landseite, weil die englische Flotte für Entsatz und Zufuhr sorgen konnte. Auch in Deutschland wurde während des siebenjährigen Krieges diese Erfahrung in Kolberg gemacht. Diese Festung an der Ostseeküste wurde dreimal von den Russen belagert, 1758 ohne Erfolg, aber 1761, als eine russisch-schwedische Flotte die See beherrschte und die Stadt bombardirte, konnte infolge dieser Unterstützung die Stadt genommen werden. Gneisenau machte 1807 den Vorschlag, von Kolberg aus größere Truppenmassen nach Danzig oder Stralsund in den Rücken der Feinde zu werfen, um dem Kriege eine andere Wendung zu geben. Ueberhaupt war sich Gneisenau, wohl durch seine Dienste während des nordamerikanischen Krieges, über den Einfluß der Seemacht auf kriegerische Operationen am Lande vollständig im Klaren, wie folgender Ausspruch von ihm beweist, den Admiral Batsch in dem Werke „Admiral Prinz Adalbert von Preußen“, S. 31, anführt:

„Besitzt man die Herrschaft des Meeres, so vermag man einen Angriffskrieg auf alle Küsten seines Feindes zu führen, und indem man diese Angriffe vervielfältigt, zwingt man ihn, seine Truppen von einem Ende seines Reichs nach dem anderen laufen zu lassen. Das scheint mir der wahre Gebrauch des Dreizacks zu sein, und das macht die Natur seiner Uebermacht aus.“ Seine Pläne, im Rücken der französischen Heere in Holland oder Frankreich Truppen zu landen, mit Hülfe der seebeherrschenden englischen Flotte, scheiterten an Englands Weigerung.

Die Unthätigkeit der französischen Flotte in der Ostsee 1870/71 wird noch heute von der Opposition gern als Beweis dafür angeführt, daß der Küstenkrieg weniger Gefahren habe, als Fachleute anzunehmen geneigt seien. Deshalb erscheint es nöthig, hier des Näheren auf die Frage der Sicherheit der Küstenstädte und die Gefahr feindlicher Verwüstungen an der Küste einzugehen. Im Folgenden wird die Zuschrift eines

Fachmannes an die „Danziger Zeitung“ wiedergegeben, die diese Fragen erschöpfend und allgemein verständlich behandelt.

„Herr Rickert hat sich dahin ausgesprochen, daß eine Landung größerer feindlicher Truppenmassen, von der man jetzt spreche, seiner Meinung nach weniger zu befürchten sei, wohl aber sei eine Beschießung von Städten, wie Danzig, Kolberg u. s. w. bei den aus enormer Weite sicher treffenden Schiffsgeschützen angängig. Ein besserer Schutz durch Küstenbefestigungen würde erheblich mehr kosten als Schlachtschiffe, welche im Stande wären, auf hoher See die Blockade zu durchbrechen und Beschießungen, wie sie 1871 von dem französischen Kriegsrathe immerhin in Aussicht genommen waren, zu verhindern.

Daß letztere Absicht auf französischer Seite bestanden hat, ergiebt sich aus einem im vorigen Jahre von der Fachzeitschrift »La marine française« veröffentlichten Artikel des früheren Adjutanten des Admirals Grafen Bouët-Willaumez, damaligen Kommandanten der französischen Ostseeflotte, Herrn Felix Julien, über die Kriegführung in der Ostsee. Es geht daraus hervor, daß die Beschießung Kolbergs, zu der alle Vorbereitungen auf den französischen Schiffen bereits getroffen waren, nur deshalb nicht stattgefunden hat, weil es einmal dem Menschlichkeitsgefühl des Admirals widerstrebte, die wehrlose Stadt einzuäschern, und er sich ferner sagen mußte, daß nach Lage der Verhältnisse die mittlerweile in Frankreich siegreich eingedrungenen Deutschen eine solche Maßnahme mit blutigen Repressalien vergelten würden.

Der Artikel des Herrn Julien ist um so interessanter, als in ihm außerdem ein französisches Urtheil über die Gründe vorliegt, aus denen 1870 seitens der französischen Flotte nichts Ernstliches gegen unsere Küsten versucht worden ist.

Der Verfasser legt zunächst dar, daß der von den Franzosen erwartete große Erfolg durch Landung einer ansehnlichen Truppenmacht nicht eintreten konnte, weil man jede Vorbereitung dafür verabsäumt hatte. Trotzdem man in Frankreich eine solche Landung in Voraussicht eines Krieges mit Deutschland längst geplant hatte, war weder das Bündniß mit Dänemark, welches mit seiner Armee die Aktion der Franzosen unterstützen sollte, abgeschlossen, noch war bestimmt, wie viele Truppen und welche an der Expedition theilnehmen sollten, ja, mehrere Tage nach erfolgter Kriegserklärung war man sich noch nicht darüber einig, wer die Oberleitung derselben übernehmen sollte!

Die gleich nach Beginn des Krieges Schlag auf Schlag folgenden Niederlagen des kaiserlichen Heeres zwangen dann dazu, jeden Mann im Lande selbst zu verwenden, und der große Landungsplan ging in Rauch auf.

Dann aber zeigt der Verfasser, daß auch die französische Flotte trotz der vorhandenen stattlichen Anzahl von Schiffen in keiner Weise auf den Krieg vorbereitet war. Infolge einer verhängnißvollen Sparsamkeit waren die Werften von allem Kriegsmaterial entblößt, die Magazine leer und die Kanonenboote in alle Winde zerstreut, so daß die für einen Angriff auf die Küsten und für eine Blockade so unentbehrlichen Aufklärungsschiffe nicht vorhanden waren. Außerdem fehlte es aus demselben Grunde an Besatzungspersonal.

Der Verfasser weist darauf hin, daß es der Marine, besser vorbereitet, selbst, nachdem sie von der Armee im Stich gelassen war, noch ein Leichtes gewesen wäre, den feindlichen Handel zu zerstören, die Küsten zu verwüsten und die drei oder vier gepanzerten Schiffe des Feindes wegzunehmen. Wenn die Flotte nicht so weit gegangen sei, so fände dies seinen Grund darin, daß man ihr die zur Aktion erforderlichen Kampfmittel versagt hätte.

Die unter Berufung auf die früheren Erfahrungen gemachten Ausführungen über »das Landungsgespenst« haben heute wenig Grund. Heute ist die französische Flotte in ausgezeichnetster Verfassung und für eine blitzschnelle Mobilmachung auf das Beste vorbereitet, Personal ist im Ueberfluß vorhanden, und die Idee des Küstenkrieges ist keineswegs aufgegeben, wie die Anlage der französischen Flottenmanöver im Jahre 1894 beweist. In diesem Jahre wurde der Kampf einer Angriffsflotte gegen die Küste zur Darstellung gebracht und in der Weise durchgeführt, daß die Städte Havre, Dünkirchen und Calais bombardirt wurden. Wohlverstanden, die Städte, nicht nur etwa die Befestigungen derselben, die amtlichen Berichte lassen darüber keinen Zweifel aufkommen. Welch eine Zerstörung ein intensives Bombardement — Havre wurde vier Stunden lang von sechs Panzerschiffen beschossen — bei dem in Folge des großen Zieles jeder Schuß ein Treffer ist, anrichtet, braucht nicht näher ausgeführt zu werden.

Die Führung eines derartigen Zerstörungskrieges an den feindlichen Küsten wird auch von anderen Staaten beabsichtigt. So hat z. B. den englischen Flottenmanövern diese Idee wiederholt zu Grunde gelegen und ist mit großem Erfolge durchgeführt worden. Eine große Anzahl von Städten, wie Liverpool, Edinburgh, Shields, Greenock, Aberdeen, Newcastle, Sunderland, Grimsby und viele andere wurden rücksichtslos beschossen, und es wäre dadurch der Nation im Ernstfalle ein unermeßlicher Schaden zugefügt worden. Rücksichten der Menschlichkeit kennen die Vertreter der Lehren des französischen Admirals Aube: »Rançonnez, pillez, brulez sans merci tout ce que vous trouvez« nicht, und die Ueberlegung, daß der Feind im eigenen Lande durch Repressalien die Verwüstung feindlicher Küstenstädte rächen wird, scheidet aus dem Grunde aus, weil das Bombardement der Küstenstädte unmittelbar nach Ausbruch des Krieges versucht und bei unserem jetzigen Flottenbestande nur mit zu gutem Erfolg durchgeführt werden wird, ehe es also feststeht, ob der Feind überhaupt in der Lage ist, solche Repressalien vornehmen zu können.

Wir können Herrn Rickert nicht unbedingt darin beistimmen, daß eine größere Landung nicht wahrscheinlich ist, so wie die Verhältnisse liegen. Bei einem Koalitionskriege ist es keineswegs ausgeschlossen, daß Frankreich Truppen genug entbehren kann, um, besonders mit Hülfe Dänemarks, eine solche Landung in Scene zu setzen. Man hat hervorgehoben, daß eine so gelandete Armee sehr bald ihrer Verbindungen beraubt sein würde und infolge dessen leicht zu vernichten sei. Darauf ist zu entgegnen, daß die gelandete Armee eines Staates, dessen Flotte die Seeherrschaft besitzt, die denkbar beste und ungestörteste Verbindungslinie besitzt, die offene See. Man denke doch an die kleine englische Armee unter Wellington in Spanien! Durch ihre nie unterbrochene Verbindung zur See mit dem Mutterlande war sie den Franzosen unüberwindlich.

Umsomehr theilen wir aber die Ansicht des Herrn Rickert über die Möglichkeit der Beschießung unserer Küstenstädte. Wir sind über die Befestigungen Danzigs nicht genau orientirt, das aber glauben wir mit Bestimmtheit zu wissen, daß die in demselben vorhandenen Kanonen nicht im Stande sind, einer modernen Flotte mit ihren Geschützen von enormer Schußweite die Einäscherung der Stadt zu verwehren."

„Gegen eine derartige Verwüstung unserer Küsten" — so lautet der Schluß der Zuschrift — „kann uns nur eine Schlachtflotte schützen, genügend stark, der feindlichen auf hoher See mit Aussicht auf Erfolg entgegenzutreten."

In welcher Weise gerade die ostpreußischen Häfen in einem Kriege gegen den Zweibund gefährdet sein würden, erläutert Kapitänlieutenant a. D. Weyer, wobei er in seiner trefflichen Broschüre „Deutschlands Seegefahren" S. 19 auf die Bedeutung des neuen russischen Kriegshafens von Libau mit folgenden Worten hinweist:

„Rußland, welches seit dem Krimkriege jahrzehntelang außer wenigen Kreuzern nur Küstenfahrzeuge baute, änderte seine Marinepolitik seit der Regierung des Zaren Alexander III. und schuf eine zur strategischen Offensive vortrefflich verwendbare Marine. Eine starke Schwarze Meer-Flotte entstand, und die baltische Flotte wurde Jahr für Jahr durch große Schlachtschiffe und schwere Kreuzer vergrößert. In wenigen Jahren ist die neue Seefestung Libau fertig, an welcher für viele Millionen Rubel mit fieberhaftem Eifer gearbeitet wird. Alles deutet darauf hin, daß Rußland sich die Herrschaft über die Ostsee sichern will. Der Libauer Kriegshafen wird der russischen Marine in nautischer wie strategischer Beziehung ganz unschätzbare Vortheile bringen. Derselbe ist nicht wie die bisherige Flottenstation Kronstadt ein halbes Jahr lang zugefroren, sondern fast in allen Jahren völlig eisfrei. Libau liegt von der deutschen Grenze 75 km entfernt, der nächste deutsche Kriegshafen Kiel von derselben 750 km. Ein abends aus Libau abgehendes russisches Geschwader kann am nächsten Morgen zum Bombardement vor Danzig liegen (280 km), von Kiel bis dahin dauert es über die doppelte Zeit (630 km)."

Küstenpanzerschiffe

(vergl. auch Küstenvertheidigung)

sind kleinere Panzerschiffe, bei denen zu Gunsten der starken Armirung und des Panzerschutzes auf eine große Geschwindigkeit und ein großes Kohlenfassungsvermögen verzichtet ist. Hieraus ergiebt sich unmittelbar, daß diese Schiffe nur einen beschränkten Verwendungsbereich besitzen; sie kommen nur für den Küstenkrieg in Betracht und bilden die Mittel zur lokalen Küstenvertheidigung.

Der Entwurf zum Flottengesetz fordert acht verwendungsbereite Küstenpanzerschiffe, rechnet hierbei aber die acht vorhandenen an, so daß keine Neubauten in dieser Schiffsklasse nothwendig sind. Ersetzt werden sollen Küstenpanzerschiffe nach 25 Jahren, so daß bis zum Jahre 1904 noch kein Ersatzbau erforderlich wird, da das älteste dieser Schiffe, „Siegfried“, 1889 fertiggestellt wurde.

Die Küstenpanzerschiffe sollen in zwei Reserve-Küstenpanzerschiffsdivisionen vereinigt werden, deren jede aus zwei im Dienst und zwei außer Dienst befindlichen Schiffen besteht. (Siehe Reserve-Formationen.)

Küstenvertheidigung.

(Ueber Blockade, Blockadegefahr, Küstenkrieg und Militärische Ansichten über den Küstenkrieg besondere Artikel.)

Zweierlei ist getrennt zu betrachten:

1. Landungsgefahr,
2. Gefahr der Zerstörung von Hafenanlagen, Brandschatzung der Hafenstädte.

Nur ein Theil der deutschen Küsten schützt sich selbst, nämlich diejenigen Strecken der Nordsee-Küsten, denen große Wattenmeere vorgelagert sind. Die Watten schützen nur die hinter ihnen liegende Küste vor unmittelbarer Landungsgefahr. Kann der Feind in die Elbe, Weser, Ems, Eider, Jade, Hewer oder ins Lister Tief eindringen, so kann er dort auch Truppen landen, soviel er will. An der deutschen Ostseeküste ist fast keine Stelle, wo Landungen unmöglich sind; viele Stellen, wo sie aber jederzeit und bei jedem Wetter sehr bequem auszuführen sind, z. B. auf Fehmarn, in der Danziger, Neustädter, Eckernförder, Flensburger und Apenrader Bucht, auf Rügen, Alsen, Usedom und Wollin. Von den zahlreichen deutschen Inseln ist nur Helgoland befestigt, alle anderen können von feindlichen Truppen besetzt werden und als Stützpunkte für weitere Unternehmungen dienen. Der Einwurf, daß in den Kriegen zwischen Großstaaten Unternehmungen von der Seeseite her nur die Bedeutung von Nebenhandlungen hätten, ist gerade dann nicht stichhaltig, wenn für Deutschland am meisten auf dem Spiele steht, nämlich bei einem Kriege mit zwei Fronten; denn dann sind alle verfügbaren Landstreitkräfte zur Vertheidigung der Landesgrenzen dringend nöthig. Jede Division des Landheeres, die zur Küstenvertheidigung zurückgehalten werden müßte, bedeutet eine Schwächung der Landesvertheidigung an den Landesgrenzen. Da die Landungen überraschend ausgeführt werden können, nachdem die vorhandenen Landstreitkräfte durch Scheinlandungen irregeführt sind, so genügt eine Armee-Division nicht, es würden erheblich mehr Truppen nöthig werden.

Ehe die Engländer 1882 im Suez-Kanal ihre Truppen bei Ismaïlia landeten, machten sie unmittelbar vorher einen Scheinangriff auf Abukir. Auf diese Weise wurde Arabi Paschas Aufmerksamkeit vom Suez-Kanal abgelenkt, und die Landung erfolgte ohne jeden Widerstand.

Während große Landungen geradezu den Charakter eines Feldzuges tragen und auch große Vorbereitungen fordern, können kleinere Landungen jederzeit von den Kriegsflotten selbst ausgeführt werden, bedürfen also keiner besonderen Vorbereitung. Bei kleineren Landungen will man Stützpunkte am Lande gewinnen, z. B. durch Handstreiche gegen Küstenbefestigungen, oder man will Küstenwachen, Signalstationen, Telegraphenlinien, Eisenbahnen, Hafenanlagen und dergleichen zerstören oder offene Küstenstädte brandschatzen oder zu Geldzahlungen zwingen.

1870/71 waren nach dem Generalstabswerk je eine Infanterie-Division in Hamburg und Lübeck, 2 Landwehr-Divisionen an der Nordsee-Küste, 1 an der Ostsee-Küste; außerdem hatte General Vogel v. Falckenstein noch etwa 90 000 Mann Besatzungs- und Ersatztruppen zur Verfügung! Denn die Landungsgefahr besteht nicht allein auf deutschem, sondern auch auf dänischem Gebiet; gegen die Vereinigung russischer und französischer Armeekorps auf der Halbinsel Jütland kann keinerlei lokale Küstenvertheidigung schützen. Einem Flankenangriff, den auch das dänische Heer wohl oder übel mitmachen würde, zu Lande gegen Schleswig, Flensburg, Rendsburg, Kiel und Hamburg könnte nur dadurch vorgebeugt werden, daß die deutsche Flotte stark genug wäre, um jede Landung feindlicher Truppen in Dänemark mit Gewalt zu verhindern. Man hüte sich, die Landungsgefahr zu unterschätzen mit dem Hinweis, daß 1870 die seebeherrschenden Franzosen unsere Küste nicht angegriffen haben. Damals verhinderten die schnellen Erfolge unseres Landheers die Durchführung der geplanten Landung.

Außerdem belehren neue Veröffentlichungen der Fachschrift „Marine française“ darüber, daß nicht etwa unsere Küstenvertheidigung die französische Flotte abgehalten hat, uns Schaden zuzufügen, sondern hauptsächlich grobe Mängel in der Ausrüstung ihrer eigenen Schiffe sowie in der unfähigen

Oberleitung der Marine. Admiral Bouët-Willaumez und General Trochu hatten einen trefflichen Plan fertig, etwa 40 000 Mann an die deutschen oder dänischen Küsten zu bringen. Dänemark sollte dadurch mit zum Kriege gegen Deutschland hingerissen werden, so daß wohl 80 000 Mann in Schleswig hätten eindringen können — wenn die Landungstruppen wirklich bereit gewesen wären. Statt planmäßig mit 14 Schiffen, konnte der Admiral nur mit 7 Schiffen in See gehen! Nicht einmal für Seekarten war genügend gesorgt. Dem Admiral Bouët-Willaumez wird von seinen Landsleuten, und wohl mit Recht, der Vorwurf gemacht, daß er trotzdem einige Angriffe gegen die deutschen Küsten hätte machen müssen; die mancherlei widersprechenden Befehle, die er bekam, sind zwar eine Erklärung, aber keine hinreichende Entschuldigung für sein passives Verhalten gegen die deutschen Häfen und Küstenbefestigungen. Nach den Hauptschlachten am Lande haben offenbar auch politische Bedenken mitgewirkt, die Thatkraft des Admirals zu lähmen.

Ob in einem Zukunftskrieg gleiche Erfolge zu Lande nach Westen und Osten hin zu erringen sein werden, muß man hoffen, aber man darf damit nicht rechnen. „Unsere Küsten und Häfen sind die Lungen, durch die wir athmen", sagt Oberstlieutenant Graf v. Moltke in der „Münchener Allg. Ztg.", während Professor Schäfer-Heidelberg sagt, „sollen wir in einem längeren Kriege gleichzeitig nach Ost wie nach West unsere Grenzen vertheidigen können, so brauchen wir unbedingt eine offene See".

Zu beachten ist, daß die Russen fast alljährlich große Landungsmanöver an der Küste des Schwarzen Meeres machen; dabei wurden 1897 insgesammt 29 Bataillone, 3 Sotnien, 8 Batterien, rund 16 000 Mann verwendet. Die kleinere Hälfte der Truppen wurde in fünf Stunden in Sebastopol, die größere Häfte in sieben Stunden in Odessa auf drei Geschwadern der Kriegsflotte eingeschifft. Das Landungsmanöver fand (nach einem Scheinangriff auf einen anderen Punkt) bei Morgendämmerung in der Bucht von Dsharylgatsch, in dem neuen Hafen bei Skadowsk statt. Die Landung dauerte unter gleichzeitigem Gefecht für den Haupttheil der Landungstruppen nur 12 Stunden.

Welche Mittel zur Küstenvertheidigung sind nun bereits vorhanden, und wie zuverlässig sind sie?

a) Küstenbefestigungen, theils alte Erdwerke, theils Panzerforts neuer Art; nicht alle sind mit modernen Geschützen bewaffnet. Diese Werke decken nur ein ganz kleines Gebiet der deutschen Küsten, und zwar besonders wichtige oder werthvolle Punkte, wie die Reichskriegshäfen, die Weser- und Elb-Mündung und andere gegen plötzliche Ueberraschungen. Einen Gürtel von Küstenbefestigungen längs der ganzen deutschen Küste anzulegen, wie etwa die Linie der französischen Sperrforts, würde sehr viel Geld kosten und wäre trotzdem keine zuverlässige Küstenvertheidigung. Warum nicht? Weil Küstenwerke einzeln, eins nach dem andern, von stark überlegenen Panzerflotten angegriffen und einzeln niedergekämpft werden können. So gut wie die Ingenieurkunst im Bunde mit der Artillerie keine uneinnehmbaren Landfestungen kennt, so wenig können Küstenwerke als zuverlässiger Schutz angesehen werden: sie sind nur Hindernisse, die die feindlichen Schlachtflotten aufhalten sollen, ohne Weiteres in Häfen einzudringen, die zur Zeit aus strategischen Gründen von schwimmenden Seestreitkräften entblößt sind. Küstenbefestigungen haben daher nur Werth und Sinn, wenn sie Stützpunkte für offensive Geschwader bilden, oder um besonders werthvolle Hafenanlagen und Stapelplätze, wie z. B. Hamburg und Bremen, gegen einen überraschenden Angriff zu decken. Deshalb haben die größten Seemächte naturgemäß auch die meisten und stärksten Küstenbefestigungen: man denke an Portsmouth, Plymouth, Dover, Brest, Cherbourg, Toulon, Biserta, Gibraltar u. s. w. Wer lediglich sein Landgebiet vertheidigen will, aber keine als Operationsbasen für eine Schlachtflotte oder als Hauptstapelplätze für den Seeverkehr wichtigen Häfen zu schützen braucht, legt nicht so großartige Küstenbefestigungen an. Auch unsere Reichskriegshäfen sind nicht befestigt, um die Küste in der Umgegend von Kiel oder von Wilhelmshaven zu schützen, sondern um als Stützpunkte für die heimische Schlachtflotte zu dienen; Preußen hatte 1853 bei der Erwerbung des Jade-Busens durchaus kein Interesse daran, zur Vertheidigung der oldenburgischen Küste Befestigungen anzulegen, sondern es wollte einen Kriegshafen schaffen, als Stützpunkt für eine kräftige Schlachtflotte.

b) Küstenpanzerschiffe und Panzerkanonenboote gehören wie die Küstenbefestigungen und Minensperren (darüber besonderer Artikel) zur lokalen Küstenvertheidigung, sind aus Mangel an ausreichendem Kohlenvorrath und Mangel an Seefähigkeit mehr oder weniger an den Platz gebunden, dem sie zugetheilt sind. Wegen ihrer Langsamkeit und verhältnißmäßig (im Gegensatz zu den Schlachtschiffen) geringen Seeausdauer können sie nicht an beliebigen Punkten der Küste gesammelt werden, wo feindliche Flotten, die aus großen schnellen Schiffen bestehen, überraschende Hauptangriffe machen. Bekanntlich gehören die Besatzungstruppen der Festungen auch nicht zur Feldarmee. Insbesondere sind die alten Hafenpanzerschiffe und die Panzerkanonenboote nur als veraltete schwimmende Batterien zu betrachten, die an Stelle nicht vorhandener Küstenwerke besondere Punkte von Hafeneinfahrten decken müssen, also ihre Plätze nie verlassen dürfen.

Der General v. Stosch, der als Militär aus der großen Zeit der siegreichen preußischen und deutschen Landkriege naturgemäß im Landheere den Hauptschutz Deutschlands sah, sprach doch aus, daß man die Gefahren einer Landung nur auf einem Wege unmöglich machen könne, nämlich „durch Beherrschung der hohen See". General v. Stosch glaubte allerdings, daß die Fahrrinnen vom Feinde ohne Seezeichen nicht benutzt werden können. Als General war ihm die seemännische Praxis fremd, die schon Nelson 1801 vor Kopenhagen anwandte, wo die Dänen natürlich auch alle Seezeichen entfernt hatten; Admiral Nelson lothete nachts vor seinem Angriffe das Fahrwasser aus und legte frische Tonnen für seine Flotte. Jeder Admiral wird ähnlich wie Nelson handeln, wird die Fahrwasser frisch auslothen und betonnen lassen. In England, Frankreich, Dänemark und in anderen Staaten leben genug Handelskapitäne, die unsere Hauptfahrwasser, die in die Flußmündungen und großen Seehäfen hineinführen, so genau kennen wie ihre eigenen Küstengewässer; mit Hülfe solcher freiwilligen Lootsen auf kleinen schnellen Dampfern kann jedes deutsche Fahrwasser schnell und sicher frisch betonnt und für große Schiffe fahrbar gemacht werden. So ist das Eindringen in die Elbe und Weser durchaus kein Phantom, sondern ausführbar, wenn unsere Schlachtflotte den Feind nicht zurückschlagen kann. Die Denkschrift von 1887/88 sagt darüber: „Der Sieg über die feindliche Hochseeflotte bleibt indeß immer das Moment, welches die Ausführung eines wirkungsvollen Küstenkriegs am wesentlichsten erleichtert." Die Küstenvertheidigung ist stets gesichert, wenn die Flotte ihre Hauptaufgabe, die Küsten blockadefrei zu halten, erfüllen kann (siehe Blockade. Vergleiche auch die Artikel „Französische Ansichten über den Küstenkrieg" und „Militärische Ansichten über den Küstenkrieg").

Auch im Reichstage hat man die Nothwendigkeit einer lebendigen Küstenvertheidigung durch die Schlachtflotte (siehe diesen Artikel) anerkannt; zum Beispiel sei Folgendes angeführt:

Der Abgeordnete Hahn sagte am 8. März 1893:

„Es wurde dabei noch darauf hingedeutet, die Küste würde ja genügend durch sich selbst und vom Lande her vertheidigt. Es ist schon bei früheren Diskussionen dem entgegengehalten worden — ich selbst durfte das im vorigen Jahre aussprechen, — daß, wenn unsere Küste lediglich auf die Vertheidigung vom Lande angewiesen sein sollte, unsere Landarmee so bedeutend geschwächt werden würde, um an den Küsten eine genügende Anzahl Landtruppen aufstellen zu können, welche das ersetzen würden, was an der Vertheidigung zur See abgeht, daß gerade damit den Aktionen unserer Landarmee ein sehr bedeutender Nachtheil bereitet würde."

(Sehr richtig! rechts.)

„Meine Herren, als die Frage, wie weit wir in der Entwickelung unserer Flotte gehen sollen, anfänglich zur Erörterung kam, ist seitens des früheren Marineministers Grafen v. Roon in der Denkschrift, die er 1865 vorgelegt hat, unter dem Hinwe s darauf, daß die Vertheidigung der Nord- und Ostsee-Küste, der Schutz des preußischen und deutschen Seehandels und die Sicherung des preußischen Einflusses auch solchen Ländern gegenüber, die nur zur See erreichbar sind, die Aufgabe unserer Flotte sein muß, der Ausspruch gethan worden:

»Um den Marinen der Nachbarstaaten, auch wenn sie vereint sind, die Spitze zu bieten, muß die preußische Marine einen achtunggebietenden Standpunkt unter den Seemächten zweiten Ranges einnehmen; vermöchte sie dieses nicht vollständig, so würde in ihr nur eine tadelnswerthe Kraftverschwendung beruhen.«"

(Hört! hört! rechts.)

Die Bedeutung Helgolands und des Nordostsee-Kanals für den Küstenkrieg wird durch folgende Sätze des bekannten

Werkes „Deutschlands Seemacht sonst und jetzt“ vom Kapitänlieutenant a. D. Georg Wislicenus auf das richtige Maß beschränkt:

„Helgoland und der Kanal sind wichtige strategische Hülfsmittel für eine Schlachtflotte, die den Zweck hat, die Herrschaft in den heimischen Gewässern zu behaupten, während beide für die Küstenvertheidigung zu entbehren sind. Helgoland ist ein vortrefflicher Wachtposten, der die Annäherung feindlicher Geschwader frühzeitig beobachten und melden kann; fast ebenso wichtig ist die Insel, weil sie geschützte Ankerplätze für Torpedoboote und kleine Schiffe bietet, und weil auch große Schiffe bei stürmischem Wetter unter dem Schutze der Insel leidlich gut vor Anker liegen. Das waren Gründe genug, auf der Insel einige tüchtige Panzerthürme zu erbauen, mit denen sie sich allein gegen den Feind halten kann, wenn die deutsche Schlachtflotte an anderer Stelle unserer Meere zu thun hat. Mit der deutschen Küstenvertheidigung haben aber die Helgoländer Geschütze wenig zu thun; sie könnten den Feind gar nicht erreichen, wenn er etwa versucht, die Elbmündung oder Wesermündung anzugreifen. Nur um den Feind daran zu hindern, die Beobachtungsstation zu zerstören und im Schutze der Insel ankern zu können, ist Helgoland befestigt worden; die Kriegsflotte könnte nur dann von den Kanonen Helgolands unterstützt werden, wenn zufällig eine Seeschlacht in der nächsten Nähe der Insel geschlagen würde, sonst aber kann man sagen, daß die Inselbefestigungen weder den Schutz der deutschen Küste noch die Gefechtskraft unserer Flotte verstärken. Auch die Redensart von der Verdoppelung unserer Kriegsflotte durch den Bau des Kaiser Wilhelm-Kanals ist ein gefährlicher Trugschluß. Der Kanal vereinigt Kiel und die Elbmündung zu einem einzigen Kriegshafen; mit seiner Hülfe kann die deutsche Angriffsflotte schnell und unbemerkt vom Feinde aus der Ostsee in die Nordsee laufen und umgekehrt. Also für die Schlachtflotte ist der Kanal als Ausfallsthor sehr wichtig, um bei günstiger Gelegenheit den Feind vor unseren Küsten anzugreifen. Aber trotzdem verstärkt doch der Kaiser Wilhelm-Kanal unsere Seestreitkräfte nicht, denn er ist ja nur ein strategisches Hülfsmittel. Wenn eine übermächtige feindliche Flotte, zum Beispiel französische und russische Geschwader gleichzeitig die Elbmündung und Kiel angriffen, was doch nicht undenkbar ist, so wäre doch die Stärke unserer Schlachtflotte allein dafür maßgebend, ob der Angriff zurückgeschlagen werden könnte oder nicht. Vereinigen kann der Kanal die Streitkräfte nur, solange nur eine Seite bedroht ist; verdoppeln kann er sie nie."

Kulturaufgaben der Kriegsflotte.

Die Arbeit, die von der Kriegsmarine zur Förderung der Schifffahrt überhaupt und zur Bereicherung der Wissenschaften mit verschiedenem Material in Friedenszeiten geleistet wird, wird allgemein noch viel zu gering angeschlagen, weil sie nicht in allen Volkskreisen bekannt ist. Zur Sicherung der Seefahrer werden die deutschen Küsten von den Vermessungsfahrzeugen der Marine jährlich an besonders wichtigen, gefährlichen oder veränderlichen Fahrwasserstellen neu vermessen, die Aenderungen veröffentlicht und in Karten eingetragen. Auch die Aufsicht über die Betonnung und die Befeuerung an den deutschen Küsten hat die Marine auszuüben, wodurch die einheitliche Behandlung dieses wichtigen Dienstes gewährleistet wird. Die Vermessungen der heimischen Küsten und der Küsten unserer Kolonien, die ebenfalls die Marine selbst ausführt, werden in der nautischen Abtheilung des Reichs-Marine-Amts verarbeitet und als Seekarten für die gesammte Schifffahrt veröffentlicht, ebenso die für diese Gebiete bestimmten Küstenbeschreibungen und Segelhandbücher, die der gesammten Handelsschifffahrt zu Gute kommen. In gleicher Weise arbeitet für die allgemeinen Interessen der Schifffahrt, also zugleich für Handels- und Kriegsflotte die deutsche Seewarte in Hamburg, die ja ebenfalls ein Institut der Kriegsmarine ist (und nicht etwa eine hamburgische Behörde, wie zuweilen noch angenommen wird). Dort auf der Seewarte werden die meteorologischen Tagebücher aller deutschen Kriegsschiffe und der größten Zahl deutscher Handelsschiffe, die freiwillige Mitarbeiter sind, gesammelt und zu großen maritim-meteorologischen Segelhandbüchern für die großen Weltmeere verarbeitet. Auch andere meteorologische Arbeiten von großer wissenschaftlicher Bedeutung sind von der Seewarte seit ihrem Bestehen veröffentlicht worden.

Unmittelbar dem täglichen Leben kommt der Sturmwarnungs- und Witterungsdienst der Seewarte zu Gute; er hat schon unzählige Seefischer und Seeleute vor Sturmesgefahr bewahrt.

Diese Wetterkarten, die man heute in allen größeren deutschen Zeitungen findet und die also auch aus der Marine stammen, kommen aber auch unserer Landwirthschaft und dem gesammten öffentlichen Leben zu statten.

Auch die Entwickelung der nautischen Instrumente, besonders die des Kompasses, des Chronometers und des Sextanten, dankt den wissenschaftlichen Instituten der Kriegsmarine rege und ununterbrochene Förderung. Man braucht nur einmal zu vergleichen, wie die deutschen Kompasse jetzt allen anderen Kompassen überlegen sind, während es zur Zeit des Flottengründungsplans 1873 überhaupt keine brauchbaren deutschen Kompasse gab; damals wurden alle nautischen Instrumente noch aus England bezogen.

Dasselbe gilt auch für die Entwickelung der Deviations-Theorie, die besonders auf der Seewarte praktisch und theoretisch auf einen höheren Standpunkt gebracht worden als irgendwo im Auslande.

Auch eine Reihe von wissenschaftlichen Forschungsreisen, so die bekannte „Gazelle-Expedition“, die hauptsächlich zur Tiefseeforschung bestimmt war, sind von der Marine ausgerüstet und ausgeführt worden; z. B. hat das Kanonenboot „Drache“ eine große Zahl hydrographischer Forschungen in der Nord- und Ostsee ausgeführt, die Kreuzerfregatte „Moltke“ hat die Mitglieder der deutschen Venusexpedition auf Süd-Georgien untergebracht, die deutsche Korvette „Arcona“ hat die Arbeiten der Venusexpedition in Tschifu wesentlich gefördert, und dergl. mehr. „Gazelle“ und auch andere Kriegsschiffe haben mit ihren ozeanographischen Forschungen auch geographische, ethnologische, zoologische und botanische sowie astronomische Forschungen verknüpft, wie überhaupt in kleinerem Maßstabe selbst die kleinen Auslandskreuzer der Wissenschaft Jahr aus Jahr ein durch die an Bord befindlichen Aerzte oder Offiziere neues Beobachtungsmaterial verschiedenster Art zuführen. Wer den reichhaltigen Inhalt der „Marine-Rundschau“ sowie der „Annalen der Hydrographie und maritimen Meteorologie“, der wöchentlich erscheinenden „Nachrichten für Seefahrer“, der zahlreichen „Segelanweisungen“, der periodisch erscheinenden „Verzeichnisse der Leuchtfeuer aller Meere“ sowie der jährlich erscheinenden wissenschaftlichen Abhandlungen „Aus dem Archiv der Seewarte“ und der „Gezeitentafeln“ durchsieht, kann ein noch plastischeres Bild von der mannigfaltigen Kulturthätigkeit der Kriegsflotte gewinnen.

Bekanntlich wird die deutsche Hochseefischerei jährlich von einem Kreuzer überwacht (siehe „Fischereischutz“); dieser Kreuzer dient zugleich als Fischereischule, ferner als „Sanitätswache“ für die Fischer, er hilft den Fischerfahrzeugen, die bei schwerem Wetter in Seenoth wrack geworden sind, u. A. m.

Unentgeltlich kann schließlich jeder Seemann jederzeit Rath in nautischen Dingen von den Marineinstituten erhalten, ja die Seewarte arbeitet auf Wunsch Einzelner ganze Segelrouten aus, um auch im Einzelnen die Seefahrt zu fördern. Auch unsere im Auslande befindlichen Kriegsschiffe fördern mit Rath und That die Handelsschiffe deutscher Flagge, wo solche nur irgend welcher Hülfeleistung bedürfen.

Genug der Beispiele — die Kriegsmarine erfüllt eben, was gezeigt werden sollte, auch im Frieden sehr wichtige Kulturaufgaben, fördert die deutsche Handelsflotte und Hochseefischerei und dient nach besten Kräften allen Zweigen der deutschen Wissenschaft.

In seiner bedeutsamen und anregenden Rede (gehalten zu München am 30. Dezember 1897) über die wissenschaftlichen Arbeiten in den jungen Kolonien streifte der Direktor der Seewarte, Wirklicher Geheimer Admiralitätsrath Prof. Dr. Neumayer mit folgenden Worten die Kulturaufgaben der Kriegsflotte:

„Man denke nur daran, wie das eingehende Studium der Tiefenverhältnisse einer Küste allein es ermöglicht, einen geregelten und sicheren Verkehr in den gefundenen Häfen zu gewährleisten. Damit eng zusammenhängend ist das Studium des Gezeiten-Phänomens, d. h. der Ebbe- und Fluthererscheinungen, der Stromrichtnng und der Wasserstände, ohne welches man nicht einmal eine Landung ausführen kann. Hiermit hängt wieder die Tiefenerforschung zusammen, die Erforschung des Bodens, der Ablagerungen, die wiederum gewichtige Fingerzeige für die Befahrung der betreffenden Gewässer, für den Seeverkehr abgeben. Alles das erfordert viel Zeit und viele Kräfte, die nur durch eine Marine beschafft werden können zum Segen des Handels und zur Sicherheit des Verkehrs. Die erdmagnetische Erforschung der Küstenstriche ist ebenfalls sehr wichtig, da manche Stellen eine sehr erhebliche Abweichung des Kompasses verursachen, die man kennen muß. Kartographische Arbeiten und Küstenbeschreibungen sind bei jungen Kolonien ebenso wichtig, weil es ohne sie ganz unmöglich ist, eine Navigirung vorzunehmen.

Alle diese Arbeiten nehmen eine Staatsmarine und so auch unsere deutsche in hohem Grad in Anspruch. Wir müssen unserer Regierung dankbar sein, wenn sie möglichst viele Schiffe zu Vermessungszwecken hinaussendet, um so dem Handel vorzuarbeiten.

Heute sind glücklicherweise die Verhältnisse anders geworden. Wir haben ein großes mächtiges Reich, eine einige hochbegabte Nation, deren Angehörige sich überall draußen auf der Erde des Schutzes und der Achtung vor dem deutschen Namen erfreuen. Daraus erwächst uns und namentlich den Jüngeren aber auch die Pflicht, uns ernst und tüchtig zu zeigen und uns nicht von den hohen Idealen unseres deutschen Volkes zu entfernen. Erfüllen wir diese Pflicht, dann wird unsere deutsche Nation ihre großen kulturhistorischen Aufgaben auch fernerhin glänzend zu lösen im Stande sein."

(Stürmischer langanhaltender Beifall.)

Leistungsfähigkeit deutscher Werften.

(Siehe auch den „Kriegsschiffbau für fremde Mächte in Deutschland" und „Schiffsbau".)

Außer den drei Kaiserlichen Werften zu Kiel, Wilhelmshaven und Danzig sind an der deutschen Küste neben vielen kleineren Betrieben 7 große Privatwerften vorhanden, die sich alle mit Kriegsschiffbau befassen und bereits für In- und Ausland Kriegsschiffe gebaut haben. Es sind dies:

in Bremen die Aktiengesellschaft Weser,
" Stettin " " Vulkan,
" Hamburg Blohm & Voß und Reiherstiegwerft,
" Danzig Schichau,
" Kiel die Germania-Werft und die Howaldt-Werft.

Die drei Kaiserlichen Werften beschäftigen zusammen etwa 13 000 Arbeiter. Alle neun Werften sind von großer Leistungsfähigkeit und im Stande, mehrere große Schiff- und Maschinenbauten gleichzeitig zu übernehmen.

Ihre Leistungsfähigkeit wird natürlich noch gesteigert, wenn sie auf eine Reihe von Jahren im Voraus sich auf Kriegsschiffbauten einrichten können.

Linienschiffe.

(Ueber Schlachtflotte besonderer Artikel.)

Linienschiffe sind Hochseepanzerschiffe von 8000 bis 15 000 t Deplacement, welche Seitenpanzer, Deckspanzer und gepanzerte Geschützstände haben. Sie bilden den Kern jeder Schlachtflotte. Ihre Armirung besteht aus schweren (28 bis 20 cm), mittleren (20 bis 10 cm) und vielen leichten (unter 10 cm) Kanonen. Auf modernen Linienschiffen werden nur noch Schnellladegeschütze verwendet werden.

Die schweren Kanonen dienen zum Panzerbrechen, die mittleren Kaliber zur Zerstörung der Oberbauten einschließlich der gepanzerten Geschütz- und Kommandeurstände, die kleinen Kaliber zur Abwehr von Torpedobooten. Gegen lebende Ziele kommen außerdem noch Maschinengeschütze und Maschinengewehre zur Verwendung.

Als Waffe für den Nahkampf tragen Linienschiffe eine Torpedoarmirung und vorn einen Rammsporn.

Die Begründung des Flottengesetzentwurfs sagt:

„Die Anzahl der für die lebendige Küstenvertheidigung erforderlichen Linienschiffe ist von der Stärke der Gegner abhängig. Welche Gegner im nächsten Jahrhundert in Betracht kommen, wie stark dieselben, sei es allein oder im Bunde mit einander sein werden, und wieviel Linienschiffe sie von ihrer Gesammtzahl gegen uns verfügbar machen können, läßt sich nicht voraussehen. Nur das wird als sicher angenommen werden können, daß wir einer größeren Uebermacht gegenüber stehen werden, als im Jahre 1873 vorausgesetzt wurde, denn seit jener Zeit haben sämmtliche Nachbarmächte ihre Kriegsmarine erheblich verstärkt. Wenn nun im Jahre 1873 die Zahl von 14 Linienschiffen als das Mindestmaß erachtet wurde, so wird heute eine Steigerung um 2 Schiffe, so daß wir für jedes unserer heimischen Meere ein Geschwader zu je 8 Schiffen formiren können, schon allein aus diesem Grunde als eine hohe Forderung nicht angesehen werden können.

Zur Beschaffung dieser Zahl von Linienschiffen zwingt aber noch eine andere Ueberlegung. Damit die Schlachtflotte auch im Gefecht mit einer überlegenen Flotte eine Möglichkeit des Erfolges hat, muß die eigene Gefechtsformation so viele Schiffe enthalten, als in einer Formation einheitlich geleitet und zur vollen Ausnutzung gebracht werden können. Dies sind nach unseren eingehenden Erprobungen 16 Schiffe — eine Flotte aus zwei Geschwadern zu je acht Schiffen. Geht die feindliche Formation über diese Zahl hinaus, so kann das Mehr an Schiffen nicht zur vollen Ausnutzung gebracht werden, bildet sogar insofern ein Moment der Schwäche, als es die Leitung der Formation erschwert und die Beweglichkeit derselben vermindert. Geht die eigene Flotte unter diese Zahl herunter, so vermindert sich für den Kampf mit einer überlegenen Flotte die Aussicht auf Erfolg ganz unverhältnißmäßig.

Zur Führung der 16 Schiffe bedarf der kommandirende Admiral eines Flaggschiffes. Da dieses Schiff dem Gefecht der Linienschiffe nicht fernbleiben kann, muß es ebenfalls ein Linienschiff sein. Aus diesem Grunde sind die verbündeten Regierungen gezwungen, noch ein 17. Linienschiff zu fordern.

Um aber jederzeit 17 verwendungsbereite Linienschiffe zur Verfügung zu haben, bedarf es einer Reserve von Schiffen, welche schon im Frieden in die Formationen eingestellt werden können, wenn Schiffe reparaturbedürftig werden. Andernfalls entstehen in den Formationen Lücken, und es tritt dann bei der Mobilmachung doch der Fall ein, daß nicht 17 Schiffe verwendungsbereit sind. Der Gesetzentwurf sieht für je 8 Linienschiffe ein Schiff als Materialreserve vor.

Der Mehrbedarf an Linienschiffen gegen die bisherige Zahl 14 beziffert sich demnach auf 5 Schiffe; nämlich:

2 Schiffe zur Vervollständigung der taktischen Formationen,
1 Flottenflaggschiff,
2 Schiffe als Materialreserve."

Militärische Ansichten über den Küstenkrieg.

Da es sich bei der Flottenfrage in der Hauptsache um nichts Anderes handelt als um die zweckmäßigste Art der Landesvertheidigung nach der Seeseite hin — und zwar unter Berücksichtigung der Seeinteressen des Reiches, so sind die Ansichten militärischer Fachschriftsteller, wie sie die „Münchener Allgemeine Zeitung" veröffentlicht hat, von besonderem Werth zur Beseitigung des Trugschlusses, die Küste sei ohne Schlachtflotte zu schützen.

Der bekannte Militärschriftsteller Hauptmann a. D. Fritz Hoenig schreibt hierüber:

„Eine angemessene, zur Offensive im ganzen Bereiche der Nord- und Ostsee geeignete und bereite Flotte kann allein unsere Küsten schützen. Durch ihre Zusammensetzung und Tüchtigkeit erst erhält sie Bewegungsfreiheit, um jeder Gefahr oder Drohung zu begegnen und dahin zu gehen, wo Küstenstriche oder Häfen bedrängt werden. Küstenbefestigungen nebst Kriegshäfen können nur eine lokale Vertheidigung ausüben und der Flotte als Rückhalt, Ausgangspunkte und Materialreserve dienen. Auch wenn man die sämmtlichen Küsten nach Art einer chinesischen Mauer einfriedigte, was überdies unerschwingliche Opfer erheischte, so wären damit nur die einzelnen Ortschaften geschützt, aber noch nicht vertheidigt. Die billigste und beste Vertheidigung bildet eine operationsfähige Flotte, die im Frieden für den Krieg bereit sein muß. Das Maß der Flottenstärke kann nur der Flotten-Generalstab mit einiger Sicherheit berechnen. Dessen Berechnung muß man vertrauen; er ist jedenfalls die einzige Stelle, die über das einschlägige Material verfügt."

Als Ergänzung dieses Citats ist die Aeußerung des Oberstlieutenants a. D. Dr. Max Jähns anzuführen:

„Ganz abgesehen von der Feindschaft der Franzosen und von der Möglichkeit, mit Rußland in Zwiespalt zu gerathen: wer den berüchtigten Aufsatz der »Saturday Review« vom 11. September v. Js. gelesen (siehe diesen Artikel) und daraus ersehen hat, mit welcher Entschlossenheit eine stets wachsende englische Partei auf einen Krieg mit Deutschland hinarbeitet, um die brennende Frage des Wettbewerbes im Welthandel zwischen uns und Großbritannien mit Pulver und Blei zu lösen, der hat sich auch überzeugt, mit welcher verblüffenden Bestimmtheit John Bull darauf rechnet, »jetzt noch« die Häfen von Bremen und Hamburg, den Nord-Ostsee-Kanal und die baltischen Häfen unter das Feuer englischer Schiffsgeschütze nehmen zu können, und kann nicht zweifeln, daß es die höchste Zeit sei, einem solchen überaus besorglichen und unwürdigen Zustande ein Ende zu machen. Das ist aber nun einmal ohne Schlachtschiffe nicht möglich."

Sehr ausführlich und überzeugend behandelt der Generallieutenant z. D. v. Boguslawski dieselbe Frage:

„Man muß unterscheiden zwischen einer einfachen Beschießung der Küstenorte und einem wirksamen Eingriff in die großen Operationen durch Landung einer starken Truppenmacht. Erstere können nur dann großen materiellen Schaden anrichten, wenn es der feindlichen Flotte gelingt, so nahe heranzukommen, daß sie ihre Geschosse in große Hafenstädte oder bedeutende Marineanstalten schleudern kann. Die Zerstörung einiger Strandbefestigungen oder unbedeutender Küstenorte hat auf den Gang des Krieges wenig Einfluß, immerhin aber nimmt sie unsere Kräfte in Anspruch und fesselt unsere Aufmerksamkeit. Man kann sich bei Beurtheilung dieser Dinge — wie es von einer Seite geschehen — keineswegs auf die Erfahrungen von 1854/55 und von 1870 basiren. Wenn man bisher den Strandbatterien das Uebergewicht über Kriegsschiffe zuzuschreiben geneigt war — obgleich dies durchaus nicht überall zutraf — so ist dies zweifelhaft geworden durch die maritimen Verbesserungen und den sehr starken Panzerschutz der Schiffe. Auf die Aktion der französischen Flotte 1870 drückten die deutschen Siege, welche die zuerst geplante Einschiffung von Landungskorps verhinderten. Später zog man zahlreiche Matrosenkorps zur Bedienung der Artillerie nach Paris. Eine ganze Division Marineinfanterie focht schon bei Sedan. Auch die Möglichkeit, in Frankreich Repressalien üben zu können, mag der Beschießung von Ortschaften, die man hätte mit dem Geschütz erreichen können, entgegengewirkt haben. — **Was nun große Landungen anbetrifft, so können diese in einem Zukunftskriege sehr bedrohlich werden.** Ein solcher Krieg wird unbedingt für uns ein Krieg mit zwei Fronten sein. Alle Mächte des Festlandes haben jetzt sehr starke Armeen zur Verfügung. Der Zweibund z. B. ist dem Dreibund an Streiterzahl bedeutend überlegen. Es werden also auch Landungskorps verfügbar sein. Es ist unwahrscheinlich, daß in einem großen Kriege Dänemark wie 1870 neutral bleiben wird. In diesem Lande haben unsere Gegner, falls sie nicht unmittelbar in Deutschland landen wollen, eine gute Basis. Man kann Truppen dort ausschiffen und sodann vereint mit den Dänen nach Süden marschiren. Die Verbündeten landeten 1854 mit 60000 Mann in der Krim. Die jetzigen enormen Ozeandampfer, welche im Kriegsfall der Staatsgewalt zur Verfügung stehen, erleichtern den Transport ungemein, so daß ein solcher von 100000 Mann sehr wohl zu den Möglichkeiten gehört. Ein Fahrzeug wie der „Friedrich der Große“ vermag allein 7000 Infanteristen oder 1500 Reiter oder sechs Batterien aufzunehmen.

Die Landungen sind an den Ostsee-Küsten keineswegs außergewöhnlich erschwert. In der Nordsee sind sie wegen der Watten schwieriger.

Man kann Küsten und Häfen durch Landbatterien und Truppen vertheidigen. Es liegt aber auf der Hand, daß wir eine sehr bedeutende Truppenmacht zur Verhinderung von Landungen bereithalten müssen, wenn wir keine oder eine schwache Flotte haben. Diese Truppen fehlen uns dann zu unseren Operationen gegen die feindlichen Landarmeen. 1870 waren wir genöthigt, zu Anfang des Krieges 78 000 Mann Linie und Landwehr zurückzulassen.

Die beste Vertheidigung ist im Land- und Seekriege der Angriff. Eine Flotte, welche die feindliche auf offener See schlagen, die Transportflotten zerstören oder deren Herankommen verhindern kann, ist daher die einzig wahre und gute Vertheidigung. Aber wenn dies die deutsche Flotte allein gegen Frankreich und Rußland nicht leisten könnte, so muß sie wenigstens so stark sein, daß sie mit Benutzung des Ostsee-Kanals, wenn der Feind sich durch die Blockade zersplittert hat, aus den Häfen ausfallen und Theilsiege erfechten kann. — Mit dem Worte »Küstenvertheidigung« ist, solange unsere Marine besteht, ein großer Unfug getrieben worden. Man hat die Küstenvertheidigung als alleinigen Zweck unserer Marine hingestellt und das Wort als Schlagwort gegen eine starke Hochseeflotte verwerthet, ohne sich darüber klar zu sein, wie man denn die Küste am besten schützt. **Unter allen Umständen muß die Flotte in nächster Zeit so stark werden, daß sie als eine starke Hülfsmacht im Hochseekriege wirken kann.**

Die Flotte muß auch befähigt sein, die Armeen in etwaigen Angriffsoperationen zu unterstützen, wie z. B. bei Annahme eines Vormarsches gegen Riga. Ist das Meer von uns beherrscht, so ist es unter Umständen die beste Verbindung mit der Heimath, weil der Schiffstransport viel mehr leistet wie der Landtransport.“

Auch der frühere Oberstlieutenant im Generalstab Graf Moltke spricht sich sehr klar über die Wechselwirkung aus, in der Flotte und Heer zueinander stehen, besonders mit Rücksicht auf die Gefahr einer Landung oder einer feindlichen Invasion vom Norden her; er sagt:

„Zum Schutz unserer Küsten und Häfen und zur Abwehr einer Blockade genügen passive Vertheidigungsmittel wie Befestigungen, Batterien, Minen, Sperren u. s. w. ebensowenig wie die ausschließlich der Küstenvertheidigung dienenden Panzerfahrzeuge. Mit solchen nur für lokale Zwecke bestimmten Vorkehrungen kann man wohl einen augenblicklichen, nicht aber einen dauernden Schutz bedrohter Küstenpunkte gegen feindliche Flotten bewirken. Noch weniger genügen passive Streitmittel zur Abwehr von Landungen. Man sagt so oft: eine Landung an deutschen Küsten sei unmöglich oder, wenn sie doch ausgeführt würde, werde das Landungskorps sehr bald und sehr leicht vernichtet werden. Ich halte dem Folgendes als eine Eventualität entgegen, welche nicht künstlich erdacht oder unwahrscheinlich ist: Dänemark verbündet sich mit Rußland oder Frankreich; die deutsche Flotte — wenn zu schwach — wird geschlagen oder in irgend einem Hafen eingesperrt. Eine dänisch-französische (russische) Armee dringt von Fünen oder Jütland nach Süden vor. Wird auch diese so leicht zu vernichten sein — und wie viel Kräfte gehen dadurch unseren Armeen in der Front verloren? Um eine Landung zu verhindern, bedarf es des Zusammenwirkens der Hochseeflotte mit Inlandstruppen. Je schwächer die Flotte, desto stärker müssen letztere bemessen, das heißt also: desto mehr Kräfte müssen den im Felde stehenden Armeen entzogen werden. Die Feldarmeen aber können nie stark genug sein; ein fehlendes Bataillon kann den Verlust einer Schlacht herbeiführen, dieser Verlust für den Ausgang des Krieges entscheidend werden. Fast noch schwerer fällt das moralische Element ins Gewicht. Oder will man annehmen, daß eine Oberleitung, welche die heimischen Küsten und damit ihren Rücken ernstlich bedroht wüßte, mit freiem Blick und voller Freudigkeit die Offensive führen würde? Eine zu schwache Flotte schwächt materiell sowohl wie moralisch auch das Heer und nimmt uns dadurch eine Chance für den Sieg.

Der nächste Krieg wird — aller Voraussicht nach — ein Kampf um die Existenz sein. Er wird — man mag nun wollen oder nicht — die Entfaltung und Anspannung aller

Kräfte der Nation erzwingen, der aktiven wie der passiven, der offenen wie der latenten, der des Landheeres, wie der der Marine. Ob man diese Kräfte in ihrer Gesammtheit brauchen wird, ist für mich keine Frage; eine Frage nur, und zwar eine der Zweckmäßigkeit (vielleicht auch der gesunden Vernunft), ob man sie schon jetzt, d. h. rechtzeitig, bereit stellen, oder ob man sie erst im Augenblick des Gebrauches improvisiren will. Gebraucht aber werden sie alle — sicher, — und zwar nach menschlichem Ermessen bis auf den letzten Rest. — Wenn man die Erfahrungen anderer Nationen und unsere eigenen, die Lehren früherer Kriege und die der neueren zu Rathe ziehen will, so muß man zu dem Schluß kommen, daß es ein gefährliches Spiel spielen hieße, die der Nation zu ihrer Vertheidigung innewohnenden materiellen und personellen Kräfte unter dem Deckmantel der Schonung vergeuden."

Minensperren.

Unter Minensperren versteht man eine Anzahl von Minen, welche zur Vertheidigung von Hafeneinfahrten oder Meerengen im Wasser versenkt sind.

Minensperren sind zum ersten Mal im Krimkriege zur Verwendung gekommen und bilden seitdem ein Vertheidigungsmittel der Kriegshäfen wohl bei allen Nationen; doch ist ihre Bedeutung längst nicht mehr so groß, wie früher. Wie im gesammten übrigen Kriegswesen jede Waffe eine Gegenwaffe hervorgerufen hat, so auch hier, und die schon sprichwörtlich gewordenen Gegenminen sind in der Wirklichkeit so weit entwickelt, daß die Beseitigung einer Minensperre für einen dazu vorbereiteten Gegner keine besonderen Schwierigkeiten bietet. Die Kriegsschiffe aller Nationen sind heutzutage in ausreichendem Maße mit dem Geräth zum Aufräumen oder Wegsprengen von Minensperren ausgerüstet.

Wie man aber selbst ohne solche Mittel eine Minensperre beseitigen kann, zeigte Farragut schon im Jahre 1864. Er drang mit seiner Flotte in der Mobile-Bai durch eine Minensperre vor und nahm die dahinter liegenden Forts in Besitz. **Es ist heutzutage völlig ausgeschlossen, einen großen Handelsplatz oder Kriegshafen nur durch Minensperren und Forts zu schützen.**

Missionsschutz.

Ueber die Aufgabe, welche der deutschen Marine durch den Schutz der ausgedehnten katholischen Missionen in Ostasien zugefallen ist, sprach der Abg. Fritzen am 9. Dezember 1895:

„Meine Herren, ein zweiter Punkt, weshalb die Marine doch auch mit anderen Augen angesehen werden muß als früher, liegt darin, daß das Deutsche Reich seit einiger Zeit den Schutz der katholischen Missionen auch in China übernommen hat. Wie Ihnen bekannt, hat früher Frankreich den Schutz auch der deutschen katholischen Missionen in China wahrgenommen. Dieses Verhältniß entsprach unserem patriotischen Empfinden allerdings nicht, und ich habe es mit Freuden begrüßt, daß sich nunmehr die deutschen katholischen Missionen unter den Schutz des Deutschen Reichs gestellt haben. Meine Herren, zu diesem Zwecke müssen wir aber auch dem Deutschen Reich die Mittel gewähren, diesen Schutz auszuüben, und wir müssen in Ostasien natürlich nicht bloß ein kleines schwaches Kanonenboot, sondern gute Schiffe haben, welche diesen Schutz besorgen können. Ich meine, meine Herren, es wäre sehr beschämend für uns, wenn wir uns sagen müßten, daß das Deutsche Reich nicht im Stande sei, den Missionen dort den Schutz zu gewähren, welchen früher Frankreich gewährt hat." (Sehr richtig!)

Naval Defence Akt.

(Siehe „Englisches Flottengesetz".)

Neubauten.

Unter Neubauten versteht der Entwurf zum Flottengesetz diejenigen Bauten, welche den unter Ziffer 2 des § 1 des Gesetzes angegebenen Istbestand auf den unter Ziffer 1 desselben Paragraphen festgesetzten Sollbestand bringen sollen. Es sind demnach an Neubauten erforderlich:

	Linienschiffe	Große Kreuzer	Kleine Kreuzer
Sollbestand . .	19	12	30
Istbestand . . .	12	10	23
Neubauten . . .	7	2	7

Diese Neubauten sollen sämmtlich zuerst, d. h. **vor** den inzwischen nothwendig werdenden Ersatzbauten, fertig gestellt werden, um die Flotte möglichst bald auf den gesetzlichen Sollbestand zu bringen. Die Rechnungsjahre, in welchen die ersten Raten für Neubauten eingestellt werden sollen, ergeben sich aus nachstehender Tabelle:

Rechnungsjahr		Linienschiffe		Große Kreuzer		Kleine Kreuzer
1898	2	Neubauten (das 13. u. 14. Schiff, 12 sind vorhanden)	1	Neubau	2	Neubauten
1899	2	Neubauten (das 15. u. 16. Schiff)	1	Neubau	2	Neubauten
1900	1	Neubau (das Flaggschiff)			2	Neubauten
1901	2	Neubauten (Material-Reserve)			1	Neubau

Nach 1901 sind keine Neubauten mehr beabsichtigt.

Sämmtliche Neubauten sollen bis zum Ablauf des Rechnungsjahres 1904 fertig gestellt sein.

Neutralität.

(Siehe unter „Seerecht".)

Nordostsee-Kanal.

(Siehe unter „Ausfallflotte" und „Küstenvertheidigung".)

Offensivvermögen.

(Ueber Aufgaben der Kriegsflotte, Ausfallflotte, Blockade, Schlachtflotte besondere Artikel.)

Schon 1861 sagte der liberale Abg. Harkort, der Vorgänger des Abg. Richter und Führer der Fortschrittspartei:

„Daß wir aber immer in der Defensive bleiben, meine Herren, damit kann man keinen Krieg machen. Was hilft uns die Defensive, was hilft es uns, wenn wir die Häfen sichern und doch nicht im Stande sind, die dänische Sund-Blockade uns vom Halse zu schaffen. Wir müssen im Stande sein, offensiv vorzugehen.“ Der Kriegs- und Marineminister v. Roon stimmte dem zu mit den Worten, daß es nicht allein darauf ankomme, unsere Küsten direkt zu vertheidigen, sondern darauf, „einen Schlag, der uns zugedacht ist, durch einen Gegenschlag an der feindlichen Küste erwidern zu können.“ (Bravorufe!)

Im dänischen Kriege 1864 sollte das zu Swinemünde befindliche Geschwader „jede Gelegenheit wahrnehmen, feindliche Blockadeschiffe anzugreifen“ (Generalstabswerk Bd. I, S. 101). Dem Seegefecht bei Jasmund am 17. März 1864 lag die seestrategische Idee zu Grunde, die blockirte Küste vom Feinde zu befreien. Admiral Jachmann wollte also um die Seeherrschaft in den Ostsee-Gewässern kämpfen; wäre diese durch einen Offensivstoß gewonnen worden, so wäre damit zugleich die (damals von den Dänen aber gar nicht angegriffene) Ostsee-Küste wirksam geschützt gewesen. Leider genügten damals die offensiven Streitmittel der preußischen Flotte nicht, um die Ostsee-Küste wirklich von der Blockade zu befreien.

Infolgedessen wurde schon 1867 der Bundesmarine unter 3. die Aufgabe gestellt:

„Entwickelung des eigenen Offensivvermögens, nicht bloß zur Störung feindlichen Seehandels, sondern auch zum Angriff feindlicher Flotten, Küsten und Häfen.“

Auch unmittelbar nach dem siegreichen Landkriege hielt der Marineminister, General v. Roon, an der Nothwendigkeit der Fortentwickelung unserer „maritimen Offensiv-See-streitkräfte“ fest, indem er ausführte: „Es ist eine ganz bekannte Thatsache, daß man durch die Offensive am besten vertheidigt. Wenn ich die feindlichen Streitkräfte, die mich an meiner Thür anfallen können, vor ihrer Thür aufsuche, sie dort beschäftige, bändige und vielleicht besiege, so vertheidige ich meine Thür jedenfalls am sichersten. . . .“

Denselben Standpunkt nahm der liberale Abg. v. Forckenbeck 1871 ein: „Die Majorität der Kommission hat den dritten Zweck, den die Flotte nach dem Gründungsplan von 1867 haben soll, (Entwickelung des eigenen Offensivvermögens u. s. w.)

unverrückt festgehalten, und es ist ausgesprochen, daß, **wenn man diesen Zweck beseitigen würde, man überhaupt keiner Flotte bedürfe. . . .**" 1872 sagte der Abg. Graf v. Münster in demselben Sinne:

„Wenn ich das Wasser, was mein Land bespült, vom Feinde nicht frei halten kann, so vertheidige ich meine Küste nicht. Der ist nur Herr in seinem Hause, der auch den Ausgang aus seinem Hause frei hat."

In der Denkschrift von 1873 ist über die Entwickelung des eigenen Offensivvermögens unter Anderem gesagt worden: „Wir müssen die Mittel haben, schützend auftreten zu können, wenn unsere deutschen Interessen unmotivirt verletzt worden sind." Die mehrfach erwähnte Broschüre des Abg. Müller (Fulda) behauptet, es unterläge keinem Zweifel, daß diese Begründung sich nur auf die Kreuzer- und Auslandsflotte beziehen könne, nicht aber auf die Schlachtflotte. Dem steht aber der Satz derselben Denkschrift entgegen: „Diese Offensive fordert also eine Zahl starker und guter seegehender Schlachtschiffe."

Am 23. Januar 1883 äußerte der Abg. Rickert über die Stellung der Budgetkommission, daß „sie auch in Bezug auf den Charakter unserer Defensivflotte daran festhalten wolle, daß letztere im Stande sein muß, nöthigenfalls auch einen Offensivstoß zu machen im Interesse einer kräftigen Defensive".

In demselben Sinne sagte der Abg. Wedell-Malchow am 27. November 1888: „Noch in der Denkschrift für den Etat des Jahres 1887/88 findet sich ein Passus, der selbst für den Laien überzeugend nachweist, daß für die Küstenvertheidigung Schlachtschiffe nothwendig sind, weil die Vertheidigung nicht geführt werden kann — das sieht man selbst als Laie ein — wenn nicht auch von Zeit zu Zeit in günstigen Momenten ein Offensivstoß gemacht werden kann, und ein solcher kann nur mit größeren Schlachtschiffen, mit solchen Panzerschiffen gemacht werden, wie sie jetzt die Marineverwaltung bauen will."

Bemerkenswerth ist auch die Aeußerung des Abg. v. Bennigsen vom 28. November 1888: „Unmöglich kann es für diese großen und bedeutenden Hafenplätze gleichgültig sein, ob wir in den Seen, die sozusagen als unser Eigenthum vor der Thür liegen, in der Nordsee, in der Ostsee, im Stande sind, auch wirklich anderen Seemächten gegenüber aufzutreten, oder ob wir auf eine Torpedovertheidigung der Küsten der Nord- und Ostsee beschränkt sind. Das kann man, glaube ich, von Deutschland und seiner Marine verlangen. Es muß unsere Nation in diesen Meeren den Kampf unter Umständen erfolgreich aufnehmen können."

Ueber die prinzipielle Frage der besten Art der Küstenvertheidigung erwiderte der Abgeordnete Dr. v. Frege einem anderen Abgeordneten am 1. Februar 1889 Folgendes:

„Wie denkt sich der verehrte Herr die Küstenvertheidigung in den deutschen Meeren? Wenn wir nicht im Stande wären, mit einem Kern schlagfertiger und nach neuestem System ausgerüsteter Kriegsschiffe einen Offensivstoß auszuführen im Fall eines Krieges — weiß der Herr Abgeordnete nicht, daß dann die Küstenvertheidigung eine leere Phrase bleibt? Meine Herren, es stehen so große Lebensinteressen unserer ganzen Küstenbevölkerung hier auf dem Spiel, so enorme Werthe auf dem Spiel, daß, auch wenn man den ethischen Gesichtspunkt wirklich zurücktreten lassen wollte, vom finanziellen Gesichtspunkt aus die Vertheidigung unserer deutschen Küsten an der Ost- und Nordsee eine Ehrensache und Lebensfrage der Nation ist, die mit allen Kräften, die die Technik und Wissenschaft uns bietet, durchgeführt und ausgeführt werden muß."

(Bravo!)

Auch der General v. Caprivi hat als Reichskanzler am 27. Februar 1892 nachdrücklich die Nothwendigkeit maritimen Offensivvermögens betont, indem er sagte: „es ist denkbar und wünschenswerth, daß unsere Flotte in der Lage wäre, die gegnerische Flotte an unserer Küste so zu schlagen, daß für den Küstenschutz Truppen des Landheeres nicht brauchen verfügbar gehalten zu werden. Kann ich die feindliche Flotte, die sich im Jahre 1870 aus Gründen, die in ihr selbst und im französischen Heere lagen, zurückzog, dadurch unschädlich machen, daß ich sie schlage, so kommt die Leistung unserer Marine direkt dem entscheidenden Faktor, dem Landheere zu Gute ...." und ferner: „Ich möchte also hiermit der Anschauung, daß die Marine in ihrer sekundären Rolle für die Hauptentscheidung nicht nutzbar gemacht werden könnte, entgegentreten ....", sowie: „Man braucht nicht den Unterschied zwischen einer offensiven und defensiven Flotte zu machen, um so weniger, als kein Schiff sich rein defensiv vertheidigen kann ...."

Dieselbe Aufgabe faßte der Reichskanzler Fürst Hohenlohe am 18. März 1897 in die Worte zusammen: „Wir müssen eine Flotte haben, die unsere Küsten zu schützen im Stande ist, indem sie auf hoher See dem Angreifer die Spitze bietet ..." und ferner: „Je schneller wir dieses Ziel erreichen, um so größer wird das Gewicht sein, welches wir zur dauernden Aufrechterhaltung des Friedens in die Wagschale zu werfen vermögen."

An demselben Tage erklärte auch der Abg. Dr. Lieber, daß man sich in der Kommission darüber verständigt habe, „daß unter Küstenvertheidigung auch die Möglichkeit einbegriffen sei und einbegriffen sein müsse, unsere Küsten in der sogenannten Offensivdefensive, d. h. durch das Hinausgehen von Hochseepanzern zum Durchbrechen der Blockade und zu anderen Zwecken zu vertheidigen."

Die Begründung des Flottengesetzentwurfes sagt über die Entwickelung des eigenen Offensivvermögens:

„Die Aufgabe der Schlachtflotte ist die Vertheidigung der heimischen Küsten. Ausschließlich hiernach ist Zahl und Größe der Schiffe bemessen. Größeren Seemächten gegenüber hat die Schlachtflotte lediglich die Bedeutung einer Ausfallflotte. Jede weitergehende Verwendung ist durch die geringe Stärke, welche das Gesetz festlegt, ausgeschlossen. Daß die vorhandenen Linienschiffe, Kreuzer und Torpedoboote gegen schwächere Seemächte, falls Deutschlands Interessen es erheischen, auch zur offensiven Verwendung gelangen werden, bedarf keiner besonderen Ausführung."

Organisation der Schlachtflotte.

(Siehe unter „Schlachtflotte".)

Panzerkanonenboote.

(Siehe unter „Kanonenboote".)

Personalbestand.

Im Entwurf zum Flottengesetz lauten §§ 5 und 6 über den Personalbestand folgendermaßen:

§ 5.

„An Deckoffizieren, Unteroffizieren und Gemeinen der Matrosendivisionen, Werftdivisionen und Torpedoabtheilungen sollen vorhanden sein:

1. eineinhalbfache Besatzungen für die im Auslande befindlichen Schiffe;
2. volle Besatzungen für
   die zu aktiven Formationen der heimischen Schlachtflotte gehörigen Schiffe,
   die Hälfte der Torpedofahrzeuge,
   die Schulschiffe,
   die Spezialschiffe;
3. Besatzungsstämme (Maschinenpersonal zwei Drittel, übriges Personal die Hälfte der vollen Besatzungen) für
   die zu Reserveformationen der heimischen Schlachtflotte gehörigen Schiffe,
   die zweite Hälfte der Torpedofahrzeuge;
4. der erforderliche Landbedarf;
5. ein Zuschlag von fünf Prozent vom Gesammtbedarfe.

§ 6.

Die nach Maßgabe dieser Grundsätze erforderlichen Etatsstärken der Matrosendivisionen, Werftdivisionen und Torpedoabtheilungen, sowie die Etatsstärken des sonstigen Personals unterliegen der jährlichen Festsetzung durch den Reichshaushalts-Etat."

Die gesetzliche Festlegung des Personalbestandes ist nothwendig, weil von demselben die Friedensindiensthaltungen abhängig sind und letztere wiederum die Leistungen der Schlachtflotte im Kriegsfalle bedingen.

In der Begründung zum Flottengesetz-Entwurf ist hinsichtlich des Personalbestandes Folgendes ausgeführt:

„§ 5 enthält die Grundsätze für die Berechnung des Personal-Etats der Matrosendivisionen, Werftdivisionen und Torpedoabtheilungen. Diese Grundsätze weichen von denjenigen, welche in der Denkschrift zum Marine-Etat 1892/93 erläutert sind, in zwei Punkten ab.

1. Für die zu aktiven Formationen gehörigen Schiffe werden statt der Besatzungsstämme volle Besatzungen gefordert. Welche Schiffe hierbei in Betracht kommen, ist aus § 3 des

Gesetzentwurfes ersichtlich. Die Begründung für diese Maßregel ist im allgemeinen Theil gegeben.

2. Für die Schiffe der Materialreserve wird kein Personal gefordert.

Nach Maßgabe der Indiensthaltungen sind für diejenigen Kategorien, deren Etatsstärke in erster Reihe durch die Indiensthaltungen bedingt werden, bis zum Jahre 1904 nachfolgende Etatsvermehrungen erforderlich:

Chargen.	Bedarf 1904	Etat 1897	Mehrbedarf	Jahresrate
I. Seeoffiziere.				
Admiral	1	1	—	—
Vizeadmirale	5	3	2	1
Kontreadmirale	13	9	4	
Kapitäne zur See	60	46	14	2
Korvettenkapitäne	131	84	47	7
Kapitänlieutenants	234	172	62	9
Lieutenants zur See	382	254	128	18
Unterlieutenants zur See	274	191	83	12
	1 100	760	340	49

Die Etatsvermehrung kann bei einer jährlichen Einstellung von 100 bis 120 Kadetten innerhalb der nächsten sieben Jahre durchgeführt werden.

Es ist beabsichtigt, in jedem Jahre so viel neue Offizierstellen auf den Etat zu bringen, als besetzt werden können. Die Chargenvertheilung errechnet sich aus den Besatzungs-Etats der Schiffe und den für die Besetzung der Landstellungen vorhandenen Grundsätzen.

Chargen.	Bedarf 1904	Etat 1897	Mehrbedarf	Jahresrate
II. Maschineningenieure.				
Stabsingenieure	6	3	3	2
Maschinen-Oberingenieure	27	17	10	
Maschineningenieure	66	39	27	4
Maschinen-Unteringenieure	81	43	38	5
	180	102	78	11
III. Aerzte.				
Generalarzt	1	1	—	—
Stationsärzte	2	2	—	—
Ober-Stabsärzte	33	17	16	2
Stabsärzte	67	45	22	3
Assistenzärzte	79	57	22	3
	182	122	60	8

Marinetheile und Chargen	Bedarf 1904	Etat 1897	Mehrbedarf	Jahresrate
IV. Zahlmeister.				
Ober-Zahlmeister	15	10	5	7
Zahlmeister u. Unter-Zahlmeister	121	78	43	
	136	88	48	7
Summe I bis IV . .	1 598	1 072	526	75
V. Matrosendivisionen.				
Deckoffiziere	173	127	46	7
Unteroffiziere	2 107	1 346	761	108
Gemeine	10 705	7 830	2 875	411
	12 985	9 303	3 682	526
VI. Werftdivisionen.				
a. Maschinenpersonal.				
Deckoffiziere	658	358	300	43
Unteroffiziere	2 172	1 139	1 033	148
Gemeine	4 536	2 576	1 960	280
	7 366	4 073	3 293	471
b. Sonstiges Personal.				
Deckoffiziere	97	69	28	4
Unteroffiziere	469	398	71	10
Gemeine	927	803	124	18
	1 493	1 270	223	32
VII. Torpedoabtheilungen.				
a. Seemännisches Personal.				
Deckoffiziere	57	20	37	5
Unteroffiziere	292	259	33	5
Gemeine	1 134	936	198	28
	1 483	1 215	268	38
b. Maschinenpersonal.				
Deckoffiziere	151	136	15	2
Unteroffiziere	461	322	139	20
Gemeine	1 100	747	353	50
	1 712	1 205	507	72
Summe V bis VII . . .	25 039	17 066	7 973	1 139
Hierzu Summe I bis IV . .	1 598	1 072	526	75
Gesammtsumme . . .	26 637	18 138	8 499	1 214

Um die Etatsvermehrung der seemännischen Unteroffiziere durchführen zu können, ist eine Erhöhung des Etats der Schiffsjungen von 600 auf 1000 Köpfe erforderlich.

Die nachfolgende Tabelle gewährt einen Ueberblick, wie sich die Mannschaftsstärke der Matrosendivisionen, Werftdivisionen und Torpedoabtheilungen im Jahre 1904 auf die einzelnen Indiensthaltungszwecke vertheilt. Zum Vergleich ist die Vertheilung für 1897 daneben gestellt.

Die	1904	pCt.	1897	pCt.	Mehr
Schlachtflotte	12 423	49	7 924	46	4 499
Auslandsschiffe	5 189	21	3 471	20	1 718
Schulschiffe	2 656	11	1 972	12	683
Spezialschiffe	1 057	4	978	6	79
Landbedarf	2 520	10	1 966	12	554
Reserve	1 195	5	755	4	440
Im Ganzen	25 039	100	17 066	100	7 973

In dieser Tabelle ist das Personal für diejenigen Schiffe der Schlachtflotte, welche im Frieden als Schulschiffe oder Spezialschiffe Verwendung finden, letzteren zugerechnet.

Der Ausbildung der Mannschaften innerhalb der nächsten 7 Jahre stehen keine größeren Schwierigkeiten entgegen, als wie sie seit 1873 bei jeder größeren Personalvermehrung vorhanden gewesen sind. Durch die verstärkten Indiensthaltungen wird die Ausbildung des Personals sogar wesentlich erleichtert. Bei den Unteroffizierstellen werden vorübergehend Lücken sein, die sich aber erfahrungsmäßig nach einigen Jahren ausfüllen lassen."

Politische Macht und Flotte.

Am 11. Dezember 1866 sagte der Freiherr v. Vincke im preußischen Abgeordnetenhause: „Eine Macht kann dauernd nur Großmacht sein, wenn sie ihren gehörigen Antheil an der See hat." Und der Marineminister General v. Roon führte 1871 im Reichstage aus: „Ich meine, wir gelten mehr in der Welt, wenn wir anderen Seemächten auch etwas zu leisten versprechen durch die weitere Organisation unserer Flotte" ... Im gleichen Sinne äußerte

1873 der jetzige Finanzminister v. Miquel im Reichstage, **daß wir nicht bloß unseres Vortheils wegen, sondern auch unserer Ehre wegen eine sehr erhebliche Marine nicht entbehren können.**

Sogar der Abgeordnete Richter gestand 1878 im Reichstage: „Wir haben uns nicht minder lebhaft (als die anderen Parteien) dafür interessirt, daß wir überhaupt zu einer maritimen Entwickelung gekommen sind, wir sind nicht weniger davon befriedigt, daß nicht Deutschland zur See der Unbill jedes kleinen Staates, jedes Raubstaates wie früher ausgesetzt ist.“ Man beachte, daß diese Worte 1878 fielen, also zu einer Zeit, als die deutsche Kreuzerflotte einen relativ besonders günstigen Stand hatte!

Um dieselbe Zeit, im März 1878, machte aber der Chef der Admiralität, General v. Stosch, schon zum ersten Male darauf aufmerksam, daß es bei der Aufstellung des Flottengründungsplanes (von 1873) nicht möglich gewesen sei, zu ermessen, wie hoch die Anforderungen an die Marine mit Leistungen in der Fremde gestellt werden würden: „die neu entwickelte deutsche Macht hat sehr viel mehr Bedürfnisse geweckt, als vorausgesehen wurde.“

Ueber den Einfluß der Seemacht als politischen Machtfaktors äußerte sich der Abg. v. Wedell-Malchow am 27. November 1888 folgendermaßen: „Wie die Verhältnisse jetzt in Europa liegen, ist ein reiner Krieg zu Lande nicht mehr denkbar, sondern namentlich bei den größeren Koalitionen, die sich gebildet haben, wird ein solcher europäischer Krieg — ich hoffe, er kommt nicht, aber daß er kommen kann, werden Sie mir gewiß nicht bestreiten — sowohl zu Lande wie zu Wasser geführt werden, und von diesem Gesichtspunkte aus glaube ich, daß die verbündeten Regierungen vollständig Recht thun, zur rechten Zeit sich auf solche Eventualitäten vorzubereiten. Denn, meine Herren, wenn wir auch alle mit Freude die Versicherung der Thronrede gelesen haben, daß der Zustand Europas friedlich sei, so bleibt er doch nur friedlich, solange Deutschland zu Lande und zu Wasser gerüstet dasteht.

(Sehr wahr! rechts.)

Und in dem Augenblicke, wo der geringste Zweifel darüber bei unseren Nachbarn entsteht, in diesem Augenblicke glaube ich, daß der Friede Europas nicht mehr für längere Zeit zu garantiren sein werde."

(Sehr richtig! rechts.)

Eine sehr bemerkenswerthe Aeußerung des früheren Marineministers v. Roon aus dem Reichstage von 1871 führt v. Kusserow in seiner Rede (gehalten in der Deutschen Kolonialgesellschaft am 13. September 1897) an:

„Allein, wenn wir an Konflikte denken, vor denen der Allmächtige Europa schützen wolle, so vergißt Vorredner, daß in einem solchen Falle auch die Frage der Allianzen eine große Rolle zu spielen pflegt. Was würde es nun bedeuten, mit einer Seemacht sich zu alliiren, die nichts bieten kann als ein paar Dutzend Torpedos und ein Dutzend Monitors, die allein auf den Watten der heimischen Meere zu gebrauchen sind."

In der Münchener Flottenumfrage äußert sich Oberstlieutenant Graf Moltke-Ueterfen über die Flotte als politischen Machtfaktor, wie folgt:

„Es ist ohne Weiteres klar, daß die politische Geltung eines Staates sich in erster Linie nach seinen Machtmitteln richtet. Aber diese Machtmittel müssen verschieden sein und verschieden wirken je nach der Sphäre, in welcher ihr Einfluß zur Anwendung kommen soll. Wollen wir beispielsweise, daß Seestaaten, wie England, ihre Politik unseren Wünschen und Interessen anpassen, oder daß auswärtige Mächte wie Nordamerika, Japan u. s. w. sich um unser Votum im Völkerrath kümmern sollen, so kann uns dazu unsere Landmacht, so groß und gut sie sein mag, wenig nützen. Die Stärke, Leistungs- und Schlagfertigkeit der Flotte bildet im Ausland das Fundament unserer Politik ebenso sehr wie die Garantie unserer erworbenen Rechte und die Basis zukünftiger Entwickelung.

Aber auch bezüglich der europäischen Machtsphäre und Geltung kommt für Deutschland viel darauf an, ob es dank seiner Flotte prompte und kräftige Fernwirkungen auszuüben vermag oder nicht. Die europäische Staatskunst zeigt nicht mehr die alten, einfacheren Linien, welche durch dynastische Hausinteressen, nachbarliche Gegensätze, später auch durch Betonung des Nationalitätsprinzips bestimmt wurden; sie ist vielseitiger und komplexer geworden. Keine der Großmächte kann als eine rein europäisch-kontinentale angesprochen werden; keine ist ganz von gewissen Expansionsgelüsten frei; in ihrer aller Politik mischen sich zu scheinbar unentwirrbarer Verschlingung die Fäden externer und interner Interessen. Es kann also kaum anders sein: die politische Haltung der Nachbarn uns gegenüber wird schon jetzt und noch mehr in Zukunft sehr wesentlich dadurch mitbestimmt werden, ob sie bei ihrem Kalkül mit unserer Flotte, mit unseren auswärtigen Stationen und Hülfsmitteln rechnen müssen oder nicht. Je stärker diese, unsere Hülfsmittel, desto mehr würde ein Angreifer seinerseits aufs Spiel setzen; je schwächer, desto weniger Risiko für seinen Handel, seine Exportindustrie und sein Volksvermögen läuft er. Auf der anderen Seite, aber im gleichen Verhältniß, wird unser Bündniß entweder werthvoll und gesucht oder nur in beschränktem Maße brauchbar, bezw. gefürchtet sein."

Gelegentlich einer Debatte über die Kolonialangelegenheiten sagte der Abgeordnete Dr. Windhorst: „Eine Flotte, wie sie Portugal u. s. w. hat, wird für uns keineswegs ausreichen. Sehen Sie doch, wo die Eifersucht am lebendigsten erwacht ist! **Das ist in England**, und die Stimmen, die von dort uns entgegentönen, und das, was uns eben in Bezug auf die Samoainseln u. s. w. mitgetheilt ist, beweist doch in der That, daß die Erregung dort keine kleine ist, so daß ich allerdings der Meinung bin, es könne Fälle geben, wo wir auch England gegenüber uns in Waffen zu zeigen Anlaß haben möchten und zeigen **müssen**."

Auch die erste Berathung über das Flottengesetz im Reichstage hat gezeigt, daß die streitbare Flotte als Machtfaktor die richtige Würdigung bei den nationalen Parteien und den Vertretern der Regierung findet:

„Die Waffen entscheiden über die Welt, und nicht die Ueberlegenheit der Kultur, sondern Streitbarkeit und Sinneseinheit erhalten die Völker. Möge aus unseren Berathungen eine streitbare Flotte und ein sinneseiniger Reichstag hervorgehen!" lautet das patriotische Wort, mit dem der Abgeordnete Lieber seine Rede schloß.

Der neue Staatssekretär v. Bülow äußerte sich plastisch, wie folgt: **„Die Zeiten, wo der Deutsche dem einen seiner Nachbarn die Erde überließ, dem andern das Meer und sich selbst den Himmel reservirte, wo die reine Doktrin thront — diese Zeiten sind vorüber . . . Wir wollen Niemand in den**

Schatten stellen, aber wir verlangen auch unseren Platz an der Sonne."

„Erst eine starke Flotte stellt uns wirklich auf unsere eigenen Füße, und es hat thatsächlich noch kein großes Volk in der Weltgeschichte gegeben — auch das römische nicht — das einer starken Flotte entbehrte", sagt der bekannte Militärschriftsteller Oberstlieutenant Dr. Jähns in der Flottenumfrage der „Allg. Ztg.". Und der Reichskanzler flocht in seine Erklärung, mit der am 6. Dezember 1897 im Reichstag die erste Lesung über die Flottenvorlage eingeleitet wurde, den Satz ein: „Gerade zur Führung einer friedlichen Politik, wie wir sie wollen, muß unsere Flotte einen Machtfaktor bilden, der in den Augen von Freund und Feind ausreichendes Gewicht besitzt." In der weitgespannten Erörterung über das Flottengesetz ist diese Auffassung selten zu ihrem vollen Rechte gelangt. Und doch ist sie von grundlegender, von entscheidender Bedeutung. Ein Blick auf das heutzutage sich über die gesammte bewohnte Erde ausbreitende politische Schachbrett beweist dies.

Obwohl wir Kolonien in Afrika und Australien haben, sprechen die Motive des Entwurfes mit vollem Rechte davon, daß hier eine geringe Anzahl kleinerer Schiffe genügt, um unsere lokalen Interessen zu schützen. Denn die dort entstehenden Gegensätze von wirklichem Belang kommen stets in den Beziehungen der Mächte in Europa zum Ausdruck, und hier liegt auch die Entscheidung über das Schicksal unserer Schutzgebiete. Anders schon liegen die Dinge in Ostasien, wo das seemächtige Japan mit gewaltiger Anstrengung seine Kriegsmarine verstärkt, so daß ein Austrag etwaiger Differenzen mit europäischen Reichen sich in den ostasiatischen Gewässern vollziehen wird. Will Deutschland im fernen Osten seinen Platz an der Sonne haben — und **„wir wollen und sollen unsern Antheil nehmen an der Beherrschung der Erde durch die weiße Rasse"**, sagt Heinrich v. Treitschke in seiner „Politik" — so muß es die dafür nöthige Macht an Ort und Stelle einsetzen können. Darum ist dort unter Umständen ein verhältnißmäßig starkes Geschwader nothwendig, damit wir unter seinem Schutz unsere Arbeit für deutsche Kultur und wirthschaftliche Expansion erfolgreich und in Frieden fortsetzen, die man dem schwachen Bewerber versperren kann.

Aehnliche Erwägungen sprechen dafür, daß das Deutsche Reich auch in Amerika sich durch die Stärke seiner Flotte in Achtung erhält. Die Monroedoktrin wird in den Vereinigten Staaten Nordamerikas — und zwar nicht nur von einzelnen Politikern, sondern vom Volke selbst — jetzt theoretisch und praktisch ganz anders gehandhabt, als sie von ihrem Urheber gedacht war. Es ist nicht zu leugnen, daß die panamerikanische Idee tiefe Wurzeln geschlagen hat. Um sie in die Wirklichkeit umzusetzen, wird die Union unter Umständen auch vor Gewalt und Zwang nicht zurückweichen, namentlich, wenn es gilt, handelspolitische Vortheile zu erreichen. Nordamerika hat seine Kriegsflotte, besonders seine Schlachtflotte, erheblich verstärkt und fährt in diesem Bemühen fort; Deutschland aber hat nicht nur mit der Union selbst einen gewaltigen Handelsverkehr, sondern der deutsche Fabrikant und der deutsche Kaufmann haben auch die Märkte Mittelamerikas, Westindiens und der südamerikanischen Staaten auf beiden Seiten des Kontinents beschritten, und man kann sagen, kraft ihrer Intelligenz, Zähigkeit und Geschicklichkeit erobert. Dies sind zumeist Länder, deren staatliche, finanzielle und ökonomische Ordnung durch leidenschaftliche Parteikämpfe beständig bedroht wird. Leben und Eigenthum deutscher Reichsangehöriger kann und wird oft in diese Streitigkeiten hineingezogen. Um sie zu schützen, bedarf es abermals der deutschen Seemacht an Ort und Stelle, und zwar nicht nur gegen die betreffenden Länder selbst, die zum Theil über sehr leistungsfähige, moderne Kriegsschiffe verfügen, sondern unter Umständen auch zur Abwehr der Tendenzen der Monroedoktrin, die „Amerika für die Amerikaner“ haben will und die Europastaaten von dem breiten amerikanischen Markte auszuschließen dann nicht zögern würde, wenn dies ohne ernste Gefahr möglich wäre. **So trägt auch hier die Seemacht Deutschlands die Bürgschaft wirthschaftlichen Gedeihens in friedlicher Entwickelung in sich.**

Das Schwergewicht der Gründe aber, die für eine starke Flotte sprechen, liegt für Deutschland doch in der allgemeinen politischen Lage. Diese wird unfraglich beherrscht durch den natürlichen Gegensatz zwischen Rußland und Großbritannien. In einer langen Reihe von Jahrzehnten hat er sich entwickelt, und Deutschland muß mit ihm rechnen.

Unsere Politik ist es gewiß nicht, die den Gegensatz verschärfte. „Wir befinden uns in vollem Einklang mit Rußland, dessen Interessen in Europa nirgends die unseren durchkreuzen, in Ostasien vielfach mit denselben parallel laufen, und dessen natürliche Machtentwickelung wir als aufrichtige Freunde mit neidloser Sympathie begleiten", hat der Staatssekretär des Auswärtigen am 7. Februar 1898 im Reichstage erklärt und dann hinzugefügt: „Wir finden es natürlich und begreiflich, wenn Frankreich von Tonkin aus neue Verkehrswege sucht. Und wir sind endlich weit davon entfernt, irgendwie oder irgendwo berechtigten englischen Interessen entgegentreten zu wollen. .. Glücklicherweise ist man sich in London an allen maßgebenden Stellen nicht im Zweifel darüber, daß wir im Interesse beider Länder, im Interesse des Kulturfortschrittes der Menschheit und im Interesse des Weltfriedens ein harmonisches Zusammenwirken auch mit Großbritannien für ersprießlich halten." So steht Deutschland als Freund zwischen den beiden großen Rivalen, unabhängig nach beiden Seiten, seine eigenen Wege mit Festigkeit und Beharrlichkeit verfolgend, bemüht, den Frieden zu erhalten und zu sichern.

Man braucht den kriegerischen Konflikt zwischen Rußland und England nicht für naheliegend zu halten, um einzusehen, daß in dieser Position dem Deutschen Reiche erst eine starke Flotte die volle Ausnützung seiner Kraft verschafft. Deutschland hat für Rußland England gegenüber als Bundesgenosse nur Werth, wenn es zur See mächtig ist. Für England aber wird gleichfalls die politische Haltung des Deutschen Reiches ganz wesentlich bedeutsamer, wenn es nicht nur zu Lande gewappnet dasteht, sondern auch über Achtung gebietende Streitkräfte zur See verfügt. Die Londoner Zeitung „Herman" macht in ihrer Ausgabe vom 31. Juli 1897 über das Verhältniß Deutschlands zu Großbritannien folgende sehr beachtenswerthe Ausführungen:

„Hier, wo nur von den einenden und trennenden Momenten gehandelt werden sollte, die in dem internationalen Verkehr der beiden Mächte zu Tage treten, haben wir die Kämpfe der Parteien nicht zu berühren. Die wichtigste politische Aufgabe, die der deutschen Nation in der nächsten Zukunft gegeben ist, berührt auch das Verhältniß zu Großbritannien, dem diese flüchtigen Betrachtungen gegolten haben. Was die wirthschaftliche Energie der Deutschen errungen und erobert hat, **kann nur durch eine Stärkung der maritimen Vertheidigungskräfte des Reiches gesichert werden.** So paradox es Manchem klingen mag, wir behaupten, daß eine deutsche Flotte von respektabler Größe für das freundschaftliche Verhältniß Großbritanniens zum Deutschen Reiche wirksamer sich erweisen würde als tausend gut gemeinte Aufrufe zu sympathischen Vereinigungen. In allen Fällen, wo die politische Alltagsarbeit Meinungsverschiedenheiten und Konfliktstoffe zwischen die beiden Reiche warf, hat die Abwägung der ungenügenden Seegewalt Deutschlands zur Steigerung der Hitze und unbedachten Leidenschaft geführt. Auch in den Tagen erbittertsten Hasses hat man auf dem Kontinent gegeneinander nicht so heftige Stürme der öffentlichen Meinung zu entfesseln gewagt, weil man die relative Ebenbürtigkeit der Machtmittel kannte und in Anschlag brachte. Besäße das Deutsche Reich eine Flotte, wie sie für die Zukunft unerläßlich ist, nicht eine schwimmende Wehr, wie Großbritannien sie unterhält und besitzen muß, sondern nur eine genügende Kraft, **um in der Nord- und Ostsee die Handelswege vor jeder Störung zu sichern,** so würden auch in England nach und nach die segensreichen Folgen sich zeigen. Man würde schließlich erkennen, daß gegenüber den wirklichen Gegnern des britischen Weltreichs ein Deutsches Reich, das auch zur See wirksam auftreten kann, eine verläßlichere Garantie ist als jede fernliegende Kombination, die doch am Ende sich unnatürlich, also unbrauchbar, erweist. Das Geheimniß der Entfremdung beider Staaten liegt, wie vordem ausgeführt worden, einfach in der Thatsache, daß man in England den Respekt vor dem Deutschen Reiche verloren hat; das sichere Mittel, das alte Verhältniß wieder herzustellen, ist die Entschließung, die sich ohnehin nöthig erweisen wird, den Respekt wieder zu gewinnen, und, wer die englische Nation kennt, der wird uns beipflichten, wenn wir erklären, die Verstärkung der deutschen Flotte zu einer achtunggebietenden Seewehr ist dazu völlig geeignet."

Frankreichs Wege gehen in der Kolonialpolitik vielfach zusammen mit denen Deutschlands; **auch Frankreich gegenüber ist es allein die Flotte, die unter Umständen eine positive Förderung der französischen Interessen schaffen und damit zur**

Anbahnung eines Verhältnisses dienen kann, das trotz aller diplomatischen Bemühungen in einem langen Vierteljahrhundert nicht erreicht worden ist.

„Das Jahr 1902 wird voraussichtlich Deutschland näher zu Frankreich und Frankreich näher zu Deutschland hingezogen sehen“, schreibt der englische Marineschriftsteller S. W. Stevens (Naval Policy 1896, S. 210) „während die Feindschaft Deutschlands uns gegenüber durch fünf Jahre womöglich noch schärferer Handelskonkurrenz nur noch bitterer werden kann. Wenn wir in zwei oder drei Jahren den drei Mächten (Rußland, Frankreich und Deutschland zusammen) völlig gewachsen sind, haben wir allen Grund uns zu freuen. Uns zu freuen, aber nicht auszuruhen! Denn es handelt sich um ein Ausruhen nach einer heftigen Anstrengung, die uns in unsere jetzige Lage gebracht hat, und uns jenes Vertrauens auf unsere Sicherheit beraubte, das absolut nöthig ist, einer Nation den freien Genuß zahlreicher Segnungen zu verschaffen.“

Man beachte, daß die französische Politik sich sehr oft im Gegensatz zur englischen bewegt, und daß die Bedeutung und das Gewicht Deutschlands in jeder auf diesem Gebiet auftretenden Frage sowohl für den französischen wie für den englischen Staatsmann nur so viel bedeutet, **als wir zur See bedeuten.**

Der frühere französische Marineminister und Abgeordnete Lockroy legte der Kammer im April 1897 einen Gesetzentwurf über den Ausbau der französischen Flotten vor, worin er unter Anderem sagt: „Bei einem so wichtigen Gegenstande können wir keinerlei politische Hintergedanken fassen. Uns beschäftigt allein das Interesse an der Vertheidigung des Vaterlandes und wir sind sicher, daß auch die ganze Kammer dieser Gedanke allein beschäftigen wird. Vor so erhabenen Fragen verschwinden die ministeriellen Fragen. — Die politischen Leidenschaften müssen schweigen. **Es handelt sich hier nicht um den Triumph einer Partei, sondern um das Wohl des Landes selbst.** Und wir würden, was uns betrifft, glücklich gewesen sein, im Ganzen und in den Einzelheiten der Vorlage zuzustimmen, die uns unterbreitet ist, wenn sie nach unserer Ansicht in Einigem den Anforderungen der Lage und der Größe der augenblicklichen Gefahr entsprochen hätte!

Wir müssen uns bestreben, einen einflußreichen Platz unter den Seemächten der Erde zu erringen, und die gebieterische Pflicht drängt sich uns auf, unsere Marine genügend gefürchtet zu machen, damit sie als ein entscheidender Faktor gelten kann in den verschiedenen Vereinigungen, die sich unter dem Drucke gemeinsamer Interessen mehr und mehr unter den Großmächten bilden wollen.

Aber Alles hat sich jetzt geändert, und eine tiefgreifende Neugestaltung hat sich in der politischen Lage Europas vollzogen. Unser Patriotismus und die Sorge um unsere innere Sicherheit haben uns eine andere Bundesgenossenschaft auferlegt, und diese mußte in maritimer Hinsicht Folgen haben und hat sie thatsächlich auch gehabt, deren Wichtigkeit nicht zu verkennen ist. Von ihren Vortheilen für die beiden vertragschließenden Parteien werde ich hier nicht sprechen. Frankreich hat dabei gedacht, die Gefahr einer drohenden Koalition zu beschwören; Rußland konnte billigerweise hoffen, große Pläne maritimer Ausbreitung zu verwirklichen, die Hülfe einer angesehenen Flotte zu gewinnen, deren Werften sich ihm zugleich in den Meeren Europas wie auch in den kolonialen Meeren öffnen, wovon die wichtigste, die Werft von Saïgon, zwischen Singapore und Hongkong liegt, also zwischen den beiden englischen Schlüsselpunkten im Indischen und Stillen Ocean.

Während die Gefahr auf dem Festlande beschworen zu sein scheint, erscheint die maritime Gefahr jeden Tag größer. Die Ereignisse, deren Theater jetzt das Mittelmeer ist, bestätigen ihre Dringlichkeit und ihre Größe; es sind Ereignisse, die die Diplomatie zu lenken bemüht ist, deren Entstehen sie aber nicht verhindern kann."

Die unabhängige und neutrale Stellung Deutschlands in der **Weltpolitik**, in der die Staaten wie auf einem Schachbrett ihre Züge und Gegenzüge thun, wird in erster Linie durch eine starke Flotte gesichert. Jedermann, auch England, wird unsere Neutralität achten müssen und kann uns nicht aus derselben herausdrängen, wenn wir zur See stark sind. Niemandem darf es gleichgültig sein, auf welche Seite die deutsche Flotte ins Gewicht fällt. Als Feind gefürchtet, als Freund gesucht, so dient das Deutsche Reich am besten seinen eigenen Interessen und dem Weltfrieden.

Die Flotte ist schon heute ein politischer Machtfaktor von eminenter Bedeutung, der hierin, und das ist vor Allem zu beachten, von Jahr zu Jahr noch erheblich wachsen wird.

Es genügt nicht, wenn wir unsere Marine durch eine Anzahl von Kreuzern für den Dienst auf ausländischen Stationen vermehren. Macht und Kraft schafft allein die Schlachtflotte, die in den heimischen Gewässern zum Schutz und Trutz bereit steht, durch ihr einfaches Dasein und ihre stete Bereitschaft in jedem einzigen unserer Schiffe im Auslande ihren sichtbaren Vertreter findet und in jedem derselben dauernd ihre Wirkung für die Interessen des Vaterlandes ausübt. Für Deutschland giebt es keine anderen Existenzbedingungen wie für jeden anderen Großstaat; zu diesen Bedingungen gehört maritime Macht, sonst fehlt uns ein Arm zur Vertheidigung unseres Daseins.

Wir haben absichtlich in diesen politischen Kalkulationen, denen man auch dann die Augen nicht verschließen darf, wenn sie nur in Möglichkeiten bestehen, den Fall des Krieges zwischen Deutschland und anderen Mächten nicht erwähnt; diese Eventualität und die daraus für die Flotte sich ergebenden Folgerungen sind an zahlreichen anderen Stellen dieser Schrift erörtert. Wir wollten nur zeigen, wie das Deutsche Reich in der politischen Lage unserer Zeit gerade dann am meisten für den Frieden sorgt, wenn es seine heimische Schlachtflotte als Machtfaktor in die Schale wirft, in der die Reiche gewogen werden. „Kein vernünftiger Staat pflegt mit einem Schwächling ein Bündniß einzugehen oder zu suchen. Nur Kraft macht bündnißfähig, zu Lande wie zu Wasser. Durch ein Bündniß mit einem Schwachen bindet man sich nur einen Klotz ans Bein. Ein starkes Deutschland zur See wird von jedem Seestaate gesucht sein, ein schwaches das Ziel einer feindlichen Politik. Nur Kraft giebt in der Politik Achtung. .... In der Welt gilt überhaupt nur Macht, Macht und wieder Macht!“ Diese Worte Fritz Hoenigs in der „Allg. Ztg.“ treffen den Nagel auf den Kopf. Und darum muß das Ceterum censeo jedes Vaterlandsfreundes sein: **Das Deutsche Reich muß eine Seemacht sein, und dazu braucht es eine angemessene Schlachtflotte!**

Privateigenthum auf See.

(Siehe unter „Seerecht".)

Reserveformationen.

Unter Reserveformationen versteht man Verbände von Kriegsschiffen, bei denen die volle Verwendungsbereitschaft erst durch Auffüllung der Besatzungen mit Reservisten herbeigeführt wird.

Eine solche Formation besteht aus 4 Schiffen, von denen im Frieden aber nur 2 — die beiden Stammschiffe — im Dienst gehalten werden, während die anderen beiden außer Dienst sind. Im Mobilmachungsfalle theilt jedes der beiden ersteren Schiffe seine Besatzung mit einem der beiden letzteren, und alle 4 Schiffe füllen den jedem fehlenden Theil der Besatzung durch Einziehung von Reservisten auf. Diesen Vorgang nennt man Aktivirung einer Reserveformation.

Von den Reserveformationen bedürfen diejenigen, welche aus Linienschiffen oder Küstenpanzerschiffen bestehen, einer in bestimmten Zeitabschnitten zu wiederholenden Aktivirung, um Uebungen im taktischen Verbande vornehmen zu können. Bei den Aufklärungsschiffen liegt dies Bedürfniß in geringerem Maße vor, da bei diesen die Ausbildung im taktischen Verbande weniger wichtig ist. Ferner ist es nothwendig, die Theilung der Besatzungen und Indienststellung der zweiten Schiffe wenigstens bei einer Formation alljährlich zu üben. Aus diesen Gründen ist im Gesetzentwurf vorgesehen, daß außer den dauernden Indiensthaltungen jährlich 2 Linienschiffe oder Küstenpanzerschiffe auf 2 Monate in Dienst gestellt werden können. Da 4 Reserveformationen zu je 4 Schiffen vorhanden sind, ist es hierdurch ermöglicht, jede Reserveformation in Zwischenräumen von 4 Jahren einmal vorübergehend zur Uebung zu aktiviren.

Dem Vorstehenden gemäß verlangt der Entwurf zum Flottengesetz im § 3 an Indiensthaltungen (siehe auch unter „Indiensthaltungen")

als Stammschiffe von Reserveformationen:

4 Linienschiffe,
4 Küstenpanzerschiffe,
2 große Kreuzer,
5 kleine Kreuzer;

zur Aktivirung einer Reserveformation auf die Dauer von 2 Monaten:

2 Linienschiffe oder Küstenpanzerschiffe;

und an Personalbestand unter § 5:

Besatzungsstämme (Maschinenpersonal zwei Drittel, übriges Personal die Hälfte der vollen Besatzungen) für die zu Reserveformationen der heimischen Schlachtflotte gehörigen Schiffe.

Rhederei, deutsche.

(Siehe „Seehandel".)

Nach der Denkschrift über die Seeinteressen des Deutschen Reiches hat sich die Transportleistungsfähigkeit der deutschen Handelsflotte von 1871 bis 1897 von 1 228 000 Tonnen netto auf 3 400 000 Tonnen netto gehoben. Am 1. Januar 1898 betrug dieselbe nahezu 4 000 000 Tonnen netto. In dieser Zeit hat die Dampfschiffstonnage um mehr als 1000 pCt. zugenommen, während die Tonnage der Segelschiffe um 32 pCt. zurückgegangen ist. Das Material der deutschen Handelsflotte ist fortdauernd werthvoller geworden, da die Zahl der für den überseeischen Verkehr bestimmten Schiffe andauernd steigt, und überhaupt die Durchschnittsgröße der Schiffsräume von 217 Tonnen netto auf 447 Tonnen netto zwischen 1871 und 1897 gestiegen ist. Der Dampfschiffsraumgehalt hob sich in dieser Zeit von einem Durchschnitt von 558 Tonnen auf 922 Tonnen.

In der sozialdemokratischen Broschüre von Parvus heißt es:

„Der Gesetzentwurf giebt eine Abnutzungsskala, nach der die Linienschiffe in 25, die großen Kreuzer in 20, die kleinen in 15 Jahren Ersatzbauten erforderlich machen. Das ist aber nichts als eine Irreführung des Reichstages und der Oeffentlichkeit. Selbst Handelsschiffe, die doch aus unvergleichbar weniger widerstandsfähigem Material gebaut sind und einem ganz anderen Verbrauch unterliegen als Kriegsschiffe, — man denke doch, wie oft ein Amerikadampfer oder ein großes Panzerschiff in die See sticht, wieviel Seemeilen per Jahr der eine oder das andere macht! — bleiben dreißig und mehr Jahre in Gebrauch."

Das Statistische Jahrbuch für das Deutsche Reich 1897 zeigt, daß diese Behauptung der Wahrheit nicht entspricht. Es ergiebt sich nämlich, daß die deutsche Handelsflotte am Anfang 1898 ihrem Alter nach sich vertheilte:

Alter:	Segelschiffe			Dampfschiffe		
	Zahl	Raumgehalt	Besatzung	Zahl	Raumgehalt	Besatzung
Unter 1 Jahr	46	8 862	241	58	60 955	1 261
1 bis unter 3 Jahre .	130	31 520	721	106	144 706	3 043
3 " " 5 " .	178	92 786	1 510	127	78 034	2 468
5 " " 7 " .	185	66 075	1 190	188	213 724	6 047
7 " " 10 " .	143	47 774	988	102	97 062	3 465
10 " " 15 " .	224	51 786	1 279	233	166 619	4 854
15 " " 20 " .	369	73 147	2 016	87	42 018	1 257
20 " " 30 " .	589	149 320	3 880	126	68 612	2 264
30 " " 40 " .	433	84 773	2 311	36	7 420	427
40 " " 50 " .	138	10 452	443	5	789	53
50 Jahre und älter . .	75	5 263	247	—	—	—
Erbauungsjahr unbekannt	14	347	32	—	—	—

Nur Segelschiffe über 30 Jahre kommen in der deutschen Handelsflotte in Betracht; von der Dampfschiffstonnage aber sind nur etwa $^{9}/_{10}$ pCt., nämlich 8200 Tonnen von fast 880 000 Tonnen, über 30 Jahre alt, und nur die Dampfschiffe allein könnten doch mit dem Alter der Kriegsschiffe in Vergleich gebracht werden. Es existiren im Ganzen 41 Dampfschiffe über 30 Jahre, die also im Durchschnitt 200 Tonnen Netto fassen gegen eine Gesammtdurchschnittsgröße von über 900 Tonnen für die Dampferflotte. Es handelt sich also dabei um einige alte Küstenfahrer.

In Wahrheit ist das Durchschnittsalter der deutschen Handelsdampfer ein unendlich geringeres als das für die Kriegsschiffe angesetzte. Von der gesammten Tonnage von 880 000 sind nur 119 000 oder etwas mehr als $^{1}/_{8}$ älter als 15 Jahre. Dies sind im Ganzen 254 Dampfer mit einer Durchschnittsgröße von 400 Tonnen, gleichfalls durchweg kleinere Schiffe. Das Durchschnittsalter der gesammten deutschen Dampferflotte dagegen beträgt, wie sich aus der Tabelle ohne Weiteres berechnen läßt, 7—10 Jahre, und zwar liegt es nahe an 8 Jahren.

Die deutsche Handelsflotte repräsentirt zur Zeit einen Buchwerth von 400 Millionen Mark. Ihr Neuanschaffungswerth würde sich auf 500 Millionen belaufen.

In der Kundgebung der Vertreter der deutschen Industrie, des Handels und Gewerbes und der Verkehrsinteressen am 13. Januar 1898 im Kaiserhof in Berlin, gab Herr Adolf Woermann, Vorsitzender des Vereins Hamburger Rheder, die Einnahmen an Fracht, die der deutschen Rhederei zufließen, auf 50 Mark pro Tonne oder rund 200 Millionen Reichsmark pro Jahr an.

Während zu Anfang der siebenziger Jahre die deutsche Rhederei noch recht unbedeutend war, ist heute die Hamburg-Amerika-Linie das größte Schifffahrtsunternehmen der Welt, und dicht neben ihr steht der Norddeutsche Lloyd. Beide Gesellschaften übertreffen auch durch die Mannigfaltigkeit und Vielgestaltigkeit ihres Betriebes nach beiden Hemisphären alle anderen Unternehmungen der Erde, namentlich, nachdem der Norddeutsche Lloyd, gestützt auf die Reichspostdampfer-Subvention, die Linien nach Ostasien und Australien aufgenommen und alsbald auch seinen Betrieb nach Südamerika ausgedehnt hat, und nachdem die Hamburg-Amerika-Linie im Anschluß an die deutschen Niederlassungen in China den ostasiatischen Betrieb mit aufzunehmen sich angeschickt hat und die erhöhte Dampfersubvention zwischen beiden Linien getheilt werden soll. Schon Anfang der 90er Jahre konnte Busley auf die großartige Entwickelung des deutschen Schnelldampferverkehrs hinweisen, die seitdem sich intensiv weiter ausgestaltet hat. Eine Reihe im Lande gebauter Schnelldampfer sind hinzugekommen: der „Kaiser Wilhelm der Große" des Norddeutschen Lloyd, beim „Vulkan" erbaut, ist der größte und schnellste Passagierdampfer der Erde.

Die direkten Profite der Rhedereiunternehmungen schwanken natürlich. Die nachfolgenden Aufstellungen für zwölf große Hamburger Gesellschaften ergeben neben beträchtlichem Gewinne naturgemäß auch Verluste.

Erträge einiger größerer Rhedereien Hamburgs,

nämlich:

Hamburg—Amerika-Linie . . .	für die Dauer von	11 Jahren
Hamburg—Südamerikan. D. G. .	" " "	11 "
Deutsche D. G. „Kosmos"	" " "	11 "

Deutsche D. R. „Kingsin-Linie“ .	für die Dauer von	11 Jahren
Hamburg—Pacific-D. Linie . . .	= = = =	8 =
Hamburg—Calcutta-Linie . . .	= = = =	8 =
Deutsche Levante-Linie	= = = =	6 =
Dampfschiffs-Rhederei von 1889 .	= = = =	7 =
Afrika-D. A. G. Woermann-Linie .	= = = =	7 =
Deutsche Ostafrika-Linie	= = = =	6 =
Deutsch-Australische D. G. . . .	= = = =	8 =
Asiatische Küstenfahrt-Ges. . . .	= = = =	6 =

Für oben angegebenen Zeitraum betrug das
investirte Aktienkapital . . . . 627 235 000 Mk.
die Prioritäts-Obligationen . . . . . 246 646 925 =
Zusammen . . . 873 881 925 Mk.

Hierauf wurde als Dividende
vertheilt . . . . 27 945 800 Mk.
und an Prior.-Zinsen bezahlt 9 409 629 =
37 355 429 Mk.

Dagegen war ein Kapital-
verlust von . . . . . . 9 175 000 Mk.
und ein Betriebsverlust von . 1 964 298 =
11 139 298 Mk.

zu verzeichnen,

so daß für die oben angegebene Zeitdauer ein
Gewinn von . . . . 26 216 131 Mk.
zu verzeichnen ist.

Hierzu folgende Aufstellung, woraus die Ergebnisse für die einzelnen Jahre zu ersehen sind:

	Aktien-Kapital.	Prior.-Obligat.	Dividende.	Prior.-Zinsen.	Kapital-Verlust.	Betriebs-Verlust.	
1886	29 250 000	9 950 000	1 595 000	421 000			
1887	30 500 000	11 513 000	1 590 625	389 333			
1888	36 750 000	13 237 500	2 883 125	486 350			
1889	53 083 250	20 687 000	4 747 500	596 183			
1890	62 656 750	24 750 000	4 075 000	984 686		73 940	69
1891	72 390 000	25 250 000	2 665 250	1 047 291		428 862	94
1892	72 540 000	24 800 000	615 000	1 012 417		1 155 876	94
1893	69 540 000	28 800 000	823 800	1 025 417	4 250 000	546 278	50
1894	65 400 000	28 973 000	885 875	1 165 088		187 393	37
1895	69 650 000	29 270 000	3 143 125	1 113 020	1 550 000	581 539	69
1896	65 475 000	29 416 425	4 921 500	1 168 844	3 375 000	1 009 594	02
	627 235 000	246 646 925	27 945 800	9 409 629	9 175 000	1 964 298	11

Der große Gewinn eines Platzes durch eine stark entwickelte Rhederei liegt in dem Gesammtvortheil, den seine Einwohner und damit auch das ganze Hinterland aus dem gesteigerten Verkehr ziehen, sowie darin, daß der Bedarf der Rhederei aus heimischen Quellen entnommen wird, die heimischen Gewerbe und die heimischen Arbeiter durch den Betrieb in steigendem Maße lohnende Beschäftigung erhalten. Kapitän Mahan sagt:

In drei Dingen — der Produktion mit der Nothwendigkeit des Austausches der Produkte, der Schifffahrt, vermöge deren der Austausch stattfindet, und den Kolonien, welche die Ausübung der Schifffahrt erleichtern, welche sie ausbreiten und welche geeignet sind, sie durch Vermehrung der Schutz gewährenden Plätze zu schützen — muß der Schlüssel zu Vielem in der Geschichte und Politik der an die See grenzenden Völker gesucht werden. . . . . Man muß aber zugeben und wird auch sehen, daß zu gewissen Zeiten die kluge oder thörichte Handlungsweise von einzelnen Männern einen großen, umgestaltenden Einfluß auf das Wachsthum der Seegeltung in ihrem weiteren Sinne ausübte, welche nicht nur die militärische Stärke der Flotte, die die See oder einen Theil derselben mit Waffengewalt beherrscht, sondern auch den friedlichen Handel und die Schifffahrt in sich schließt, die allein die natürliche und gesunde Ursache und die sichere Grundlage der Kriegsflotte bilden.

Es ist eine in der Geschichte stets wieder zu Tage getretene Wahrheit, daß die Rhederei ohne einen genügenden Rückhalt an einer vertheidigungsbereiten Kriegsmarine eine problematische Existenz hat. Nur durch eine dauernde Wechselwirkung können beide Theile ihre Existenz und eine fortgesetzte Erfüllung ihrer gegenseitigen Zwecke sichern. Nur zu leicht könnte eine dauernde Schwäche der deutschen Kriegsmarine die Bedenken bei den Erwerbsständen hervorrufen, weitere Kapitalien in diesem ungenügend geschützten Gewerbe zu riskiren. „Die deutsche Rhederei steht in der Gefahr, einer Treibhauspflanze zu gleichen, die schnell emporgetrieben ist, ohne einen festen Halt und eine Stütze gefunden zu haben, wenn der Sturm heranbraust“, schreibt ein Hamburger Sachverständiger.

Saturday Review: England und Deutschland.

Der scharfe Artikel der angesehenen englischen Wochenschrift Saturday Review vom 11. September 1897, der überall großes Aufsehen erregte, ist hier mit Ausnahme weniger Stellen wörtlich wiedergegeben:

„Der alte weise Mann von Europa hat gesprochen. Da sollte England schweigend nachdenken und sich vorbereiten. »Der Kernpunkt der Unterhaltung zwischen dem Kaiser und dem Zar«, sagte Fürst **Bismarck** nach Angabe der Times, »muß sich um England gedreht haben.« Der alte Staatsmann hat das Wachsthum der Reiser bewacht, die er auf den preußischen Stamm gepflanzt hat, und weiß, daß die Fürstenthümer und Landschaften des Deutschen Reiches zu einem kräftigen und lebensfähigen Ganzen verbunden sind. Er weiß auch, daß das unförmliche, weit ausgedehnte Rußland, — gleich einer Flüssigkeit, die man zwar nicht zusammenpressen, aber doch ableiten kann, — in aller Ruhe von den Flanken Deutschlands ferngehalten werden kann, dafür aber allmählich und unaufhaltsam durch die Balkanländer bis an die See gelangen muß. Dort mag es in einer Ecke, die weit von den deutschen Interessen entfernt ist, auf die Feinde Deutschlands mit berstender Heftigkeit treffen. Und Frankreich? Erinnert er sich nicht, daß er ein »kluges Mißtrauen« empfand, als es Frankreich schwer wurde, die Einheit des Deutschen Reiches als fertige Thatsache anzuerkennen, und daß er deshalb zu **Ferry** sagte: »Suchen Sie sich Entschädigung; gründen Sie Kolonien. Nehmen Sie außerhalb Europas, was Sie wollen, Sie können es haben! Und **Ferry** bekam Tunis, ohne daß ich je daran gedacht hätte, ihm die geringsten Schwierigkeiten zu bereiten — ganz im Gegentheil —« und Tonkin auch, hätte er hinzusetzen können. Während Frankreich mit Tunis und Tonkin beschäftigt und Rußland ruhig nach Osten und Süden geschoben war, konnte Deutschland sich der einfachen Beschäftigung widmen, friedlich auf seinem gefüllten Geldkasten zu sitzen, während seine Kaufleute den englischen Handel wegschnappten und seine Diplomaten die englischen Diplomaten fortwährend in Streitigkeiten mit anderen Ländern brachten.

Fürst Bismarck hat lange erkannt, was schließlich nun auch das englische Volk einzusehen beginnt, daß es in Europa zwei große unversöhnliche entgegengesetzte Kräfte giebt, zwei große Nationen, die die

ganze Welt zu ihrer Domäne machen und von ihr Handelstribut einfordern möchten, England mit seiner langen Geschichte erfolgreicher Angriffe, mit seiner wunderbaren Ueberzeugung, daß es zugleich mit der Fürsorge für sich selbst Licht unter die im Dunkeln lebenden Völker verbreitet, und Deutschland, demselben Fleisch und Blut entsprossen, mit geringerer Willensstärke, aber mit vielleicht noch kühnerem Geiste, wetteifern mit einander in jedem Winkel des Erdballes. In Transvaal, am Kap, in Mittelafrika, in Indien und in Ostasien, auf den Inseln der Südsee und im fernen Nordwesten, überall wo die Flagge der Bibel und der Handel der Flagge gefolgt ist — und wo ist das nicht gewesen? —, da hat der deutsche Handlungsreisende mit dem englischen Hausirer gestritten. Wo es gilt, ein Bergwerk auszubeuten oder eine Eisenbahn zu bauen, wo Eingeborene von der Brotfrucht zur Büchsenfleischnahrung, von der Enthaltsamkeit zum Handelsschnaps übergeleitet werden sollen, da suchen Deutsche und Engländer einander zuvorzukommen. Eine Million kleine Nörgeleien schaffen den größten Kriegsfall, den die Welt je gesehen hat. Wenn Deutschland morgen aus der Welt vertilgt (extinguished!) würde, so gäbe es übermorgen keinen Engländer in der Welt, der nicht um so reicher sein würde.

Völker haben Jahre lang um eine Stadt oder um ein Erbfolgerecht gekämpft; müssen sie nicht um einen jährlichen Handel von 250 Millionen Pfund Sterling (gleich 5 Milliarden Mark) Krieg führen?

Es liegt etwas Rührendes (something pathetic) in der Art und Weise, wie der bejahrte Staatsmann gleichzeitig das Verhängniß reißend schnell herannahen sieht, das er zuerst vorausgesehen, und zugleich sehen muß, wie das abbröckelt, was er zum Schutze dagegen vorbereitet hatte. Zunächst sei das Näherkommen des Verhängnisses betrachtet. Vor 10 Jahren schien allgemein, außer dem Fürsten Bismarck selbst und einem Paar aufmerksamen Engländern, der Gedanke an einen Krieg zwischen den beiden großen protestantischen Mächten, die einander an Gemüth und Geist so gleich sind, eine Unmöglichkeit zu sein. Vor drei Jahren, als die »Saturday Review« gegen die traditionelle deutschfreundliche Politik Englands zu schreiben begann, nahm sie auf diesem Standpunkt eine ganz vereinzelte Stellung zwischen den führenden Organen der öffentlichen Meinungen.

Als im Februar 1896 einer unserer Mitarbeiter, der die europäische Lage besprach, Deutschland als den hauptsächlichsten und unmittelbaren Feind Englands erklärte, da galt diese Ansicht als persönliche Sonderlichkeit. Einen Monat darauf wurde in einem Londoner Tingeltangel die deutsche Flagge gehißt, und als eines Samstagabends im April Zeitungsjungen schrieen: »Krieg mit Deutschland!« wurde der Verkehr von »Edgware Road« durch die jauchzende Freude unterbrochen."

Der nun folgende Satz beginnt mit einer pöbelhaften Beleidigung gegen unseren Kaiser, die nicht wiedergegeben werden kann, und fährt dann fort: „Die deutschen Pläne in Transvaal, die deutschen Verletzungen des Völkerrechts in Mittelafrika, die Bismarck »ungebührliches englisches Poltern« in allen diplomatischen Beziehungen nennt, ferner der notorische Einfluß deutscher Politik im Botschafterrathe zu Konstantinopel, und vor Allem die Art und Weise, wie England den wahren Umfang des deutschen Handelswettbewerbs kennen gelernt hat, alle diese Gründe haben darauf eingewirkt, und jetzt stellen sich England und Deutschland in gleicher Weise die drohende Kriegsgefahr vor. Was Bismarck sich vorstellte und was auch wir bald einsehen werden, ist die Thatsache, daß nicht nur der greifbarste Interessenstreit zwischen England und Deutschland vorhanden ist, sondern daß auch **England die einzige Großmacht ist, die Deutschland ohne enormes Risiko und ohne Zweifel am Erfolge bekämpfen kann.** Deutschlands Bundesgenossen im Dreibunde würden gegen England nutzlos sein: Oesterreich, weil es nichts thun kann; Italien, weil es sich keinem Angriff Frankreichs aussetzen darf. Das Wachsthum der deutschen Flotte trägt nur dazu bei, den Schlag, den es von England bekommt, noch schwerer zu machen. Die Schiffe würden bald auf dem Grunde des Meeres liegen oder als Prisen in die englischen Häfen weggeführt werden; Hamburg und Bremen, der Kieler Kanal und die Ostseehäfen würden unter den Kanonen von England liegen und warten müssen, bis die Entschädigung festgesetzt wäre. Wenn unser Werk gethan wäre, könnten wir ohne Schwierigkeiten Bismarcks Worte an Ferry ändern und zu Frankreich und Rußland sagen: »Sucht Euch Kompensationen. Nehmt innerhalb Deutschlands was Ihr wollt, Ihr könnt es haben«.

Gegen das Herankommen eines solchen Unglücks für Deutschland und eines so sicheren Triumphes für England sieht **Bismarck** keine Hoffnung in den Verhandlungen zwischen Frankreich und Rußland. »Ich fürchte, alle diese Anstrengungen sind ganz umsonst gemacht, ein ernsthaftes, thatkräftiges Einvernehmen mit einem ganz bestimmten Programm und mit einem großen Theile von durchdringender Einsicht und Zähigkeit würde erforderlich sein, um einen Erfolg zu erzielen, der die englischen Ansprüche mäßigen könnte. Ich bin ganz sicher, daß Deutschland dies nicht zu Stande bringen wird.« Und ferner: »Freilich würde es eine sehr gute Gelegenheit sein, den Suez-Kanal und Aegypten von den Engländern wieder zu bekommen. Aber ich glaube nicht, daß in Frankreich irgend ein leidenschaftliches Interesse für diese Frage besteht.«" Der Artikel schließt mit den bedeutsamen Worten: „Germaniam esse delendam". Delenda est war nach Professor Schäfer (Heidelberg) schon einmal vor 240 Jahren die englische Losung und zwar gegen Holland.

Schädigung Hamburgs infolge fehlenden Flottenschutzes.

Die Machtlosigkeit Deutschlands zur See wurde den Hamburgern zu Zeiten des alten Deutschen Reiches in dreifacher Hinsicht fühlbar:

1. in Zeiten von Reichskriegen,
2. während der Kriege von Seemächten, auch wenn das Reich mit keiner der kriegführenden Mächte verbündet war,
3. bei der auch abgesehen von Kriegsmaßregeln häufig erfolgenden Vergewaltigung der Hamburger Schifffahrt,
   a) durch die Barbaresken (wovon als einer allgemeinen Plage hier nicht weiter die Rede sein soll),
   b) durch europäische Staaten, insbesondere durch Dänemark.

Unter dem Hinweis, daß die schutzlose hanseatische Schifffahrt zum Nachtheile nicht nur der Hansestädte, sondern auch des **deutschen Binnenlandes** mit Leichtigkeit von dem Reichsfeinde zu Grunde gerichtet werden könnte, strebte Hamburg (ebenso wie Lübeck und Bremen) während der Reichskriege des 17. und 18. Jahrhunderts nach Anerkennung seiner Neutralität durch die Reichsgewalt. Letztere bekundete den Neutralitätsbestrebungen der Hansestädte gegenüber mitunter eine mehr oder minder weitgehende Konnivenz, ohne sie jedoch (bis zum Jahre 1803) grundsätzlich anzuerkennen. Namentlich wurde in der Regel auf Ausweisung des reichsfeindlichen, z. B. des französischen Gesandten, bestanden. Unmittelbar nachdem diese erfolgt war, pflegten französische Kaper an der Elbmündung zu erscheinen. Manchmal wurden jedoch von den Franzosen Gewaltthätigkeiten gegen die hamburgischen Schiffe verübt, noch ehe sich die Stadt zu einem neutralitätswidrigen Schritt verstanden hatte. Ueberdies wetteiferten die mit dem Reich verbündeten Seemächte in Gewaltmaßregeln wider die hamburgischen Schiffe nur zu häufig mit dem Reichsfeinde.

Namentlich während der holländisch-englischen Kriege des 17. und während der französisch-englischen Kriege des 18. und beginnenden 19. Jahrhunderts hatte die hamburgische neutrale Schifffahrt von dem Rechte des Stärkeren zu leiden.

Wiederholt trat Brandenburg-Preußen für Hamburg ein, wenn die Stadt von den Dänen bedroht war; die Wegnahme hamburgischer Schiffe vermochte es jedoch nicht zu verhindern.

In mehrfacher Beziehung charakteristisch ist eine Eingabe, die der hamburger Senat im Dezember 1741 an die Kurfürsten richtete, um zu bewirken, daß den Hansestädten in Veranlassung der bevorstehenden Kaiserwahl durch einen Zusatz zur Wahlkapitulation kräftigerer Schutz garantirt werde. Da heißt es (Vergl. Joh. Jac. Moser, Karls VII. Wahlkapitulation [Frkf. a. M. 1742] Beilagen S. 244 ff.):

„Es hat auch die wenige Vorsorge, welche man vor diese Städte in der That blicken lassen, ihre Mißgünstige und ganze auswärtige Nationes so dreiste gemachet, daß sie diese Städte auf viele Weise verfolgen und bei ihnen, als ob sie überall nicht zum Teutschen Reiche gehörten, den Meister spielen, ja sogar denenselben ihre Gesetze und eine fremde Botmäßigkeit gleichsam aufzudringen sich bemühen.

Die Stadt Hamburg kann vor anderen hievon viele Beispiele aufweisen.

Man hat nämlich dieselbe ehedem gezwungen, wann Schiffe von zweien kriegenden Nationen auf dem Elbestrom von dem einen Theil angegriffen und verbrannt worden, der Partei, welche dabei verloren, den Schaden zu ersetzen, obgleich ihr noch weniger, als den anderen daran gränzenden mächtigen Puissancen möglich gewesen, solche Rencontres zu verhüten.[1])

Die von fremden Unterthanen bei Strandungen in der See verübten Depraedationes haben von ihr müssen bezahlt werden, falls sie nicht durch die schon ausgefertigte sogenannte Repressalien ihre ganze Handlung und Schifffahrt in die äußerste Gefahr hat setzen wollen.

Noch vor ganz wenigen Jahren haben insonderheit die Holländer diese Stadt zur Anerkennung ihrer wegen der ostindischen Handlung ihrer Unterthanen vorgeschriebenen Gesetze nöthigen und dadurch ganz Teutschland solchen mitunterwerfen, folglich dasselbe um seine freie und bisher durch keine Pacta eingeschränkte Handlung und Schifffahrt bringen wollen, wobei diese Stadt von dem Wienerischen Hof ganz verlassen und die Libertatem navigandi Germanorum allein zu behaupten gemüssiget gesehen.[2])

Ebenso ist es ihr ergangen, da kaum vor 6 Jahren einige fremde Kriegsschiffe den Reichs-freien Elbstrom gesperret und die der Stadt und ihren Bürgern gehörige Schiffe, soviel man deren habhaft werden können, weggenommen haben."[3])

---

[1]) Der ersterwähnte Fall hatte sich 1666 zugetragen. Im August 1666 hatten nämlich holländische Kriegsschiffe bei Neumühlen, also unweit Hamburg, aber im Gebiet der dänischen Jurisdiktion zwei englische Kauffahrer in Brand gesetzt und zwei andere genommen und weggeführt. Hierfür machte die englische Regierung Hamburg verantwortlich. Sie forderte, daß die Stadt entweder Holland zum Schadenersatz anhalte oder solchen selbst leiste. Vergl. über den weiteren Verlauf Professor Adolph Wohlwill: „Aus drei Jahrhunderten hamburgischer Geschichte" S. 13 f.

[2]) In derselben Schrift S. 92—94 findet sich Näheres über die unbilligen Zumuthungen Hollands (und Englands) bezüglich des ostindischen Handels.

[3]) Die letzterwähnte Beschwerde des Hamburger Promemorias an die Kurfürsten bezieht sich auf den Konflikt, in den die Stadt während der dreißiger Jahre des 18. Jahrhunderts mit Dänemark gerieth, weil sie ihre Autonomie in Münzangelegenheiten nicht dem wirthschaftlichen Interesse Dänemarks opfern wollte. König Friedrich Wilhelm I. richtete damals wiederholt ernstliche Vorstellungen an Christian VI., daß er von der Bedrängung Hamburgs ablassen möge. In seinem am 6. Oktober 1734 an den Dänenkönig geschriebenen Brief heißt es u. A.: „Wie dann auch insonderheit die von Seiten Ew. Majestät bewirkte Sperrung des Elbstroms nicht wol anders als eine wider das gesammte Teutsche Reich geschehene Befehdung und was der Stadt Hamburg in specie dabei widerfähret, als eine Sache, woran Ihre Kais. Maj. nebst allen Ständen des Reichs theilzunehmen haben und solcher zu vindiciren sich nicht entbrechen mögen, zu vindiciren ist."

Diese Intervention wurde jedoch von den Dänen ziemlich schroff abgewiesen, und im Jahre 1735 entstand in Hamburg sogar die Besorgniß, daß die dänische Regierung einen Anschlag auf das Amt Ritzebüttel plane. Es wurden damals thatsächlich 300 Mann von Hamburg nach Ritzebüttel entsandt und der dortige Amtmann (es war der bekannte Dichter Brockes) aufgefordert, die Eingesessenen des Amtes zur Mithülfe bei der Vertheidigung anzuhalten und sonstige Abwehrmaßregeln zu treffen. Brockes that sein Möglichstes; es entging ihm freilich nicht, daß die vorhandenen Mittel durchaus unzureichend waren, um den Cuxhavener Strand gegen einen ernstlichen Angriff zu vertheidigen.

Das angeführte hamburgische Promemoria vom Dezember 1741 hatte zur Folge, daß in den Artikel VII der Wahlkapitulation ein Zusatz im Interesse der „vor anderen zum gemeinen Besten zur See trafiguirenden Städte Lübeck, Bremen und Hamburg“ aufgenommen wurde. Thatsächlich blieb alles beim Alten.

Im Jahre 1753 überreichten zwei Abgesandte des Hamburger Senats dem maßgebenden Minister des Wiener Hofes eine Denkschrift, in der sie über die Unbilligkeit des Verfahrens der Engländer wider die neutrale Hamburger Flagge während des jüngsten französisch-englischen Krieges bittere Klage führten. Es heißt da:

Die englischen Armateurs seien recht emsig und geflissen darin gewesen, die ihnen ertheilten Patente gegen die hamburgischen Schiffe zu mißbrauchen und den Genuß der Neutralität unter allerhand Vorwendungen denselben zu entziehen. Im Jahre 1747 sei kein einziges hamburgisches Schiff mehr von den Zudringlichkeiten der englichen Kaper sicher gewesen, gleichviel ob es nach feindlichem oder neutralem Lande zusteuert. „Es wurden zuweilen auch solche Güter als Kontrebande angesehen und aufgebracht, welche in den Traktaten darunter nicht aufgezählt, über dieses aber die gröbsten Exzesse von den Kapern und ihrem Volke verübet, von der Ladung, was ihnen anständig gedäucht, gewaltthätig hinweggenommen, die Schiffer der nöthigen Provision beraubet, ja selbige nebst ihrer Equipage auch persönlich auf die unerlaubteste Weise traktirt.“ So geschah mit Schiffen, denen man im Grunde nichts anhaben konnte, und die man schließlich weiter fahren lassen mußte. Größer war noch der Schaden in der

Regel bei denjenigen Schiffen, die nach England geschleppt wurden, auch wenn ihre Freisprechung erfolgte . . . „Welchem nach es kein Wunder gewesen, daß — ohne den Schaden der verlorenen Konjunkturen und der bei der Bekümmer- und Aufbringung der Schiffe sich zugetragenen Strandungs- und anderen Unglücksfälle — die alleinige Reklamekosten einiger 70 theils hamburgischen, theils anderer nach Hamburg destinirten neutralen Schiffe, welche gleichwohl entweder die Armateurs freizugeben endlich sich genöthigt gesehen, oder die auch durch Urtheil und Recht sind freigegeben worden, über 300 000 Reichsthaler betragen hat".

Selbstverständlich blieb diese Vorstellung beim Wiener Hofe ohne Erfolg. —

Während der Revolutionskriege hatte Hamburgs Schiffahrt sowohl von den Franzosen, wie von den Engländern Vergewaltigungen zu erdulden, von den letzteren annähernd in derselben Weise, wie es in dem Promemoria vom Jahre 1753 geschildert war. Diese Unsicherheit der hamburgischen Schiffahrt hörte auch nicht völlig auf, als die Stadt im Jahre 1796 der von Preußen geschaffenen norddeutschen Neutralitätsassociation beigetreten war. Preußen ließ wiederholt erklären, daß der zugesicherte Schutz sich nur auf das hamburgische Territorium erstrecken könne. Hamburgs Seehandel, „das auf dem Weltmeer schwimmende Hamburg" blieb schutzlos. Trotzdem erfreute sich der hamburgische Handel zufolge der bekannten politischen und kommerziellen Verhältnisse im Ausgange des vorigen Jahrhunderts eines Aufschwungs. Auch die Handelskrisis vom Jahre 1799 beeinträchtigte ihn nur vorübergehend.

Erst die im Juli 1803 beginnende Elbblockade versetzte dem hamburgischen Handel einen empfindlichen Stoß. Der Werthbetrag der Ausfuhr Großbritanniens nach Deutschland, von der das Meiste nach Hamburg ging, betrug (nach Angabe des Kommerzial-Agenten Patrick Colquhoun in London) im Jahre 1802 11 083 939 Pfund Sterling, im folgenden Jahre aber fast vier Millionen weniger, obwohl die Blockade kaum sechs Monate gewährt hatte. Begreiflicherweise wurde auch der übrige Seehandel Hamburgs durch die Blockade beeinträchtigt. Ueber die Verminderung, die der hamburgische Handel mit Nordamerika damals erfuhr, vergl. E. Baasch, Beiträge zur Geschichte der Handelsbeziehungen zwischen Hamburg und Amerika, S. 85. Als auch für die Zukunft verhängnißvoll betrachtete man zu jener Zeit die durch die Blockade bewirkte Erschwerung der von den Hansastädten vermittelten Ausfuhr schlesischer, sächsischer und westfälischer Leinwand nach Spanien, Portugal, Italien und besonders nach Amerika, deren Werth (in einer Denkschrift des Hanseatischen Residenten Abel in Paris) auf 8 bis 10 Millionen Thaler jährlich veranschlagt wurde. Man besorgte, daß namentlich auf dem amerikanischen Markt das deutsche Leinen durch das irländische verdrängt werden möchte. Der preußische Gesandte in Hamburg schrieb am 8. Juli 1803 nach dem Bekanntwerden der englischen Blockadeverfügung seiner Regierung, „Hamburgs Wohlstand wird dadurch tödtlich erschüttert". Die britische Regierung ließ sich aber des eigenen Vortheils wegen allmählich dazu herbei, in der Handhabung der Elbblockade einige Erleichterungen eintreten zu lassen.

Damals gelang es den Hamburgern, während dieser Blockade (die vom Juli 1803 bis zum Oktober 1805, im Ganzen zwei Jahre, drei Monate und elf Tage dauerte), ihre bisherigen Handelsbeziehungen, wenigstens zum Theil, auf Umwegen aufrecht zu erhalten.

Bei Beginn der im April 1806 aufs Neue verhängten und bis zum Oktober desselben Jahres währenden Elbblockade wurden von England die Erleichterungen, die während der vorigen Blockade nach und nach bewilligt worden waren, wieder zugestanden. Auch abgesehen hiervon, scheint diese Blockade nicht sehr rigoros gehandhabt worden zu sein. In Frankreich hegte man damals den Argwohn, daß sich Preußen und England bei ihren Sperrmaßregeln wechselseitig durch die Finger sähen. In einem Brief an den französischen Gesandten in Hamburg vom 9. Juli 1806 behauptete Talleyrand, daß 14 Tage zuvor mit einer einzigen Fluth 80 Schiffe, darunter 20 Dreimaster (75 mit englischen Waaren befrachtet) in die Elbe eingelaufen seien. England hatte eben ein großes Interesse daran, seine Waaren durchzubringen.

Von einer wirklichen Katastrophe wurde der hamburgische Handel gegen Ende des Jahres 1806 betroffen.

Wieviel Schiffe in der Zeit der französischen Okkupation Hamburgs von den Engländern genommen oder festgehalten sind, läßt sich auf Grund des bisher bekannt gewordenen Materials nicht berechnen. Der Verlust von 32 Assekuranzkompagnien wurde im Anfang des März 1809 von Joh. E. F. Westphalen in einer an den Gesandten Bourrienne gerichteten Eingabe auf 9 283 150 Mark Banko = 13 857 225 Reichsmark geschätzt. Er fügt hinzu: der Verlust der Privatversicherer und der nicht versicherten Kaufleute sei vielleicht noch größer gewesen, so daß man den Verlust der Versicherer und Kaufleute auf über 30 Millionen in etwa 2 Jahren ansetzen kann.

Zu dem Verlust der weggenommenen Schiffe und Waaren kam der Schaden, den man dadurch erlitt, daß die übrigen Schiffe — mit wenigen Ausnahmen — während der Zeit der französischen Okkupation Hamburgs entweder in den Häfen, in denen sie sich Ende 1806 gerade befanden, oder im hamburgischen Hafen stille lagen. Es wird in der Darstellung der Geschichte der Kontinentalsperre häufig übersehen, daß nach einem Befehl Napoleons vom Oktober 1807 jedes Auslaufen eines Schiffes aus der Elbe und Weser untersagt war. „Das vollständige Verbot bringt weniger Nachtheil, als wenn man einen einzigen Menschen oder den Werth eines einzigen Thalers nach England gelangen ließe.“ In der Folge konnte das Auslaufen von Schiffen aus der Elbe in der That nur nach Erlangung theuer bezahlter Licenzen oder sonstiger spezieller Erlaubniß der Behörden ermöglicht werden. Westphalen nimmt nun an, daß Hamburg im Jahre 1806 220 Schiffe im Werthe von 9 300 000 Mark Banko besessen, und veranschlagt den Schaden, der von dem Stilliegen der Schiffe zu gewärtigen sei, auf 4½ Millionen Mark Banko = 6¾ Millionen Reichsmark. Interessant sind in dieser Beziehung auch die Ausführungen des Direktors A. Diederichs-Bonn in der Flottenumfrage der „Münchener Allgemeinen Zeitung“ über die Folgen der Blockade:

„Statt diese schrecklichen Folgen auszumalen, berichte ich folgende Einzelheit aus der Vergangenheit meines Geburtsorts.

Während der napoleonischen Kontinentalsperre gerieth die lebhaften Handel mit Frankreich und den Niederlanden, namentlich Brüssel, treibende und laut »Cannabich« alljährlich Millionen Pfund Eisenwaaren nach Nordamerika und Westindien versendende Industrie Remscheids, soweit sie für überseeische Länder arbeitete, ins Stocken. Meines Vaters Nachbarn und Namensvettern, die damals bedeutendsten Kaufleute Gottlieb, Johann Peter und Franz Diederichs, welche nach dem Grundsatz »leben und leben lassen« ein Herz für die (meistens selbständigen) Arbeiter hatten und deshalb bei diesen ihren Lieferanten beliebt waren, sannen wagemuthig auf Mittel, der eigenen und der Arbeiter Erwerbslosigkeit abzuhelfen, und da der Blockade wegen die hanseatischen Rheder keine Handelsschiffe auslaufen ließen, denen genannte Brüder auch ihre für Nordamerika bestimmten Waaren hätten anvertrauen können, so blieb den Herren für ihren Zweck nur das Wagniß übrig, ein ganzes Schiff mit ihren eigenen Waaren zu füllen und dessen Entwischung in den Ocean zu versuchen. Aber das Schiff wurde gekapert, seine Befrachter fast zu Grunde gerichtet und ihre Lieferanten schwer geschädigt. Die arbeitslosen Schmieden erboten sich ein zweites Mal zu Lieferungen. Diesmal konnte sich das Schiff zwar vor den Verfolgern noch rechtzeitig in die Elbe retten, aber dort mußte es dann auch bleiben und seine Waaren zur zweiten schweren Schädigung ihrer Verfertiger und zum endgültigen Ruin ihrer Absender verrosten sehen."

Welch allgemeines Elend wäre damals in Remscheid entstanden, wenn es — wie das bei der zunehmenden Ausbreitung der Industrie über ganz Europa in Zukunft immer mehr der Fall sein wird — nur für überseeische Länder gearbeitet und schon statt 7000 Einwohner seine jetzigen 50 000 besessen hätte?"

Fragt man nun nach den dauernden wirthschaftlichen Folgen der französischen Okkupation und der englischen Blockade (von 1806 bis 1813/14), so ist in erster Linie der Ruin der hamburgischen Industrie hervorzuheben. Die 400 hamburger Zuckerraffinerien, die (nach Westphalens Angabe) 2200 Menschen beschäftigt hatten, die Kattundruckereien, die in Hamburg und dessen Umgebung angeblich 3000 Menschen mit Arbeit versahen, und die Tabakfabriken, die 1500 Arbeitern Verdienst gegeben haben sollen, wurden **zu Grunde gerichtet**.

Die hamburgische Industrie mußte nach den Freiheitskriegen wieder von vorne anfangen, vermochte jedoch nur langsam wieder emporzukommen. Verhältnißmäßig schnell wurde dagegen der Handel wieder belebt. Hierbei ist aber zu beachten, daß Hamburg damals eigentlich ein englischer Importhafen war und die Engländer Interesse daran hatten, den hamburgischen Handel schnell wieder in die Höhe zu bringen. Bereits im Mai 1814 begann die Zufuhr englischer Waaren. Nicht nur von Großbritannien direkt, sondern auch von Jersey, Guernsey und von Helgoland her wurden die aufgestapelten Lager nach Hamburg entleert. Der englische Import scheint eine Zeit lang jeden anderen Handelsbetrieb überwogen zu haben. Charakteristisch ist, daß sich alsbald nach der Befreiung der Stadt hier 37 englische oder schottische Handlungshäuser (zum Theil allerdings von deutscher Herkunft) etablirten. Doch wurde allmählich auch der Handel mit den übrigen Theilen Europas (abgesehen von den Häfen des Mittelländischen Meeres, die wegen der Barbareskengefahr nicht erreicht werden konnten) und ebenso mit Amerika wieder angeknüpft.

Hinsichtlich des Handels mit Amerika gereichte es den Hamburgern allerdings zum Nachtheil, daß die Engländer während der Kontinentalsperre dort fast zu einer kommerziellen Alleinherrschaft gelangt waren. Noch lange Zeit hat darunter der hanseatische Handel, **länger noch die binnenländische deutsche Industrie** zu leiden gehabt. Erst allmählich ist dank der hanseatischen Energie auch dieser Schaden nach beiden Richtungen hin überwunden worden.

Schiffbau.

An dem Schiffbau der Welt ist Deutschland in neuerer Zeit in erheblich steigendem Umfang betheiligt. Noch vor drei Jahrzehnten besaß es nur einige kleine ganz unbedeutende Werften; heute dagegen verfügt es über eine Reihe von Schiffbauanstalten, die den allerhöchsten Anforderungen genügen. Dieser Aufschwung ist vor allen Dingen dem deutschen Kriegsschiffbau zu danken. Von 1873 bis 1879 baute Deutschland nach Kiaer 117 Dampfer mit 42 000 Tonnen Gehalt und 902 Segelschiffe mit 209 000 Tonnen Gehalt für die heimische Handelsflotte. Das ergiebt eine Leistung an Tragfähigkeit von 334 000 Tonnen. Dagegen kaufte es in dieser

Zeit 99 Dampfer mit 100 000 Tonnen und 420 Segelschiffe mit 207 000 Tonnen, eine Tragfähigkeit von 507 000. Von 1886 bis 1890 baute es 211 Dampfer mit 262 000 Tonnen und 274 Segelschiffe mit 81 000 Tonnen; es kaufte 163 Dampfer mit 220 000 Tonnen und 132 Segelschiffe mit 155 000 Tonnen. Die Tragfähigkeit der gebauten Schiffe belief sich auf 567 000 Tonnen, die Tragfähigkeit der gekauften auf 816 000 Tonnen. Von 1891 bis 1895 wurden gebaut 266 Dampfer mit 224 000 Tonnen, 327 Segelschiffe mit 91 000 Tonnen. Gekauft wurden 116 Dampfer mit 157 000, 174 Segelschiffe mit 121 000 Tonnen. Die Tragfähigkeit der gebauten Schiffe betrug 762 000 Tonnen, die der gekauften 593 000 Tonnen.

Es zeigt sich also, daß, während noch in den 70er Jahren das Verhältniß der Vergrößerung der Handelsflotte für gebaute und gekaufte Schiffe sich verhielt wie 3 : 5, Ende der achtziger Jahre das Verhältniß wie etwa 3 : 4, von 1891 bis 1895 aber sich das Verhältniß umkehrte und nun etwa wie 5 : 4 stand. 1895 wurde eine Tragfähigkeit von 207 000 deutschen und nur noch 128 000 fremden Tonnen hinzugefügt; das Verhältniß stellte sich wie 8 : 5.

In Geld ausgedrückt, ergiebt sich die Steigerung des deutschen Schiffbaues aus folgenden authentischen Angaben.

Auf zehn der größten deutschen Werften wurden gebaut:

1871—1880	für	6 500 000	Mark,
1881—1890	„	87 900 000	„
1891—1896	„	103 000 000	„

Schiffe für die deutsche Handelsmarine; also in den

70er	Jahren	jährlich	für	650 000	Mark,
80er	„	„	„	8 790 000	„
90er	„	„	„	17 000 000	„

Im Ganzen wurden auf 12 deutschen Werften in dieser Zeit für 292 500 000 Mark deutsche Handelsschiffe gebaut; außerdem für 22 900 000 Mark Schiffe für fremde Handelsflotten.

Die 10 gedachten Werften bauten für fremde Handelsflotten

					im Jahresdurchschnitt	
in	den	70er	Jahren	für	60 000	Mark,
„	„	80er	„	„	420 000	„
„	„	90er	„	„	1 900 000	„

Auch die Gewerbezählung vom 14. Juni 1895 zeigt ein gleich günstiges Bild. Es ergaben sich: 1130 Schiffbaubetriebe mit 35 000 beschäftigten Personen. Darunter waren 46 Betriebe mit mehr als 50 Arbeitern, die im Ganzen 28 600 Arbeiter beschäftigten. Am 5. Juni 1882 hatte es zwar mehr Betriebe gegeben, aber nur 23 000 beschäftigte Personen. Die Zahl der Beschäftigten ist seitdem um 56,9 pCt. gestiegen. In den Betrieben mit mehr als 50 Personen vermehrte sich die Zahl der Beschäftigten um 70,7 pCt.

Die Gewerbezählung von 1875 hatte 1408 Betriebe, aber nur 11 100 beschäftigte Personen gezählt; seit 1875 hat sich die beschäftigte Personenzahl mehr als verdreifacht. Die im Schiffbaubetriebe verwendeten Pferdekräfte, die zur Erhebung gelangten, haben seit 1875 um fast 800 pCt. zugenommen; ihre Zahl stieg von 1121 auf 8556. Die Vermehrung ist thatsächlich noch eine viel größere, weil auf den großen Werften, namentlich in Hamburg und Stettin, jetzt vielfach elektrische Kraft benutzt wird; die mit dieser betriebenen Pferdekräfte sind in der Zählung von 1895 nicht mit zur Erhebung gelangt.

Von den deutschen Schiffbaubetrieben liegen 193 an der See. Sie vertheilen sich mit 58 Betrieben und 13 700 Personen auf die Ostsee und mit 135 Betrieben und 14 400 Personen auf die Nordsee.

Im Jahre 1895 wurden nach Kiaer in den 13 wichtigsten Ländern 1177 Dampfschiffe mit 800 000 Tonnen und 2337 Segelschiffe mit 159 000 Tonnen Raumgehalt gebaut — dies entspricht einer Tragfähigkeit von 2 559 000 Tonnen. Davon entfielen auf Großbritannien 2 010 000 Tonnen, auf Deutschland 199 000 Tonnen, auf die Vereinigten Staaten 180 000 Tonnen, der Rest auf die übrigen Staaten.

Schiffsbestand.

Die Begründung zum Flottengesetzentwurf sagt:

„§ 1 des Flottengesetzentwurfs, Ziffer 1, setzt den Sollbestand an Linienschiffen, Küstenpanzerschiffen, großen und kleinen Kreuzern fest. Dieser Sollbestand ist getrennt in verwendungsbereite Schiffe, d. h. Schiffe, welche im Dienst sind oder zur Indienststellung fertig sein sollen, und in die Material-Reserve, d. h. Schiffe, welche zum Ersatz für reparaturbedürftige Schiffe bestimmt sind.

Diese Trennung ist erforderlich, weil für die als Material-Reserve bestimmten Schiffe weder Indiensthaltungen noch Personal vorzusehen sind.

Zur besseren Uebersicht dient folgende Nachweisung:

19 Linienschiffe . . .	Flaggschiff	1
	2 Geschwader zu je 8 Schiffen	16
	Material-Reserve	2
		19
8 Küstenpanzerschiffe .	2 Divisionen zu je 4 Schiffen	8
12 große Kreuzer . .	Schlachtflotte (zum Aufklärungs- und Sicherheitsdienst) . .	6
	Ausland	3
	Material-Reserve	3
		12
30 kleine Kreuzer . .	Schlachtflotte (zum Aufklärungs- und Sicherheitsdienst) . .	16
	Ausland	10
	Material-Reserve	4
		30

Eine gesetzliche Festlegung von Schiffszahlen für das Zubehör einer Marine — Schulschiffe, Spezialschiffe und Kanonenboote — ist nicht thunlich, da der Bedarf an solchen Schiffen nicht in gleicher Weise wie bei der Schlachtflotte dauernd feststeht, sondern Schwankungen unterworfen ist. Ebensowenig empfiehlt es sich, die Sollstärke der Torpedofahrzeuge gesetzlich festzulegen.

Auf den gesetzlichen Sollbestand können von den am 1. April 1898 vorhandenen und im Bau befindlichen Schiffen als kriegsbrauchbarer Istbestand in Anrechnung gebracht werden.

Linienschiffe	Küstenpanzer-schiffe	Große Kreuzer	Kleine Kreuzer
„Brandenburg“-Klasse . . 4 „Sachsen“-Klasse . . 4 „Oldenburg“ 1 „Kaiser Friedrich“-Klasse 3 Istbestand 12	„Siegfried“-Klasse 8 Istbestand 8	„König Wilhelm“ „Kaiser“ „Deutschland“ „Kaiserin Augusta“ „Victoria Louise“ „Hertha“ „Freya“ „Fürst Bismarck“ Kreuzer „M“ Kreuzer „N“ Istbestand 10	„Irene“ „Prinzeß Wilhelm“ „Gefion“ „Arcona“ „Alexandrine“ „Seeadler“ „Cormoran“ „Condor“ „Geier“ „Falke“ „Bussard“ „Schwalbe“ „Sperber“ „Greif“ „Blitz“ „Pfeil“ „Wacht“ „Jagd“ „Zieten“ „Meteor“ „Komet“ „Hela“ Kreuzer „G“ Istbestand 23

Die übrigen noch vorhandenen Schiffe*) kommen für eine Kriegsverwendung auf hoher See infolge ihrer Konstruktion und Armirung nicht in Betracht. Dieselben dienen im Frieden als Schulschiffe oder Spezialschiffe und können im Kriege im Troß oder als schwimmende Batterien zur lokalen Hafenvertheidigung Verwendung finden.“

---

*) Anmerkung. Schulschiffe: „Mars“, „Charlotte“, „Stosch“, „Stein“, „Moltke“, „Gneisenau“, „Blücher“, „Nixe“, „Carola“ „Olga“, „Marie“, „Sophie“, „Grille“, „Rhein“.
Spezialschiffe: „Hohenzollern“, „Kaiseradler“, „Pelikan“, „Möwe“, „Albatroß“, „Preußen“, „Friedrich der Große“, „Friedrich Carl“, „Kronprinz“, „Arminius“.
Kanonenboote: 13 Panzerkanonenboote, „Habicht“, „Wolf“, „Hyäne“.

Schlachtflotte.

In der Sitzung des Reichstags am 1. Februar 1889 wies der damalige Referent für den Marineetat, der Abg. Kalle, darauf hin, daß unsere Schlachtflotte zurückgegangen sei, und sagte dann: „Meine Herren, wollen Sie überhaupt eine Schlachtflotte — und Sie wollen sie nach ihren eigenen Aeußerungen haben, so müssen Sie sich dazu entschließen, die angeforderten vier Schlachtschiffe zu bewilligen. Wir bedürfen in der That der Flotte. Keine Großmacht kann sie heute entbehren, Deutschland vielleicht weniger als andere; Deutschland, viel befeindet, viel beneidet, mit wachsender Bevölkerung, mit wachsender Konsumtion und Produktion, wachsendem Export und Import, mit stets sich ausdehnendem Handel!"

Der Reichskanzler Graf v. Caprivi sagte am 27. Februar 1892 über die Nothwendigkeit, die Schlachtflotte in schlagfertigem Zustande bereit zu halten, folgendes:

„Nun kommt bei einer Seeschlacht, und zwar bei der ersten Seeschlacht, viel darauf an, daß man stark ist; denn die erste Seeschlacht entscheidet vielleicht über das Schicksal des Seekrieges definitiv. Ich kann nicht, wie beim Landkrieg, wenn ich eine Aufstellung an der Grenze genommen habe und noch schwach bin und zurückgedrängt werde, morgen 2, 3 Meilen rückwärts eine neue Aufstellung nehmen. Eine Seeschlacht, wenn sie energisch durchgeschlagen wird, wird immer mit der Vernichtung eines großen Theils der beiderseitigen Streitkräfte endigen; und diese Seeschlacht an einer anderen Stelle im Wasser wieder aufzunehmen, ist voraussichtlich ausgeschlossen. Also auf die erste Entscheidung kommt auf dem Wasser noch mehr an als auf dem Lande.

Wird das zugegeben, so müssen wir einmal **an Schiffen so stark sein, als wir sein können**; zweitens müssen wir aber auch schnell auftreten können. Wir müssen im Stande sein, **mit so vielen Schiffen als irgend möglich** dem Gegner, der auch schnell auftritt, überlegen zu sein."

Um Mitte der 80er Jahre, als die Wogen der Torpedomanie am höchsten gingen, schrieb Graf Caprivi, damals ein Förderer des Torpedowesens:

„Ohne den Hintergrund von gepanzerten Schlachtschiffen, ohne die Sicherheit, in einer gesammelten, kampfbereiten Hochseeflotte nöthigenfalls ausgiebige Unterstützung finden zu können, würde ein der Weltstellung des Deutschen Kaiserreiches angemessenes Auftreten jener Schiffe des politischen Dienstes auf die Dauer nicht gewährleistet sein." (Denkschrift, betreffend die weitere Entwickelung der Kaiserlichen Marine vom 11. März 1884.)

Der Abg. Dr. Lieber sagte am 9. März 1894: „Der Panzer »Preußen« ist einer der ältesten jener 14 Hochseepanzer, welche, dem Flottengründungsplan von 1873 entsprechend, vom Reichstage jederzeit als diejenige Zahl von großen Panzern anerkannt worden ist, die auch nur für die beschränkten Zwecke der Vertheidigung der vaterländischen Küste durchaus nothwendig ist. Es ist auch nicht nur im Flottengründungsplan von 1873 und seitdem immer von der Reichs-Marineverwaltung der Standpunkt vertreten worden, daß abgehende von diesen 14 Panzern durch neue ersetzt werden müßten, sondern es hat dieser Grundsatz auch jederzeit im **Reichstag** Anerkennung gefunden. Ich rede im Augenblick nicht davon, ob eine derartige Ersatzforderung im Augenblick bewilligt werden soll; ich stelle aber fest: Der Grundsatz, daß die Zahl von 14 Hochseepanzern erhalten werden soll, ist auch vom Reichstage anerkannt worden."

Derselbe Herr äußerte später an demselben Tage:

„Der Herr Abgeordnete Richter hat dabei auch von dem Nord-Ostsee-Kanal gesprochen. Ja, meine Herren, wir haben wesentlich zur Deckung des Nord-Ostsee-Kanals mehrere Kreuzer im Laufe der Jahre bewilligt; aber von Anfang an war für die lokale Vertheidigung unserer Küste bei den einzelnen Häfen eine Reihe von schwimmenden Batterien und Monitors in Aussicht genommen neben den für die lebendige Küstenvertheidigung bestimmten 14 sogenannten Hochseepanzern — eine Reihe von, sage ich, schwimmenden Batterien und Monitors, an deren Stelle jetzt die Panzerfahrzeuge der „Siegfried"-Klasse getreten sind. Also es hat sich gar nichts in dieser Beziehung gegen die ursprünglichen Pläne geändert, und der Reichstag hat, indem er für die Bewilligung von Panzerschiffen 4. Klasse, wie sie jetzt heißen, eingetreten ist, zu erkennen gegeben, daß er das Bedürfniß derselben neben den großen und schweren 14 sogenannten Hochseepanzern anerkennt."

Die Begründung zum Flottengesetzentwurf sagt:

„Die Anzahl der für die lebendige Küstenvertheidigung erforderlichen Linienschiffe, aus denen die Schlachtflotte bestehen muß, um dieser Aufgabe gewachsen zu sein, ist von der Stärke der Gegner abhängig.

Welche Gegner im nächsten Jahrhundert in Betracht kommen, wie stark dieselben, sei es allein oder im Bunde miteinander, sein werden, und wieviel Linienschiffe sie von ihrer Gesammtzahl gegen uns verfügbar machen können, läßt sich nicht voraussehen. Nur das wird als sicher angenommen werden können, daß wir einer größeren Uebermacht gegenüber stehen werden, als im Jahre 1873 vorausgesetzt wurde, denn seit jener Zeit haben sämmtliche Nachbarmächte ihre Kriegsmarine erheblich verstärkt. Wenn nun im Jahre 1873 die Zahl von 14 Linienschiffen als das Mindestmaß erachtet wurde, so wird heute eine Steigerung um 2 Schiffe, sodaß wir für jedes unserer heimischen Meere ein Geschwader zu je 8 Schiffen formiren können, schon allein aus diesem Grunde als eine hohe Forderung nicht angesehen werden können.

Zur Beschaffung dieser Zahl von Linienschiffen zwingt aber noch eine andere Ueberlegung. Damit die Schlachtflotte auch im Gefecht mit einer überlegenen Flotte eine Möglichkeit des Erfolges hat, muß die eigene Gefechtsformation so viele Schiffe enthalten, als in einer Formation einheitlich geleitet und zur vollen Ausnutzung gebracht werden können. Dies sind nach unseren eingehenden Erprobungen 16 Schiffe — eine Flotte aus zwei Geschwadern zu je 8 Schiffen. Geht die feindliche Formation über diese Zahl hinaus, so kann das Mehr an Schiffen nicht zur vollen Ausnutzung gebracht werden, bildet sogar insofern ein Moment der Schwäche, als es die Leitung der Formation erschwert und die Beweglichkeit derselben vermindert. Geht die eigene Flotte unter diese Zahl herunter, so vermindert sich für den Kampf mit einer überlegenen Flotte die Aussicht auf Erfolg ganz unverhältnißmäßig.

Zur Führung der 16 Schiffe bedarf der kommandirende Admiral eines Flaggschiffes. Da dieses Schiff dem Gefecht der Linienschiffe nicht fernbleiben kann, muß es ebenfalls ein

Linienschiff sein. Aus diesem Grunde sind die verbündeten Regierungen gezwungen, noch ein 17. Linienschiff zu fordern.

Um aber jederzeit 17 verwendungsbereite Linienschiffe zur Verfügung zu haben, bedarf es einer Reserve von Schiffen, welche schon im Frieden in die Formationen eingestellt werden können, wenn Schiffe reparaturbedürftig werden. Anderenfalls entstehen in den Formationen Lücken, und es tritt dann bei der Mobilmachung doch der Fall ein, daß nicht 17 Schiffe verwendungsbereit sind. Der Gesetzentwurf sieht für je 8 Linienschiffe ein Schiff als Materialreserve vor.

Der Mehrbedarf an Linienschiffen gegen die bisherige Zahl 14 beziffert sich demnach auf 5 Schiffe*); nämlich:

2 Schiffe zur Vervollständigung der taktischen Formationen,
1 Flottenflaggschiff,
2 Schiffe als Materialreserve.

Eine Schlachtflotte besteht aber nicht nur aus Linienschiffen, sondern sie bedarf heute ebenso wie in früherer Zeit zahlreicher Aufklärungs- und Vorpostenschiffe. Ferner ist gegen früher noch die Nothwendigkeit hinzugetreten, die auf dem Marsche, zu Anker oder im Gefechte befindliche Schlachtflotte durch vorgeschobene schnelle Kreuzer gegen Torpedobootsangriffe zu schützen. Schon in der vorigen Session des Reichstags ist darauf hingewiesen worden, daß in England auf jedes Panzerschiff der Schlachtflotte 2, in Frankreich 1 bis 2 Kreuzer gerechnet werden. Nach unseren Erfahrungen sind für die rangirte Schlachtflotte von 17 Linienschiffen und die beiden Küstenpanzerschiffsdivisionen zum Aufklärungs- und Sicherheitsdienst sowie zum Schutze gegen Torpedobootsangriffe:

6 große Kreuzer und
16 kleine Kreuzer

erforderlich. Kleine Kreuzer allein genügen nicht, weil auf einen Zusammenstoß mit den gegnerischen Aufklärungsgruppen, welche durchweg auch Schiffe größerer Gefechtsstärke enthalten,

*) Anmerkung. Dieser Mehrbedarf von 5 Linienschiffen macht indeß an Personal nur eine weitere Besatzung — die Stammbesatzung des 15. und 16. Schiffes (S. 15 letzter Absatz) — und die Indiensthaltung eines weiteren Schiffes nothwendig. Auf das Flottenflaggschiff kommen das Personal und die Indiensthaltungskosten des bisherigen Torpedoschulschiffs (S. 23, Schulschiffe) in Anrechnung. Für die Schiffe der Material-Reserve sind weder Indiensthaltungen noch Personal vorzusehen.

gerechnet werden muß, und daher die eigenen Aufklärungsgruppen, um sich Kenntniß von Stärke und Standort des Feindes zu verschaffen, oder um die Bewegungen der eigenen Flotte dem Feinde zu verbergen, Kraft zum Widerstande gegen diese feindlichen Kreuzer besitzen müssen. Eine derartige Widerstandskraft kann aber nur durch große Kreuzer, nicht durch eine größere Anzahl kleiner Kreuzer gegeben werden.

Schon im Eingange der Begründung ist darauf hingewiesen worden, daß eine Schlachtflotte, um im Kriege leisten zu können, was man zu erwarten berechtigt ist, eines bestimmten Maßes von Friedensindiensthaltungen bedarf. Vom Umfange dieser Indiensthaltungen ist die Organisation der Schlachtflotte abhängig.

Aufgabe dieser Organisation ist es, die Sicherheit zu schaffen, daß:

1) im Mobilmachungsfalle für jedes Schiff der Schlachtflotte eine ausgebildete Besatzung vorhanden ist, so daß der maschinelle Betrieb des Schiffes in allen Theilen gesichert ist und die Waffen des Schiffes in vollkommenster Weise ausgenutzt werden können;

2) Kommandant und Offiziere geübt sind, mit dem Schiffe in rangirter Formation zu fahren, zu manövriren und zu fechten;

3) der Flottenführer und seine Stellvertreter den rangirten Schlachtkörper als Ganzes zu handhaben und möglichst günstig an den Feind heranzubringen verstehen.

Sind diese drei Bedingungen nicht erfüllt, so wird nicht nur jegliche Kriegsleistung in Frage gestellt, sondern man setzt die heutigen komplizirten Schiffe auch schon vor der Begegnung mit dem Feinde den gefährlichsten Katastrophen aus.

Im Jahre 1891 wurde die Zahl der im Dienste zu haltenden Schiffe der Schlachtflotte auf die Hälfte der Gesammtzahl bestimmt. Im Kriegsfalle sollte jedes im Dienste befindliche Schiff die Hälfte seiner ausgebildeten Besatzung an ein zweites, bis dahin außer Dienst befindliches Schiff abgeben, die Auffüllung der Besatzungen durch Reservisten erfolgen, und so die ganze Schlachtflotte bereitgestellt werden.

Diese Organisation ermöglicht zwar die Ausbildung und würde auch als ausreichend angesehen werden können, wenn sie nicht den schwerwiegenden Nachtheil hätte, daß in den ersten Tagen der Mobilmachung keine sofort verwendungsbereiten Schiffe zur Verfügung stehen.

Da die benachbarten größeren Seemächte eine Anzahl von Schiffen in sofort verwendungsbereiten Kriegsformationen bereits im Frieden im Dienste halten, so müssen wir damit rechnen, daß diese Streitkräfte uns unmittelbar nach der Kriegserklärung angreifen.

Wir würden dann genöthigt sein, dem Feinde mit unseren im Frieden im Dienste befindlichen Schiffen entgegenzutreten, bevor die Reservisten eingetroffen sind und die Theilung der Besatzungen nebst Indienststellung der zweiten Hälfte der Schiffe stattgefunden hat. Dadurch würde die Mobilisirung der zweiten Hälfte der Schiffe in Frage gestellt werden und der Gegner in der Bereitstellung seiner gesammten Streitmacht einen Vorsprung erlangen, der ihm ermöglicht, diese seine gesammte Streitmacht gegen uns zu verwenden, bevor bei unseren Schiffen eine Theilung der Besatzungen möglich geworden ist. Außerdem muß darauf hingewiesen werden, daß jeder Verlust eines Schiffes, das seine Besatzung noch nicht getheilt hat, auch den Verlust der Stammbesatzung des zweiten Schiffes in sich schließen würde.

Um dieser Gefahr vorzubeugen, ist es bereits in den letzten Jahren nothwendig gewesen, mit dem vorhandenen Personal in erster Reihe ein sofort verwendungsbereites Geschwader im Dienste zu halten, bei welchem eine Theilung der Besatzungen nicht stattfinden sollte.

Die künftige Organisation der Schlachtflotte ist derart in Aussicht genommen, daß von den Linienschiffen die Hälfte, von den Aufklärungsschiffen 1/3 in sofort verwendungsbereite — aktive — Verbände formirt wird, welche im Mobilmachungsfall ihre vollen Friedensbesatzungen behalten. Für die zweite Hälfte der Linienschiffe, sämmtliche Küstenpanzerschiffe und 2/3 der Aufklärungsschiffe soll die bisherige Organisation — Theilung der Besatzungen im Mobilmachungsfalle — beibehalten werden. Diejenigen Schiffe, welche im Frieden im Dienste sind und im Mobilmachungsfall ihre Besatzungen theilen, heißen Stammschiffe. Dieselben bilden zusammen mit den außer Dienst befindlichen Schiffen, welche die Hälfte der

Besatzungen empfangen, die Reserveformationen der Schlachtflotte.

Von diesen Reserveformationen bedürfen diejenigen, welche aus Linienschiffen oder Küstenpanzerschiffen bestehen, einer in bestimmten Zeitabschnitten zu wiederholenden Aktivirung, um Uebungen im taktischen Verbande vornehmen zu können. Bei den Aufklärungsschiffen liegt dies Bedürfniß in geringerem Maße vor, da bei diesen die Ausbildung im taktischen Verbande weniger wichtig ist. Ferner ist es nothwendig, die Theilung der Besatzungen und Indienststellung der zweiten Schiffe wenigstens bei einer Formation alljährlich zu üben. Aus diesen Gründen ist im Gesetzentwurf vorgesehen, daß außer den dauernden Indiensthaltungen jährlich 2 Linienschiffe oder Küstenpanzerschiffe auf 2 Monate in Dienst gestellt werden können. Da 4 Reserveformationen zu je 4 Schiffen vorhanden sind, ist es hierdurch ermöglicht, jede Reserveformation in Zwischenräumen von 4 Jahren einmal vorübergehend zur Uebung zu aktiviren.

Um die Kosten für die vermehrten Indiensthaltungen möglichst zu beschränken, sollen Schiffe der Schlachtflotte für die sonstigen Aufgaben der Marine (Schulschiffe und Spezialschiffe), soweit dies angängig, nutzbar gemacht werden. Es ist dies im II. Theil näher ausgeführt worden.

Die Aufgabe der Schlachtflotte ist die Vertheidigung der heimischen Küsten. Ausschließlich hiernach ist Zahl und Größe der Schiffe bemessen. Größeren Seemächten gegenüber hat die Schlachtflotte lediglich die Bedeutung einer Ausfallflotte. Jede weitergehende Verwendung ist durch die geringe Stärke, welche das Gesetz festlegt, ausgeschlossen. Daß die vorhandenen Linienschiffe, Kreuzer und Torpedoboote gegen schwächere Seemächte, falls Deutschlands Interessen es erheischen, auch zur offensiven Verwendung gelangen werden, bedarf keiner besonderen Ausführung. —"

„Die Indiensthaltungen für die heimische Schlachtflotte, wie sie gesetzlich festgelegt werden sollen, werden durch nachstehende Tabelle erläutert:

Planmäßige Formation	Besteht aus Linienschiffen	Küstenpanzerschiffen	großen Kreuzern	kleinen Kreuzern	Davon im Dienst Linienschiffe	Küstenpanzerschiffe	große Kreuzer	kleine Kreuzer	Davon außer Dienst Linienschiffe	Küstenpanzerschiffe	große Kreuzer	kleine Kreuzer
Flotten-flaggschiff (für die aus den beiden Linienschiffsgeschwadern zu bildende Flotte) . . .	1	—	—	—	1	—	—	—	—	—	—	—
1 aktives Linienschiffsgeschwader	8	—	—	—	8	—	—	—	—	—	—	—
1 Reserve-Linienschiffsgeschwader	8	—	—	—	4	—	—	—	4	—	—	—
2 Reserve-Küstenpanzerschiffs-Divisionen . .	—	8	—	—	—	4	—	—	—	4	—	—
2 aktive Aufklärungsgruppen	—	—	2	6	—	—	2	6	—	—	—	—
4 Reserve-Aufklärungsgruppen	—	—	4	10	—	—	2	5	—	—	2	5
Im Ganzen . .	17	8	6	16	13	4	4	11	4	4	2	5
	47				32				15			

Diese Indiensthaltungen werden sich in vollem Umfange erst nach Ergänzung des Schiffs- und Personalbestandes durchführen lassen."

Die Indiensthaltungskosten für die Schlachtflotte werden sich 1904 auf 13,7 Millionen Mark, d. h. 51 pCt. der gesammten Indiensthaltungskosten, belaufen, während die entsprechenden Zahlen für 1897 9,0 Millionen Mark und 50 pCt. sind. Hierbei sind die Indiensthaltungskosten derjenigen Schiffe der Schlachtflotte, welche im Frieden als Schulschiffe oder Spezialschiffe Verwendung finden, den Ausgaben für letztere Schiffe hinzugerechnet worden.

Die Mannschaftsstärke, welche im Jahre 1904 die Schlachtflotte in Anspruch nimmt, beträgt 12 423 oder 49 pCt. der Gesammtstärke, während sie 1897 7 924 oder 46 pCt. der letzteren betrug. Hierbei ist das Personal für diejenigen Schiffe der Schlachtflotte, welche im Frieden als Schulschiffe oder Spezialschiffe Verwendung finden, letzteren zugerechnet.

Warum die Schlachtflotte nicht zu entbehren ist, geht aus den Ausführungen hervor, die die Artikel „Blockadeabwehr“, „Entwickelung des Flottenmaterials“, „Küstenvertheidigung“ und „Seehandelschutz“ enthalten.

Der Staatssekretär des Reichs-Marine-Amts, Kontreadmiral Tirpitz, betonte am 6. Dezember 1897 in seiner Rede: „Ich wiederhole, meine Herren: unsere Schlachtflotte hat den Zweck einer Schutzflotte; **sie ändert ihren Charakter, der ihr in großer Zeit von großen Männern gegeben ist, durch den vorliegenden Gesetzentwurf in keiner Weise;** sie bedarf, um ihren Zweck zu erfüllen, um überhaupt einen Daseinszweck zu haben, einer Minimalstärke, und diese Minimalstärke konzentrirt sich in erster Linie um die beiden Geschwader zu je acht Schiffen. Geht unsere Flotte unter die Stärke herunter, die das Gesetz vorschlägt, so verliert sie ganz unverhältnißmäßig an Werth und wird sehr bald überhaupt keinen Daseinszweck mehr haben. **Das Geld und die Arbeit, welche für diese Flotte aufgewandt worden sind, würden im Falle eines Krieges umsonst aufgebracht worden sein.**“

Schulschiffe

rechnen zum Zubehör der Marine.

Man unterscheidet:

- Kadetten- und Seekadettenschulschiffe,
- Schiffsjungenschulschiffe,
- das Artillerieschulschiff,
- das Torpedoschulschiff,
- das Minenschulschiff und
- das Schulschiff zur Ausbildung in der Küstenkenntniß.

Auf dem Kadettenschulschiff erhalten die in die Marine eintretenden Kadetten (Offizieraspiranten) ihre erste militärisch-seemännische Ausbildung.

Auf den Schiffsjungenschulschiffen werden die in die Marine eintretenden Schiffsjungen zu Matrosen herangebildet. Diese Schiffe entsprechen etwa den Unteroffizierschulen der Armee.

Beide Schiffsklassen dienen gleichzeitig als Schulschiffe für die Seekadetten, zu welcher Charge die Kadetten nach einem Jahr befördert werden.

Das Artillerieschulschiff „Mars“ mit seinen Beischiffen hat allgemein die Aufgabe, der Flotte als Schießschule zu dienen.

Das Torpedoschulschiff, z. Z. noch die entsprechend umgebaute frühere Kreuzerfregatte „Blücher“, hat die gleiche Aufgabe hinsichtlich des gesammten Torpedodienstes, und ebenso das Minenschulschiff dieselbe hinsichtlich des Minendienstes.

Das Fahrzeug zur Ausbildung in der Küstenkenntniß dient dazu, die Offiziere mit den Fahrwasserverhältnissen der heimischen Gewässer vertraut zu machen.

Schutz der Deutschen im Ausland.

Die Verfassung des 1871 gegründeten Deutschen Reichs sagt in ihrem Artikel 3:

„Dem Auslande gegenüber haben alle Deutschen gleichmäßigen Anspruch auf den Schutz des Reiches.“

Der frühere englische Premierminister Lord Beaconsfield erklärte auf eine parlamentarische Anfrage wegen eines überseeischen Zwischenfalls:

„Die Regierung bedurfte nicht erst der Mahnung, ihre ernste Pflicht zu thun. Sie hat bereits alle Maßnahmen getroffen, um im gegebenen Falle volle Genugthuung zu erlangen oder zu erzwingen. Es giebt auf dem weiten Erdenrund keine Stelle, auch nicht im entlegensten Winkel, in Wüsteneien oder bei Barbaren, wo ein Engländer ungestraft an Gut und Blut, an Leib und Leben durch fremde Willkür geschädigt werden kann. Ihn schützt überall seine englische Staatsangehörigkeit, wie einst der Civis Romanus durch sein römisches Bürgerrecht geschützt war. Meist wird seiner Verletzung vorgebeugt durch das Ansehen des englischen Namens. Wo aber dennoch eine Willkür eintritt, da lassen wir die Strafe auf dem Fuße nachfolgen. Recht und Ehre des Einzelnen sind identisch mit dem Recht und der Ehre der Nation. So hat Großbritannien immer gehandelt, und wenn es dem Letzten der Volksgenossen galt. Dadurch sind wir zu unserer heutigen Höhe und unserem Reichthum gelangt ...

Würde es jemals anders, dann wäre es auch um unser Ansehen in der Welt und um unsere politische Machtstellung geschehen, dann wäre die Blüthe unseres Handels und unserer Industrie dahin. Das aber darf niemals sein, und darum wird keine — weder meine noch eine andere — Regierung jemals den vollen Schutz unserer Staatsangehörigen im Auslande vergessen, und sollte es das letzte Schiff, die letzte Guinee kosten."

Das sind fürwahr goldene Worte, die sich durchaus mit dem Geiste der deutschen Verfassung decken, trotzdem sie von einem englischen Staatsmann gesprochen sind.

In Deutschland machte schon im Jahre 1874, am 1. Dezember, der Chef der Admiralität, General v. Stosch, auf die Nothwendigkeit überseeischen Schutzes aufmerksam.

„Vergessen Sie nicht, meine Herren, daß 5 Millionen Deutsche über die Erde verstreut leben, und daß es fast keinen Hafen der Welt giebt, in dem nicht Deutsche wohnen und Deutsche Anspruch auf Unterstützung machen, seitdem Deutschland ein großes Land und eine Kraft der Welt geworden ist. Ich glaube, es ist die erste Pflicht, diesen Forderungen, die aus unseren eigenen Handlungen hier in der Heimath entspringen, zu genügen."

Mit Recht sagt die Norddeutsche Allgemeine Zeitung: „Jede Rechtsverletzung oder Schädigung eines Deutschen im Auslande, welche zu diplomatischen Verhandlungen Veranlassung giebt, hat nicht nur für diese eine Person, ja nicht einmal nur für den einzelnen Ort, sondern für die sämmtlichen Deutschen im Auslande eine erhebliche Bedeutung. Der Telegraph trägt die Kunde über die ganze Erde, und überall, wo Deutsche im Auslande sich befinden, wartet man den Ausgang eines derartigen Zwischenfalles nicht ohne Spannung ab. Erfolgt die Genugthuung schnell und unter baldiger Wiederherstellung des Rechts, **so bedeutet dies eine Stärkung auf der ganzen Linie der Deutschen, die im Auslande für deutsche Interessen thätig sind.**

Der deutsche Kaufmann, der deutsche Ingenieur oder Industrielle im Auslande steht heute in einer völlig anderen Konkurrenz, als dies vor 20 Jahren der Fall war. Um diese Konkurrenz zu halten, um der heimischen Industrie den nöthigen Absatz sichern zu können, dazu gehört heute ein sehr hoher Grad von geistiger und sittlicher Energie. Diese Energie kann nur erhalten und entsprechend gesteigert werden, wenn jeder Einzelne das Gefühl der nöthigen Sicherheit, des nöthigen Schutzes hat. Die Leistung unserer Kaufleute und Industriellen im Auslande hängt ganz wesentlich von dem Ansehen des deutschen Namens, von der politischen Macht ab, die hinter dem Namen steht. **Diese politische Macht beruht aber in ihrem vollen Umfange auf der realen Macht der Waffen.**"

Schutz der Kolonien.

Zu den Aufgaben der vaterländischen Kriegsmarine rechnet auch der Schutz der deutschen Kolonien; die Begründung zum Flottengesetzentwurf sagt darüber:

„In Friedenszeiten brauchen dieselben zur Unterstützung der Schutztruppen die Stationirung von einigen kleinen Kreuzern oder Kanonenbooten, um Ruhe und Ordnung unter den Eingeborenen aufrecht zu erhalten. Die hierfür nothwendigen Schiffe sind in der Zahl der für den Auslandsdienst vorgesehenen Schiffe enthalten.

Im Kriege wird es in den meisten Fällen weniger darauf ankommen, die Kolonien an Ort und Stelle zu vertheidigen, als sie in der Heimath durch die dort befindlichen Streitkräfte zu schützen. Schutztruppe und Auslandsschiffe werden an Ort und Stelle ihr Möglichstes thun; das Schicksal der Kolonien wird indeß nicht durch die kleinen Gefechte draußen entschieden, sondern durch den Ausfall des Kampfes auf dem Hauptkriegsschauplatze."

Die Engländer sagen:

„Unsere Kolonien schützen wir vor den Häfen des Feindes; im Kriegsfalle muß der Ozean ein britisches Meer sein." (Vergleiche Sir Charles Dilke in Cashiers Magazin, 1897.) —

Seefischerei.

(Ueber Fischereischutz vergl. den besonderen Artikel.)

Die deutsche Seefischerei zerfällt in Hochseefischerei und Küstenfischerei. Nach der Berufszählung vom 14. Juni 1895 waren in beiden Zweigen zusammen 10 144 Erwerbsthätige im Hauptberufe beschäftigt, welche einen Komplex von 33 690 Erwerbsthätigen, Dienenden und Angehörigen zusammen repräsentiren. Außerdem waren noch im Nebenberufe 2080 Erwerbsthätige in der Fischerei beschäftigt. Von den im Hauptberufe Erwerbsthätigen waren 6801 selbständige Gewerbetreibende, 61 gehörten zur Gruppe des technischen und kaufmännischen Personals, 3282 zum Hülfspersonal.

Die Hochseefischerei hat im letzten Jahrzehnt einen außerordentlichen Aufschwung genommen: von 1887 bis 1897 ist der darin beschäftigte Schiffraumgehalt im Nordseegebiet von 33 000 auf 87 000 cbm gestiegen. Der Raumgehalt der Dampfer hierunter hat sich von 700 auf 41 700 cbm gehoben, so daß, die Leistungsfähigkeit der Dampfschiffstonne gleich drei Segelschiffstonnen gesetzt, eine Steigerung von 34 000 auf 169 000 stattgefunden hat, mithin in 10 Jahren eine Verfünffachung eingetreten ist. Der Werth der Hochseefischereiflotte beträgt etwa 12¾ Millionen Mark, der Ertrag der Gesammtfischerei wird auf 20 Millionen geschätzt. Die Erträge der Hochseefischerei in der Nordsee sind etwa 10 Millionen Mark (vergl. die „Seeinteressen des Deutschen Reiches“, Theil V).

In der Ostsee spielt die Dampfbootfischerei keine erhebliche Rolle. „Im Ganzen aber hat“, wie der Königliche Oberfischmeister in Pillau berichtet, „durch die Gewährung von unverzinslichen Reichsdarlehen und spätere Rückzahlung derselben in kleinen Jahresposten die Hochseefischerei auf Lachse, Störe u. s. w. an der Ostsee-Küste einen gewaltigen Aufschwung genommen.“ Memel besitzt z. B. zwei Dampfer für den Lachsfang und zahlreiche Fischkutter, deren es neuerdings 50 neue beschafft hat.

Im Gebiete des Oberfischmeisters in Pillau sind 120 gedeckte Lachskutter für die Hochseefischerei beschäftigt; in der Oberfischmeisterei Neu-Fahrwasser 246 Hochseeboote. Auch in all den übrigen Bezirken und an der mecklenburgischen Küste ist die Fischerei im Aufschwung begriffen. Die preußische Staatsregierung beabsichtigt, zur weiteren Sicherheit und zum größeren

Aufschwung der Hochseefischerei in nächster Zeit an der Ostsee-Küste des Samlandes bei Alknikеn einen Fischereihafen zu erbauen.

Durch die Einrichtung von verbesserten Transportgelegenheiten, Organisation des Verkaufs in Auktionen zu Hamburg-Altona, Bremerhaven-Geestemünde u. s. w. ist für eine bessere Ordnung des Vertriebes dieses wichtigen Nahrungsmittels gesorgt. Noch immer bezieht Deutschland mehr als 3/4 seines Konsums an frischen und gesalzenen Fischen, Heringen, Austern, Hummern, Thran und Walfischbarten, nämlich für fast 70 Millionen Mark, vom Ausland. Deutschlands 81 Heringslogger fingen 1896 für 2 Millionen Mark, während für fast 30 Millionen Mark Heringe importirt wurden.

Seehandel.

Der deutsche Spezialhandel betrug 1896 8312 Millionen Mark, von denen 4558 auf die Einfuhr, 3754 Millionen auf die Ausfuhr entfielen. Nach den neuesten Ausweisen ist die Einfuhr im Jahre 1897 auf 4833 und die Ausfuhr auf 3808 Millionen Mark gestiegen, so daß der ganze Spezialhandel mit 8641 Millionen im verflossenen Jahre eine bisher unbekannte Höhe erreicht hat. Der deutsche Generalhandel wird sich jetzt auf mindestens 10 Milliarden Mark belaufen.*)

Die Denkschrift über „die deutschen Seeinteressen" setzt auf Grundlage sorgfältiger Berechnungen den Antheil des Seehandels am Gesammthandel auf etwa zwei Drittel an. Danach würde sich der deutsche Spezialseehandel für 1896 auf ungefähr 5540 und für 1897 auf ungefähr 5760 Millionen Mark stellen, während sich der Generalseehandel auf etwa 7 Milliarden belaufen wird.

Auf den direkten Handel mit außereuropäischen Ländern, der natürlich nur auf dem Seewege betrieben wird,

*) Der Spezialhandel umfaßt nur den Handel mit Waaren, die in den freien Verkehr eingeführt und aus dem freien Verkehr ausgeführt, also thatsächlich im Wesentlichen im Inlande konsumirt bezw. produzirt werden, und seit 1897 auch einen Theil des Veredelungsverkehrs. Der Generalhandel enthält dazu noch den sogenannten Veredelungsverkehr, die Einfuhr und Ausfuhr in und aus Niederlagen und die direkte Durchfuhr. Die deutsche Statistik verzeichnet den Generalhandel nur dem Gewicht nach.

entfielen 1896 1531,3 Millionen Mark Einfuhr und 836,6 Millionen Mark Ausfuhr; das sind 43 pCt. unseres Seespezialhandels, 28,5 pCt. unseres Spezialhandels überhaupt. Ein Drittel unserer Gesammteinfuhr (32,9 pCt.) wurde uns von diesen Ländern geliefert, die auch 22,2 pCt. unserer Gesammtausfuhr aufnahmen. Thatsächlich aber ist die Bedeutung unseres Handels mit den außereuropäischen Ländern für unsere Volkswirthschaft noch erheblicher, als die Zahlen des direkten Handels erkennen lassen, da der Verkehr mit ihnen in größerem Umfange durch Vermittelung von Großbritannien, Belgien, Holland und auch von Frankreich erfolgt und in der Statistik vielfach als Einfuhr und Ausfuhr aus und nach den Vermittelungsländern erscheint.*)

Der deutsche Handel mit den außereuropäischen Ländern ist im beständigen Wachsen begriffen und wird immer wichtiger werden, während die Entwickelung unserer Verkehrsbeziehungen mit den Nachbarstaaten sich nicht in gleichem Maße günstig gestaltet.

Durchaus Seehandel ist von unserem Handel mit europäischen Ländern der Verkehr mit Großbritannien und Irland (1896 Einfuhr 647,4, Ausfuhr 715,1 Millionen Mark, 14,2 bezw. 19 pCt. der Gesammteinfuhr bezw. Gesammtausfuhr), ferner mit Schweden (Einfuhr 74,0, Ausfuhr 78,9 Millionen) und Norwegen (Einfuhr 19,1, Ausfuhr 48,3 Millionen Mark). Fast ganz auf dem Seewege erfolgt der Waarenverkehr mit Dänemark (Einfuhr 65,2 und Ausfuhr 97,4 Millionen), Rumänien (Handelsumsatz 102,1 Millionen), Griechenland (13,4 Millionen), der Türkei (53,9 Millionen), Bulgarien (9 Millionen), Spanien (75,3 Millionen) und Portugal (28,6 Millionen); auch im Verkehr mit Italien (Einfuhr 137,5, Ausfuhr 85,6 Millionen Mark) dürfte der Seehandel überwiegen.

Vorherrschend Landhandel ist nur unser Verkehr mit Rußland (Einfuhr 634,7, Ausfuhr 364,1 Millionen), Oesterreich-Ungarn (Ausfuhr 578 Millionen, Einfuhr 477,3 Millionen), Frankreich (Einfuhr 233,6, Ausfuhr 201,6 Millionen), Belgien

*) Unsere Einfuhr an roher Baumwolle z. B. betrug 1889 270,9 Millionen Mark, von denen 43,9 Millionen als Einfuhr aus Belgien und 10,1 Millionen als Einfuhr aus den Niederlanden angegeben sind, obwohl in diesen Ländern bisher kaum Baumwolle gebaut sein dürfte.

(Einfuhr 175,7, Ausfuhr 178 Millionen), Holland (Einfuhr 162,6, Ausfuhr 262,3 Millionen) und der Schweiz (Einfuhr 146,3, Ausfuhr 244 Millionen Mark). Doch treibt Deutschland nur mit der Schweiz ausschließlich Landhandel; bei den übrigen Nachbarstaaten hat der Seehandel durchweg eine nicht unbeträchtliche Bedeutung. Der Waarenverkehr mit Rußland wird sich zu mehr als 30 pCt. zur See bewegen, wie die Tonnage des Schifffahrtsverkehrs schließen läßt.

Ganz besonders scharf tritt die Wichtigkeit des Seehandels im System unserer Güterversorgung bei der Unterscheidung nach Waaren und Waarengruppen hervor.*) Von den Nahrungs- und Genußmitteln gelangen durchweg auf dem Seewege zu uns die sogenannten Kolonialwaaren, Kaffee, Kakao, Thee, Reis, Pfeffer und andere Gewürze, die zusammen einen Werth von 300 Millionen Mark darstellen, von denen zwei Drittel auf die Kaffeeeinfuhr entfallen. Hierzu treten Rohtabak, Cigarren und Cigaretten, von denen 1896 zusammen etwa 110 Millionen Mark eingeführt wurden. Die große Einfuhr von Seefischen aller Art (60 bis 70 Millionen Mark), unter denen die Einfuhr von Heringen (25 bis 30 Millionen Mark) obenan steht, geschieht naturgemäß ausschließlich auf dem Seewege.

Bei der Einfuhr von Lebensmitteln, die in Konkurrenz mit unserer heimischen Landwirthschaft auftreten, namentlich bei Vieh und Getreide, spielen überseeische Staaten, wie die Vereinigten Staaten und Argentinien, zwar eine nicht unbedeutende Rolle; die Hauptmenge unseres Bedarfs liefern uns aber noch die europäischen Nachbarstaaten, Rußland und Oesterreich-Ungarn, sowie der Balkan, Dänemark und deren Schweiz (Vieh). Auch ein großer Theil dieser Einfuhr erfolgt in normalen Zeiten auf dem Seewege.

Noch wichtiger als für die Versorgung mit Lebensmitteln ist der Seehandel für die Zufuhr von Rohstoffen, die unsere Industrie zur Verarbeitung benöthigt. Obenan steht hier die Textilindustrie mit 945 000 Erwerbsthätigen, die fast vollständig auf Zufuhr von See her aufgebaut ist. Sie bezieht ungefähr $^{9}/_{10}$ ihres ganzen Rohstoffbedarfs (Einfuhr 1896

*) Vergl. hierzu außer der Denkschrift über „die deutschen Seeinteressen" Dr. Paul Voigt, „Deutschland und der Weltmarkt", Preußische Jahrbücher 1898 (Februarheft) und Dr. Ernst v. Halle, „Die Bedeutung des Seeverkehrs für Deutschland", Leipzig 1898.

etwa 700 Millionen Mark) und zwar ausschließlich auf dem Seewege aus dem Auslande. Rohbaumwolle liefern die Vereinigten Staaten, Ostindien und Aegypten, Schafwolle Australien, Argentinien, das Kapland und Großbritannien, Rohseide hauptsächlich Italien, ihren Jutebedarf deckt Ostindien, Flachs und Hanf kommt besonders aus Rußland, und zwar Flachs namentlich aus den Ostsee-Ländern. Von der Textilindustrie hängt auch die Beschäftigung der Näherinnen (290000 Erwerbsthätige), der Schneider und Schneiderinnen (459000 Erwerbsthätige), der Konfektionsarbeiter (56000 Erwerbsthätige), der Hut- und Mützenmacher ab. Die Einfuhr der Rohstoffe der Textilindustrie bedingt die direkte Beschäftigung von etwa 2 Millionen Erwerbsthätigen und einschließlich der Angehörigen die Existenz von 4 Millionen Menschen. Auch die weltbeherrschende chemische Industrie Deutschlands ist in sehr hohem Grade von überseeischen Zufuhren abhängig; sie braucht von ihnen namentlich Chilisalpeter (70 Millionen), Indigo (14 Millionen Mark), Farbhölzer und Drogen; die Kautschukindustrie bezog 1896 für 29 Millionen Mark Kautschuk und Guttapercha aus Afrika, Ostindien und Brasilien; die Industrie der Oele, fetten Oele und Mineralöle hat neben den Mineralölen (70 Millionen Mark Einfuhr) von überseeischen Produkten Palmkerne, Baumwollensamenöl u. s. w. in sehr bedeutendem Umfange verarbeitet. Diese Industrien beschäftigen zusammen 146000 Erwerbsthätige, die ihrerseits noch 278000 Angehörige zu versorgen haben.

Selbst die in erster Linie auf der deutschen Urproduktion beruhenden Industrien benöthigen fast sämmtlich Rohstoffe, die nur auf dem Seewege eingeführt werden können, zur Ergänzung. So braucht die Industrie der Steine und Erden Alabaster und Marmor (aus Italien). Die Industrie der Holz- und Schnitzstoffe führt neben exotischen Hölzern vor Allem russisches und schwedisches Holz auf dem Seewege ein, und ihr ganzer Einfuhrbedarf beträgt schon etwa 200 Millionen Mark. Die Lederindustrie benöthigt überseeische Gerbstoffe und führt auch einen Theil ihres Bedarfs von Häuten und Fellen zur See ein. Die Bekleidungsindustrie erhält Vogelbälge, Schmuckfedern u. s. w., die Industrie der Schmuckwaaren Edelmetalle, Edelsteine, Korallen u. s. w. auf dem Seewege.

Im Ganzen wird mehr als die Hälfte der 8 Millionen industrieller Erwerbsthätiger, mehr als die Hälfte der 6 Millionen Industriearbeiter ausländische Rohstoffe verarbeiten; von der gesammten Rohstoffeinfuhr (1886 Millionen Mark) dürften ungefähr 75 pCt. auf dem Seewege eingeführt werden.

Von unserer Ausfuhr werden die landwirthschaftlichen Produkte, namentlich unser wichtigster Exportartikel, Zucker, hauptsächlich auf dem Seewege abgesetzt. Bei den Rohstoffen und Halbfabrikaten des Bergbaus und der Metallindustrie hat die Seeausfuhr eine relativ geringe Bedeutung. Dagegen werden unsere Fabrikate ganz überwiegend auf dem Seewege vertrieben. Die Textilindustrie und das Bekleidungsgewerbe sind mit etwa $^{3}/_{4}$ ihres Exports am Seehandel betheiligt. Auch die chemische Industrie setzt den größeren Theil ihres Exports, namentlich Anilin- und andere Theerfarbstoffe, in Länder des Seeverkehrs ab. Ebenso führt die Metallindustrie und die Industrie der Maschinen, Werkzeuge und Instrumente von einzelnen Artikeln $^{4}/_{5}$ ihres Exports und mehr auf dem Seewege aus.

Es steht jedenfalls fest, daß unsere Industrie heute in außerordentlichem Umfange auf den Export durch den Seehandel angewiesen ist.

Derjenige Theil unserer 20 Millionen Köpfe zählenden Industriebevölkerung, dessen Arbeitsgelegenheit nicht schon durch den Seeimport bedingt ist, sondern der überwiegend inländische Rohstoffe verarbeitet, ist ganz überwiegend in seiner Existenz von der dauernden Aufrechterhaltung unserer Seeausfuhr direkt abhängig, an der auch die Landwirthschaft (hauptsächlich mit der großen Zuckerausfuhr) ganz unmittelbar in hohem Grade interessirt ist. Zieht man noch die indirekten Beziehungen in Betracht, so dürfte es keinen Zweig unserer Volkswirthschaft geben, der nicht aus den Ergebnissen des Seehandels einen Theil seiner Lebensbedürfnisse empfängt und zur Schaffung von Gegenwerthen hierfür irgendwie thätig sein muß.

Schließlich sei noch darauf hingewiesen, daß im Falle eines Krieges zwischen Deutschland und einem oder mehreren seiner Nachbarstaaten für die infolge der Sperrung der Grenzen verringerte Landeinfuhr und Landausfuhr im Wege des Seehandels Ersatz geschafft werden müßte.

Seehandelsschutz.

Für den Schutz des deutschen Seehandels sind außer der Schlachtflotte Kreuzer nothwendig, und zwar moderne schnelle und gepanzerte Kreuzer. Selbst die kleinsten Seestaaten, wie Argentinien, Brasilien, Chile, verfügen heute über moderne Schiffe. Die Zeiten sind noch nicht vorüber, wo die Flotten den überseeischen Handel schufen, wie z. B. die preußische Expedition nach Japan 1861 die Oeffnung der japanischen Häfen für Preußen zur Folge hatte, und die Hansestädte hier erst Zulaß fanden, als sie unter dem Schutz der norddeutschen Bundesflagge standen. Die Vermehrung der deutschen Dampferlinien nach Ostasien unmittelbar nach der Besetzung von Kiaotschau durch die Kreuzerdivision beweist neuerdings, daß der Satz „Der Handel folgt der Flagge" noch Gültigkeit behält. Auch in anderen Gegenden wird der deutsche Seehandel durch das Erscheinen deutscher Kriegsschiffe belebt, wie viele deutsche Stimmen aus dem Auslande beweisen; der Fremde sieht die deutsche Macht, und ist deshalb gefügiger, die deutschen Kaufleute anständig und gerecht zu behandeln. Die überseeische deutsche Macht belebt auch den deutschen Unternehmungsgeist, weil sie eine gute Bürgschaft dafür bildet, daß deutsches im Auslande arbeitendes Kapital nicht fremder Willkür geopfert werden darf. Ohne zu sprechen, schützen die Kanonen der Kriegsschiffe im Auslande den friedlichen deutschen Seehandel zum Theil schon durch ihre Anwesenheit. Freilich darf man dabei nie vergessen, daß die Kreuzer auf den Auslandsstationen nur Repräsentanten der heimischen Seemacht sind; alle Seestaaten, die selbst Panzerkreuzer oder Panzerschiffe besitzen, wie z. B. Brasilien, Chile oder Japan, werden nur dann die gehörige Achtung vor unseren Kreuzern haben, wenn sie wissen, daß bei ernsteren Verwickelungen sofort stärkere Streitkräfte aus Deutschland nachgeschoben werden können. Da wir nun aus politischen Gründen nicht jederzeit Theile der Schlachtflotte in überseeische Gewässer schicken können, so ist im Flottengesetzentwurf ein Theil der Materialreserve (siehe diesen Artikel, sowie „Auslandsschiffe") zur Verstärkung der im Auslande befindlichen Kreuzer bestimmt, wenn außerordentliche Vorfälle dies fordern. Nur auf diesem Wege kann die niemals unbedenkliche Schwächung der für die lebendige Küstenvertheidigung bestimmten Schlachtflotte vermieden werden. Zur Zeit ist ein Schlachtschiff, „Oldenburg“, wegen Mangels an geeigneten Kreuzern im Mittelmeer stationirt.

Ueber die Thätigkeit der Auslandsschiffe im Kriege sagt die Begründung zum Flottengesetzentwurf:

„Im Kriegsfalle wird es die Aufgabe sämmtlicher nicht zur Schlachtflotte gehörigen Kreuzer sein, den eigenen Handelsschiffen den möglichsten Schutz zu gewähren. Je nach Lage der Verhältnisse kann dies dadurch geschehen, daß die Handelsschiffe gesammelt und durch Kriegsschiffe begleitet werden (Convois), oder dadurch, daß die eigenen Kreuzer die feindlichen angreifen oder letztere durch Angriffe auf feindliche Kolonien und feindliche Handelsschiffe von den eigenen Handelsschiffen ab und auf sich ziehen.“

Die wichtigste Aufgabe für den Seehandelsschutz fällt im Kriege aber der heimischen Schlachtflotte zu, die den Seeverkehr durch die Blockadeabwehr (siehe diesen Artikel) freihalten muß. Auf dem offenen Ozean ist für Dampfer — und nur solche werden in Kriegszeiten den Verkehr vermitteln — die Gefahr, von feindlichen Kreuzern gefaßt zu werden, geringer wie früher, besonders, wenn die eigenen Kreuzer und Hülfskreuzer (siehe diesen Artikel) die feindlichen Kreuzer auf sich ziehen, was bei geschickten Manövern schon durch verhältnißmäßig geringe Kräfte geschehen kann. Und wenn auch ein Theil der Seefrachten auf neutrale Schiffe übergeht, so ist dies doch volkswirthschaftlich von viel geringerem Schaden, als wenn die deutschen Seehäfen durch eine Blockade auch dem neutralen Verkehr gesperrt wären (hierüber siehe den Artikel Blockadegefahr); auch darf man nicht vergessen, daß während eines Krieges ein sehr beträchtlicher Theil der deutschen Seedampferflotte zu allerlei Kriegsdiensten herangezogen werden muß, also jedenfalls Beschäftigung findet.

Sehr bemerkenswerth ist folgende Auslassung aus dem ausgezeichneten Aufsatz im Septemberheft der Preußischen Jahrbücher „Zur Flottenfrage“:

„Gewiß hat der moderne Schiffer dadurch, daß er den Ausbruch des Krieges früher als in alten Zeiten erfährt, mehr Aussicht, der Wegnahme zu entgehen. Allein einerseits ist das Bedürfniß des eigenen Landes nach Aufrechterhaltung des Seeverkehrs auch während des Krieges, wie wir gleich sehen werden, heutzutage weit dringender als früher, und andererseits giebt die immer mehr zunehmende Dampfschifffahrt dem modernen Seefahrer weit größere Aussicht, den feindlichen Kreuzern zu entgehen, als dies zur Seglerzeit der Fall war, und endlich können moderne Kreuzer nicht wochen- und monatelang auf dem Ozean herumjagen, seitdem auch sie lediglich dampfen können und Kohlen ergänzen müssen — gewichtige Gründe, die es unwahrscheinlich machen, daß die Mehrzahl unserer Schiffe bei Ausbruch des Krieges ihre Fahrten einstellen wird.

In der Zeit, da die Windkraft allein zur Fortbewegung der Schiffe Verwendung fand, waren diese von den großen Luftströmungen unseres Planeten abhängig und darum an ganz bestimmte Wege gebunden, auf denen sie der feindliche Kreuzer mit großer Sicherheit des Erfolges erwarten konnte. Heutzutage dagegen, wo der Kurs des Dampfers nur wenig von Wind, Wetter und Strom beeinflußt wird, wo er beliebige Umwege wählen kann, müßte die Zahl der Kreuzer, und seien sie noch so schnell, verzehnfacht werden, um auch nur einen annähernd so großen Fang zu machen, wie uns die Berichte aus der Zeit der großen französischen Freibeuter oder des Sezessionskrieges melden."

„Nachdem wir uns von der Nothwendigkeit des Handelsschutzes im Kriege überzeugt haben, müssen wir nun auch die Möglichkeit seiner Ausübung prüfen. Man sagt mit Recht, es sei unmöglich, daß dem weitverzweigten Handel überallhin der Schutz der Kriegsflagge folge. Das ist aber auch nicht nöthig. Jede Zeit muß die ihren Hülfsmitteln angepaßte Form des Handelsschutzes finden. Wie wir schon oben erwähnten, waren die Segelschiffe früherer Zeiten aus technischen Gründen an wenige Wege gebunden. Somit lag es nahe, sie zu Flotten zu vereinigen und ihnen eine Bedeckung von Kriegsschiffen, den Convoi, mitzugeben. Da nun heutzutage, wie wir an derselben Stelle ausgeführt haben, die Sicherheit des Dampfers gegenüber dem Kreuzer in der Möglichkeit, einen beliebigen Kurs zu wählen, beruht, kann von einem Zusammenhalten der Schiffe nicht mehr die Rede sein. An einem Punkte müssen aber auch in der Jetztzeit die getrennten Wege zusammenführen, nämlich vor den Einfahrten unserer Häfen, bezw. in der Nordsee, im Kanal und auf der Linie Skagerrak—Schottland. Hier wird also auch der Feind, will er nicht seine Kräfte zersplittern, die Handelszerstörer aufstellen, und bis hier hin bezw. von hier aus bis zum Hafen werden wir unsere Handelsschiffe schützen müssen, sei es nun, daß wir sie zu Convois vereinigen, sei es, daß wir durch Aufstellung starker Streitkräfte die See so wirksam beherrschen, daß kein feindlicher Kreuzer sich in ihren Gewässern dauernd aufhalten kann. Eine dauernde Sicherheit wird für den Handel naturgemäß erst erreicht sein, wenn durch Niederkämpfung der feindlichen Schlachtflotte den gegnerischen Kreuzern der Rückhalt entzogen ist. Alle Kapereien außerhalb der geschützten Zone werden kaum vermieden werden können; sie werden aber wenig zahlreich sein und den Gesammthandel nicht ernsthaft stören können.

Wir sehen also auch an der Hand dieser Ueberlegung, daß das A und O der Flottenfrage die Gewinnung der Seeherrschaft in unseren Gewässern ist und daß alle Aufwendungen für die Marine nutzlos sind, so lange mit ihnen dieses Ziel nicht erreicht werden kann. Auf halbem Wege stehen bleiben hieße ein Haus ohne Dach bauen."

Die Wichtigkeit des Seehandelsschutzes hat man im Reichstage schon früh erkannt.

Schon im Jahre 1873 widerlegte der Abg. Lasker im Reichstage den Abg. Richter (der keinen zu großen Schutz des von den Seestädten ausgeübten Seehandels wollte, da dieser Schutz auch vom Binnenlande mit bezahlt werden müßte), indem er bemerkte, die Handelsartikel würden im Binnenlande angefertigt; ferner führte Lasker aus: „Der Handwerker, sogar das äußerste Proletariat, war erheblich interessirt, daß der Handel in den südamerikanischen Staaten geschützt wurde, obwohl dort keine Berliner Firma etablirt war, sondern nur Geschäftsleute aus Hamburg und Bremen", sowie weiterhin „den legitimen Verkehr zu unterstützen, ist eine Aufgabe, welche wir von jeher an die Marine gestellt haben".

Bedeutsame Worte über die Nothwendigkeit des Seehandelsschutzes sprach der General v. Stosch am 11. März 1881: „Was den Handel betrifft, so ist es ja eine naturgemäße Sache, daß jede Unterbrechung den Handel auf andere Wege bringt, der Handel bleibt bestehen, er ist eine Nothwendigkeit des Lebens, und wenn ein längerer Krieg dauernd die Wege anderen Nationen eröffnet, so muß Deutschland lange Zeit nachher arbeiten und sich bemühen, ehe es das Verlorene wieder erlangt."

Am 26. Juni 1884 sagte der Abg. Richter: „Wir haben ausdrücklich gesagt: das ist ganz selbstverständlich, daß wir dem deutschen Handel den überseeischen Schutz mittelst Konsulaten und Marine zu Theil werden lassen." — „Meine Herren, wir haben nicht das Mindeste dagegen einzuwenden, daß von unserer Marine 20 Schraubenkorvetten und eine Anzahl Kanonenboote ausschließlich zu handelspolitischen Zwecken, zur Theilnahme an der internationalen Meerespolizei mit bestimmt sind."

Fürst Bismarck sagte am 14. März 1885 im Reichstage: „Der Herr Abgeordnete bezieht sich auf das, was für die Flotte schon mehr bewilligt sei. Ja, wenn wir **gar keine** Kolonien hätten, und wenn wir namentlich die Dampfersubvention **gar nicht** vorgelegt hätten, so wäre, glaube ich, eine gewisse Steigerung der Bewilligung für die Flotte **doch unabweislich**, und zwar aus einer sehr erfreulichen Ursache: nämlich, weil der deutsche Handel sich, und namentlich, je mehr er Kapital und Entschluß dazu findet, zur Dampfschifffahrt überzugehen, fortwährend ausbreitet, in die Weite und in die Breite sich mehrt und also eines größeren Schutzes bedarf. Daß wir so viele Schiffe in den asiatischen Gewässern und so viele Interessen an der Ost- und Westküste von Afrika zu schützen haben würden, wie jetzt das Bedürfniß sich herausstellt, das haben wir früher nicht geglaubt. Aber nun dieses erfreuliche Ergebniß, daß ein größerer Seehandel eines größeren Schutzes für die Flotte bedarf, wiederum auf das Konto unserer neuesten Vorlage zu schreiben, das ist doch auch nicht gerecht."

Am 12. Februar 1886 betonte der württembergische Abg. Frhr. v. Wöllwarth: „Der Export bei uns in Württemberg ist so bedeutend, daß er des Schutzes der Schiffe bedarf" und ferner: „Es ist mir von kompetentester Seite mitgetheilt worden, welche Ausdehnung dieser Export genommen hat **durch deu Schutz, den unser Haudel durch die Marine hat.**"

Auch der Abg. v. Wedell-Malchow hat ausdrücklich am 27. November 1888 die Abhängigkeit des Seehandels von der Stärke der Marine betont: „Meine Herren, das wird mir dann ferner kaum bestritten werden können, daß eine bedeutende Blüthe des Handels und der Industrie in überseeischer Verbindung unmöglich ist, wenn nicht dieser Handel durch die Marine unseres Landes geschützt und gestärkt wird, und von diesem Gesichtspunkte aus könnte und müßte man schon allein die Vorlagen der Regierung bewilligen; denn selbst die vier Schlachtschiffe, meine Herren, gehören dazu. **Wenn man in den fernen Ländern nicht weiß, daß auch wirklich eine Seemacht hinter einer Korvette steht, die ankommt, macht man sich aus einer Korvette allein auch nicht viel.**"

In ähnlichem Sinne äußerte sich der frühere Reichskanzler Graf v. Caprivi am 27. Februar 1892 über die Nothwendigkeit des Seehandelsschutzes: „Es ist angeführt worden, daß wir unseren Export nicht zu konzentriren im Stande sind auf einzelne überseeische Länder, sondern daß, wie wir fast in allen Artikeln exportiren, wir auch an unzählige Stellen exportiren. An diesem Verhältniß wird sich nichts ändern; ich hoffe sogar, der Export wird zunehmen — und wenn wir neue Stellen finden, so werden wir das benutzen. Die Folge davon wird sein, daß die Anforderungen an das Stationiren von Schiffen, an das Erscheinen von Schiffen an auswärtigen Stationen nicht werden geringer werden, als sie bisher gewesen sind; ich möchte vielmehr glauben, daß die Entwickelung unseres Handels uns in Zukunft dahin führen wird, noch mehr als bisher in fremden, entlegenen Welttheilen Absatz zu suchen. Ich habe mir schon damals anzudeuten erlaubt, daß ich der Meinung bin, es könnten wohl Zeiten kommen, wo wir Verhältnissen entgegengehen, in denen, um diesen absolut nothwendigen Handel zu erhalten, europäische Staaten sich werden vereinen müssen, um ihrem Handel in fremden Welttheilen den nöthigen Schutz zu geben.

Wenn dabei unsere Flotte mitspielen soll, so wird sie doch immer eine solche Stärke haben müssen, die unseren Interessen entspricht."

In der Denkschrift vom 11. März 1884 sagt Graf Caprivi:

„Ohne den Hintergrund von **gepanzerten Schlachtschiffen,** ohne die Sicherheit, in einer gesammelten, kampfbereiten Hochseeflotte nöthigenfalls ausgiebige Unterstützung finden zu können, würde ein der Weltstellung des Deutschen Kaiserreiches angemessenes

Auftreten jener Schiffe des politischen Dienstes auf die Dauer nicht gewährleistet sein."

Mit Recht sagt die „Norddeutsche Allgemeine Zeitung" vom 1. Februar 1898:

„Hierzu kommt der ungeahnte Aufschwung unserer gesammten Seeinteressen, wie solcher eben in der in Rede stehenden Reichstagsvorlage nachgewiesen ist. Gerade unsere erheblich gestiegenen Seeinteressen haben die Wahrscheinlichkeit von Interessenkonflikten mit anderen Seestaaten vermehrt. Um zu vermeiden, daß sich aus diesen **Interessen**konflikten **kriegerische** Konflikte entwickeln, und falls sich dies nicht vermeiden läßt, um den kriegerischen Konflikten gewachsen zu sein, muß die **Schlachtflotte** verstärkt werden."

Und am 26. Januar 1898:

„Zu einer ausreichenden Vertretung der überseeischen Interessen genügen die Kreuzer in keiner Weise, sondern man muß einen Rückhalt in der heimischen Schlachtflotte finden, und zweitens ist im Falle eines Krieges, in den Deutschland selbst verwickelt ist, die Offenhaltung der deutschen Flußmündungen für die Sicherung des Seehandels die erste Bedingung, da er sonst vollständig unterbunden wird; **und schließlich kann auch bei einem Kriege zwischen dritten Nationen Deutschland auf Respektirung seiner Neutralität nur dann rechnen, wenn es gegebenenfalls dieselbe zu vertheidigen im Stande ist."**

Zum Schlusse seien aus der bedeutsamen Rede des bekannten deutschen Rheders Adolph Woermann (gehalten bei der großartigen Flottenkundgebung am 13. Januar 1898) noch folgende Aussprüche angeführt:

„Es ist nöthig, daß Deutschland sich selbst immer mehr hinauswagt über die See und einen immer größeren Theil des früher fast nur in englischen Händen befindlichen Seehandels an sich zieht.

Ohne Risiko für Kapital und Personen kann das allerdings nicht geschehen; aber je mehr diese Gefahren durch äußeren Schutz verringert werden können, desto mehr werden sich beide herauswagen in überseeische Länder, um dort für die Ausfuhr und dadurch für die Industrie Deutschlands thätig zu sein."

„Wichtig und nothwendig für diesen überseeischen Verkehr sind Handelsverträge mit jenen Ländern, aber gerade dabei ist es nur zu häufig erforderlich, daß zu ihrer Aufrechterhaltung Kriegsschiffe vorhanden sind, welche den von der Diplomatie geschlossenen Verträgen Nachdruck verleihen und dafür sorgen, daß sie nicht einseitig gebrochen werden."

„Um so wichtiger erscheint daher der Schutz der Handelsflotte durch die Kriegsflotte, damit die Rheder den Muth behalten, weiteres Kapital in Schiffen anzulegen."

„Ein jedes Kriegsschiff, wie ein jedes in Deutschland gebaute Handelsschiff, besonders die großen, schönen Passagierschiffe, wirken im Auslande ohne Weiteres als klare, handgreifliche Beweise für die Leistungsfähigkeit unserer deutschen Industrie."

„Wie die Rhederei ein absolutes Erforderniß für den Betrieb des aktiven Seehandels ist, ebenso ist ein nationaler Schiffbau ein absolutes Erforderniß für den Betrieb einer nationalen Rhederei, wenn diese sich unabhängig vom Auslande entwickeln soll."

„Was nützt uns der Schutz unseres Handels in fernen Ländern, wenn die Grundlage desselben, nämlich die heimischen Seehäfen, ungeschützt bleiben würden."

„Was würde denn ein Gesetz über den Bestand der Flotte bedeuten, wenn es nicht auch Bestimmungen über die Aufrechterhaltung dieses Bestandes enthielte. Deshalb ist gerade dieser Punkt in der Gesetzesvorlage von außerordentlicher Bedeutung und Wichtigkeit, **denn ohne die gesetzliche Festlegung des Bestandes der Flotte würde derselbe mit Werthverminderung der Schiffe wieder in Frage gestellt werden."**

Seeinteressen, deutsche.

(Ueber Rhederei, Schiffbau, Seehandel, Seefischerei und Seeschifffahrt vergl. besondere Artikel.)

Unter den deutschen Seeinteressen versteht man im engeren Sinne diejenigen Unternehmungen, welche deutsche Unterthanen persönlich oder durch ihre Kapitalien in überseeischen Ländern oder solchen europäischen Ländern betreiben, die von Deutschland nur zur See erreicht werden können oder erreicht werden, sowie schließlich die mit der See selbst verknüpften Unternehmungen. Diese Seeinteressen zerfallen in 1. Seehandel (Ausfuhr, Einfuhr, Veredelungsverkehr und Durchfuhr) sowie Zwischenhandel zwischen fremden Seeplätzen, 2. Seeschifffahrt (Transport von Personen und Gütern), zerfallend in Küstenschifffahrt in der Heimath, Seeschifffahrt zwischen der Heimath und fremden Ländern und sogenannte fremde Küstenschifffahrt (Verkehr zwischen fremden Ländern), 3. Rhederei (Seeschiffsbesitz), 4. Schiffbau und Dockbesitz, 5. Seefischerei, zerfallend in Hochseefischerei und Küstenfischerei, 6. Seeversicherungen, 7. Kolonien, 8. deutsche Ansiedelungen und Unternehmungen Deutscher in fremden Ländern, 9. deutsche Kapitalanlagen in Unternehmungen und in Anleihen von solchen Ländern, welche in das Gebiet des deutschen Seeverkehrs gehören. Schließlich gehört hierhin auch die Bernsteinfischerei an der Ostsee-Küste. (Vergl. die Aufsätze über Seehandel, Rhederei, Seeschifffahrt und Seefischerei, Schiffbau.)

Unter Seeinteressen im weiteren Sinne ist zu verstehen die Summe derjenigen Interessen, welche die deutsche Volkswirthschaft an den Beziehungen zu den auf dem Landwege nicht direkt zugänglichen Ländern der Erde besitzt, bezw. die Abhängigkeit der deutschen Volkswirthschaft von dem Fortbestehen und der Fortentwickelung des Verkehrs mit diesen Ländern. (Vergl. hierzu außer den gedachten Artikeln auch denjenigen über die Blockadegefahr für die Volkswirthschaft.)

Der Minister a. D. Professor Schäffle-Stuttgart schreibt Folgendes über englische und deutsche Seeinteressen in der „Münchener Allgemeinen Zeitung“:

„Die Vergleichung englischer und deutscher Seeinteressen, wie solche jetzt liegen, einst aber lagen, hat für die Beurtheilung der Marinevorlage die größte Bedeutung. Damit lassen sich allgemeine Vorschwebungen in bestimmte Vorstellungen umsetzen und ziffermäßig festlegen. Das Urtheil über die Nothwendigkeit dessen, was uns als ausreichend starke Flotte gilt, gewinnt durch solche Vergleichung an Sicherheit und Sachlichkeit. Rückblick und Ausblick ergeben die sozusagen völkerpsychologische Nothwendigkeit ausreichender Verstärkung der deutschen Flotte.

Die Fortschritte unseres Seehandels seit 25, namentlich aber seit 10 Jahren sind nämlich so gewaltig, unsere weltwirthschaftliche Bedeutung ist rasch so groß geworden, daß Deutschland von Seiten der Rivalen her auf alles gefaßt sein muß. Man gebe sich darüber keiner Täuschung hin, daß die Engländer, wenn sie es nur irgend wagen können, bei erster Gelegenheit unserem Ueberseehandel und unserer Exportindustrie den Todesstoß zu geben suchen werden. Die Transvaalhändel haben es handgreiflich gemacht, wessen wir uns zu versehen haben; die Cecil Rhodes, Chamberlain und Konsorten sind in dieser Hinsicht nur Typen für das Denken und Fühlen des heutigen England dem neuen Deutschland gegenüber.

Grund zur Eifersucht hat nun der riesige Aufschwung, welchen seit der Gründung des Reiches der Ueberseehandel, die Exportindustrie, die Rhederei, der Schiffbau, die Gründung überseeischer Banken, die Betheiligung an auswärtigen Eisenbahnen und Plantagen genommen haben, in gerüttelt vollem Maße unseren Rivalen wirklich gegeben. Vergegenwärtigen wir uns das doch recht genau und bei aller Kürze doch etwas einläßlicher, als es im ersten Artikel geschehen konnte. Wir folgen hierbei den unwiderlegten Angaben der Denkschrift, welche unter dem Titel: „Die Seeinteressen des Deutschen Reiches“ im Reichs-Marine-Amt abgefaßt worden ist.

Im Jahre 1896 ist zum ersten Mal während dieses Jahrhunderts die deutsche Flagge im Hamburger Hafen der Tonnage nach der englischen überlegen gewesen. Der ganze Spezialhandel (ohne Durchfuhr) beträgt mit England nur noch 1362 Millionen Mark, gegen 2400 mit den überseeischen Ländern; mit den Vereinigten Staaten allein beträgt der Verkehr nahe an 1000 Millionen Mark. Aus dem äußerst umfang- und gewinnreichen Zwischenhandel, welchen England früher über See für uns führte, ist es fast verdrängt. Seit 1873 ist unser Verkehr mit England an Tonnenzahl nur um 88, im letzten Jahrzehnt um 35 pCt. gestiegen, dagegen nach Schweden um 97, Oesterreich-Ungarn um 341, Nordamerika um 128, nach Mexiko, Mittel- und Südamerika um 317, nach Ostindien und Ostasien um 488, nach Australien um 475, Kapland 270, Levante 2261 pCt. gewachsen. Kolonien hatten wir vordem nicht. Die Hochseefischerei in der Nordsee war den Engländern überlassen gewesen, seit 1873 ist sie von 5100 auf 52 600 Tonnen gestiegen, also um das Zwölffache. Die Tonnenzahl des überseeischen Handelsverkehrs hat sich in Hamburg allein seit 25 Jahren verdreifacht, im Geldwerth verdoppelt. Die hamburgisch-amerikanische Dampferlinie und der Norddeutsche Lloyd sind die größten Rhedereien der Welt geworden. Das Kapital der überseeischen Dampfschifffahrts-Aktiengesellschaften Hamburgs ist auf beinahe 900 Millionen Mark angewachsen. Die Zahl unserer Dampfer hat sich in derselben Zeit mehr als versechsfacht, ihre Tonnage mehr als verzehnfacht. Unter unseren Schiffen sind solche, die noch von keinem auswärtigen Handelsdampfer erreicht, geschweige übertroffen sind, wie »Kaiser Wilhelm II.«, und es sind solche, welche für den Kriegsfall als Hülfskreuzer verwendet werden können. Dazu haben wir angefangen, uns bedeutend am Plantagenbau zu betheiligen; deutsche Häuser sollen gegen 20 Millionen Mark in Kaffeeplantagen Venezuelas gesteckt haben, sehr viel liegt in solchen auch in Honduras, in Guatemala und in den deutschen Kolonien. Auf unseren Werften werden fremde Kriegsschiffe gebaut. Ueberall in der Welt weht jetzt unsere Konsularflagge. Und Deutschland ist das einzige Land, welches so riesigen Handelsaufschwung genommen hat; in demselben Zeitraum, in welchem der deutsche Gesammthandel um 1100 Millionen Mark zugenommen hat, sind nicht bloß der russische und der französische, sondern auch der englische Handel eher zurückgegangen. Der Verruf unserer Waaren durch das Bekenntniß zum made in Germany hat nicht unserer, sondern der englischen Industrie ins Fleisch geschnitten. Es ist kein Zweifel: zu glühender Eifersucht, einer Leidenschaft, die mit Eifer sucht, was Leiden schafft, und auch zu einem Vernichtungskrieg gegen fremde Handelsblüthe auszuholen bereit ist, hat England reichen Anlaß erhalten. Einst hat es für das mare liberum sich begeistert und bald darauf die Holländer gezwungen, in den für englische Seedomäne erklärten europäischen Meeren vor seiner Flagge das Toppmastsegel zu streichen; wenn es schon ein abgerissenes Stück Deutschland zur See vernichten zu müssen glaubte, so wird es gegen den Seehandel des neuen Deutschen Reiches Himmel und Hölle in Bewegung setzen, sobald es kann. Darüber soll man sich in Deutschland nur keiner Beruhigung hingeben!

Milliarden stehen also auf dem Spiel. Alle deutschen Landestheile haben, da die Exportindustrie mittelbar und unmittelbar überall herum überseeische Interessen geschaffen hat, und da die tropischen sowie halbtropischen Genußmittel, an welche wir uns gewöhnt haben, fast ganz mit Industrieprodukten bezahlt werden müssen — **alle deutschen Lande haben das größte Interesse daran, daß unser Außenhandel nicht vernichtet werden könne. Selbst unsere Landwirthschaft ist an einem Sechstel der Gesammtausfuhr betheiligt.** Von 35 der bedeutendsten Fabrikwaaren für den Export sind es nur 4, deren Ausfuhr zur See weniger als 50 pCt. der Gesammtausfuhr ausmacht, bei den anderen steigt das überseeische Exportprozent auf 60 und 75.

Ja, wir haben uns von England emanzipirt, darum drüben allgemeiner und tiefer Groll. Wenn England früher unsern Seehandel, auch ohne daß es eine deutsche Kriegsmarine gab, weniger bedroht hat, so hat man heute nach der seit Gründung des Deutschen Reiches erfolgten gewaltigen Entwickelung, namentlich im Eigenhandel, weit eher seiner Feindseligkeit als seiner Friedfertigkeit sich zu versehen. **Und da muß es mit großer Sorge angesehen werden, daß unsere Flotte unter sieben vom dritten Platz, welchen sie 1883 erreicht hatte, seitdem durch Zurückbleiben herabgesunken und, statt dem Wachsthum unserer Seeinteressen einigermaßen zu folgen, auf den fünften bezw., was Kreuzer betrifft, auf den sechsten Platz heruntergekommen ist.** Man bleibe doch dessen eingedenk, daß Hamburg erst 1832 im Schiffsverkehr mit den Vereinigten Staaten den Stand von 1799 wieder erreichen konnte, so lange hatte die Kontinentalsperre gewirkt; eine Wiederholung hiervon in viel größerem Maßstab darf nicht vorkommen, wenn wir nicht so geschwächt werden wollen, um bald auch **als große Landmacht an Geltung in der Welt verlieren zu müssen.**

Darum eine ausreichend starke Flotte, keine, welche die Verführung zu Händeln in der ganzen Welt erweckt, aber eine solche, welche den Handel in den heimischen Gewässern gegen Blockade und gegen Kaper über See — über See wenigstens leidlich — zu schützen vermag!"

Seerecht.

(Ueber Blockade, Kriegskontrebande besondere Artikel.)

Mit Recht sagt Geheimrath Professor Dr. Zorn vom heutigen Seerecht, insbesondere vom Seekriegsrecht, daß es noch die alte Barbarei des Mittelalters in sich trage — ja, daß diese noch fast uneingeschränkt herrsche. Der Landkrieg wird — wie Kaiser Wilhelm in seiner Proklamation an das französische Volk ausgesprochen — nur von Heer zu Heer geführt. Im Seekriege verfällt jedes Handelsschiff unter feindlicher Flagge dem seemächtigen Gegner. Die Handelsschiffe der kriegführenden Mächte sind vogelfrei, ihre friedlichen Bemannungen werden in Kriegsgefangenschaft geführt, das auf See schwimmende Privateigenthum verfällt dem Gegner als gute Beute, Prise genannt. Es ist schon oft in verschiedenen Ländern versucht worden, das Privateigenthum auf See vor der Wegnahme durch feindliche Kriegsschiffe durch internationale Verträge zu schützen, ähnlich wie die Kaperei, d. h. die Erlaubniß für Private (Handelskapitäne), Prisen zu machen, durch die Pariser Deklaration bei den meisten Seemächten abgeschafft worden ist. Aber so gut wie die Kaperei in etwas veränderter Form (die Kaperkreuzer müssen jetzt in den meisten Staaten von Marineoffizieren, sei es aktiven oder solchen der Reserve, geführt werden) thatsächlich noch besteht, so ist auch keine Aussicht vorhanden, daß das Seebeuterecht abgeschafft werde. Hat doch Lord Palmerston 1860 erklärt, daß Englands Dasein von der Seeherrschaft abhänge; deshalb könne es die Gewalt nicht aus den Händen geben, die Schiffe fremder Mächte wegzunehmen und namentlich die auf diesen Schiffen dienenden Matrosen gefangen zu nehmen. Eine Seemacht wie England dürfe sich **keines Mittels** entäußern, ihren Feind zur See zu schwächen. Einige moderne französische Seestrategen, wie Réveillère, Montechant und Fournier, sehen, allerdings im Widerspruch zu den Lehren der Geschichte, in der Zerstörung der feindlichen Handelsschiffe ein Hauptmittel der Seekriegsführung. Deshalb ist an die Verbürgung der Seehandelsfreiheit im Kriege durch internationale Verträge gar nicht zu denken; und wenn auch solche Verträge geschlossen würden, so hätten sie doch nur so lange Geltung, als sie von den seemächtigen Staaten anerkannt werden. Es hat schon große Schwierigkeiten gemacht, die Grundsätze „frei Schiff — frei Gut“ (d. h. feindliches Gut unter neutraler Flagge ist freizugeben) und „unfrei Schiff — frei Gut“ (d. h. neutrales Gut unter feindlicher Flagge ist freizugeben) in der Pariser Deklaration zur Geltung zu bringen. In beiden Grundsätzen bleibt aber die Kriegskontrebande ausgeschlossen, d. h. sie verfällt stets der Wegnahme. Der Begriff der Kriegskontrebande ist nun aber durchaus kein feststehender, sondern ein sehr dehnbarer und ist von der willkürlichen Auslegung der Kriegführenden sehr abhängig. Im Kriege gegen China in den 80er Jahren erklärten z. B. die Franzosen den Reis als Kontrebande, weil er zur Ernährung des Heeres dienen konnte. Wer nun die Macht hat, kann schließlich nicht nur alle Lebensmittel, sondern auch Kohlen, die ja den feindlichen Kriegsschiffen zu Gute kommen, als Kontrebande erklären. „Kein seemächtiger Staat wird sich hindern lassen, dem Begriffe der Kontrebande die denkbar weiteste Ausdehnung zu geben“, sagt Professor Dr. Zorn und weist dabei darauf hin, daß also der ganze neutrale Seehandel in den Kriegszustand hineingezogen und von der Willkür des Seeherrn abhängig gemacht wird. Also nicht allein der Handel des Feindes, sondern auch der ganze **neutrale Handel** ist in unerhörter Weise der Macht des Stärkeren preisgegeben. Deshalb sagte schon Heffter, einer der größten wissenschaftlichen Autoritäten auf dem Gebiete des Völkerrechts, es gäbe **keine traurigere Gestalt im Felde des Völkerrechts als die eines Neutralen den größeren Seemächten gegenüber.** Außerdem müssen sich die Neutralen während des Seekrieges auch das sogenannte Besuchs- und Durchsuchungsrecht von den seemächtigen Kriegführenden gefallen lassen; bei dem geringsten Verdachte oder bei irgend einer Unordnung in den Papieren werden die durchsuchten neutralen Schiffe beschlagnahmt und fortgeführt, also ihr friedlicher Handel wird unterbrochen. Zorn nennt diese Praxis eine wahrhaft barbarische Härte.

Die Rechtsunsicherheit der neutralen Seeschiffahrt während eines Seekriegs zwischen fremden Staaten fordert allein schon eine starke Seemacht, um unseren Seehandel nicht gänzlich von der Willkür der Kriegführenden abhängig zu machen. „Das Deutschland von heute muß entweder über See verkaufen oder untergehen,“ sagt der französische Gelehrte Marcel Dubois. Wir sind nur dann im Stande, als Neutrale unseren Seehandel vor allzu großen Uebergriffen der Kriegführenden in der Ausdeutung des Kontrebandebegriffs und des Begriffs der wirksamen Blockade (siehe diesen Artikel) zu bewahren, wenn wir zur See mächtig genug sind, daß jeder der Kriegführenden sich scheuen muß, uns auch noch als Gegner auf den Hals zu bekommen. Also auch der Neutrale, der große Seeinteressen zu decken hat, braucht eine starke Kriegsflotte!

Wie wenig der Seemächtige sich um Seerechtsfragen kümmert, hat England öfters bewiesen; um nur aus diesem Jahrhundert Beispiele anzuführen, die uns selbst angehen, sei folgendes erwähnt. Während des Krimkrieges ging ein flotter Waffenhandel von Amerika über unsere Seestädte und von da über Land nach Rußland; als die Engländer dagegen Einspruch erhoben, wurde die russische Grenze von uns schleunigst gegen die Waffenausfuhr gesperrt, denn sonst hätte die englische Flotte unsere Häfen blockirt. Als aber 1870/71 die englischen Kaufleute Waffen in riesigen Massen nach Frankreich verschifften und Deutschland sich über die Verletzung der Neutralitätspflichten beklagte, da fragte die „Times" trocken: „Wo ist die deutsche Flotte?" (— nämlich zum Blockiren der französischen Küste!)

Seeschifffahrtsverkehr in deutschen Häfen.

Im Jahre 1873 liefen in deutschen Häfen ein und aus 94 700 Schiffe mit 12,3 Millionen Registertonnen. Die Zahl stieg bis 1895 auf 133 800 Schiffe mit 30,5 Millionen Registertonnen und bis 1896 auf 147 500 Schiffe mit über 31 Millionen Registertonnen. Der Schifffahrtsverkehr der Jahre 1873/75 betrug 12,8 Millionen Tonnen. 1891/95 durchschnittlich 29,8 Millionen Tonnen. Die Zahl der verkehrenden Schiffe hat sich von 1873 bis 1896 vermehrt um 52 800 Schiffe mit über 18,6 Millionen Registertonnen.

Im Jahre 1873 verkehrten 17 100 Dampfschiffe mit 6,4 Millionen Tonnen; 1896 71 500 Dampfschiffe mit über 26,2 Millionen Tonnen. Segelschiffe verkehrten 1873 77 600 mit 5,9 Millionen Tonnen; 1896 76 000 Segelschiffe mit 4,8 Millionen Tonnen. Es hat sich also die Tonnage des Schiffsverkehrs in den deutschen Häfen seit 1873 um 174,3 pCt. vermehrt, und zwar hat sich die Dampfschiffstonnage um über 309,4 pCt. vermehrt und die Segelschiffstonnage um 18,6 pCt. vermindert.

Die ganze überwiegende Zunahme des Schiffsverkehrs beruht in der Entwickelung der Dampfschifffahrt.

Im Jahre 1873 umfaßte die Küstenschifffahrt 16 pCt. der Tonnage; bis 1895 war diese Zahl auf 21 pCt. gestiegen. Die

Tonnage der in der Küstenschifffahrt verkehrenden Schiffe hat von 1873 bis 1895 um 233 pCt. zugenommen.

Die Seeschifffahrt im Verkehr mit fremden Ländern weist von 1871 bis 1895 eine Steigerung der Schiffszahl von 50 700 auf 52 700 oder rund 4 pCt. auf. Die Tonnage stieg in dieser Zeit von 10,1 auf 24,0 Millionen, d. i. um 131 pCt., und zwar liegt auch hier die überwiegende Vermehrung auf Seiten der Dampfschifffahrt.

Nach Richtungen getrennt, war die überseeische Schifffahrt, der Tonnage nach, am Verkehr der deutschen Häfen betheiligt: 1873 mit 21 pCt.; 1895 mit 29 pCt. Hierbei ist zu beachten, daß die Verkehrsleistung in der überseeischen Schifffahrt eine ungleich größere ist, so daß die Transportleistung an Meilentonnen in der überseeischen Schifffahrt dem europäischen Schifffahrtsverkehr mindestens gleich stehen dürfte oder in Wahrheit denselben sogar übertrifft.

Die Steigerung liegt überwiegend auf Seiten der überseeischen Länder, wo namentlich die Entwickelung des Verkehrs mit Asien, Afrika und Australien neuerdings ins Auge fällt.

Die deutsche Flagge war am Verkehr der deutschen Häfen im Jahre 1873 mit 48 pCt. der Tonnage, am Dampfschiffsverkehr mit 41 pCt. der Tonnage betheiligt; 1895 mit 52 pCt. der Tonnage und 51 pCt. der Dampfertonnage; 1896 aber nach der Statistik mit 54 pCt. der Tonnage und scheinbar abermals 52 pCt. der Dampfertonnage. In Wahrheit aber stellen sich diese Zahlen vergleichsweise noch höher, da durch Einführung der neuen Vermessungsmethode in Deutschland seit 1895 eine rechnerische Reduktion der Räume der größeren Dampfschiffe stattgefunden hat. Somit dürften beide Zahlen in Wahrheit noch ein wenig zu erhöhen sein.

Bezeichnenderweise hat 1896 die deutsche Flagge zum ersten Male im Hamburgischen Hafen über die englische nach Zahl und Tonnage der verkehrenden Schiffe dominirt.

Septennat.

Will man überhaupt das Wort „Septennat" auf die Marinevorlage anwenden, so darf man nicht vergessen, daß es dann einen ganz anderen Sinn und Inhalt hat als den bisher gebräuchlichen, der sich auf die Festlegung der Präsenzstärke der Armee auf sieben Jahre bezieht. In den Erörterungen über das Flottengesetz bedeutet das Wort lediglich die im Entwurf geforderte, auf sieben Jahre lautende Fristbemessung, binnen welcher der Sollbestand der Flotte erreicht werden muß: Die Mittel für die Neubauten, nämlich 7 Linienschiffe, 2 große und 7 kleine Kreuzer, sind so rechtzeitig in den Reichshaushaltsetat aufzunehmen, daß die betreffenden Schiffe bis zum Ablauf des Rechnungsjahres 1904 fertiggestellt werden können — das ist das sogenannte „Septennat". Der „Reichsanzeiger" vom 27. November 1897 sagt über die Nothwendigkeit der Fristbestimmung: **„Soll die Festlegung des Sollbestandes der Flotte überhaupt einen Sinn haben, so muß auch, wie schon oben bemerkt, gesetzlich feststehen, bis zu welchem Termin dieses Ziel erreicht werden soll.** Es muß eben Sicherheit geschaffen werden, daß diese Flotte auch baldmöglichst gebaut wird." Es handelt sich also hierbei nur darum, die Mittel, welche aufgewendet werden müssen, um die erforderliche Flotte zu schaffen, im finanziellen Interesse auf eine Reihe von Jahren zu vertheilen. Das Septennat ist nichts anderes als eine Retablissementsperiode, die mit dem Jahre 1904 endigt. Streng logisch wäre eigentlich die Forderung des Gesammtbetrages für die Verstärkung des Flottenbestandes bis zu dem nothwendigen Maße auf einmal, in einer einzigen Summe, wie dies in der englischen Naval defense Act von 1889 geschehen ist. Wenn der Entwurf des deutschen Flottengesetzes davon Abstand nimmt, so geschieht es, 1., um die Kosten auf eine Reihe von Jahren zu vertheilen und somit die finanzielle Belastung zu erleichtern; 2., um die Schiffbauindustrie nicht in eine plötzliche und übertriebene Leistung hineinzustoßen, sondern ihre allmähliche, dauernde Erstarkung zu fördern; 3., aus Rücksicht auf die Beschaffung der Bemannung. Bei den Erwägungen über das angemessene Zeitmaß ist man zwischen dem Zuviel und dem Zuwenig rein aus praktischen Gründen auf die Zahl von sieben Jahren als die zweckentsprechende Frist gekommen. **So liegen dem „Septennat" alle politischen und konstitutionellen Motive völlig fern!** In den Motiven des Entwurfes heißt es darüber:

> Es bedarf auch der Bestimmung eines Zeitraumes, in welchem die zur Erreichung des Sollbestandes erforderlichen Neubauten fertigzustellen sind. Die Festsetzung dieses Zeitraumes durch eine Denkschrift ist nicht ausreichend, da eine solche keine bindende Kraft besitzt. Gerade Letzteres aber ist ein dringendes

Bedürfniß, das in den letzten Jahren in gleicher Weise von den verbündeten Regierungen und der Volksvertretung empfunden worden ist. Da der Sollbestand nicht nach künftigen Bedürfnissen, sondern nach den heutigen Seeinteressen des Reiches zu bemessen ist, müßte derselbe schon jetzt vorhanden sein. Die Flotte wird daher im Interesse der Sicherheit und der Wohlfahrt des Reiches so schnell als möglich auf die erforderliche Stärke gebracht werden müssen. Andererseits ist der Zeitraum, in welchem die für nothwendig erkannten Schiffe beschafft werden können, abhängig von der Finanzlage des Reiches, einer zweckmäßigen Beanspruchung der heimischen Privatindustrie und der Staatswerften, sowie ferner von der Möglichkeit, das nothwendige Personal heranzubilden. Nach diesen drei Gesichtspunkten konnte der erforderliche Zeitraum ohne Gefahr einer Ueberhastung auf sieben Jahre bemessen werden.

Die vom staatsrechtlichen Gesichtspunkte gegen diesen Vorschlag von der Opposition im Reichstage ins Feld geführten Einwände haben wir bereits in dem Artikel „Budgetrecht und Flottengesetz" besprochen; es genügt daher, hier auf sie zu verweisen. Nur die gegnerische Behauptung sei noch berührt, daß das Septennat nicht zur Verhütung von Streitigkeiten um die Schiffsbauten, wie sie in den letzten Jahren entstanden sind, führe, sondern im Gegentheil jedes Jahr einen Herd von Mißhelligkeiten schaffe. Die Opposition verweist auf die etatsrechtliche Möglichkeit, daß — die Annahme des Gesetzes vorausgesetzt — der Reichstag in den ersten Jahren enorme Abstriche an den Baukrediten vornehmen und dadurch die Fortführung und Vollendung begonnener Arbeiten gefährden könne. Es wäre aber immer noch das Gesetz erfüllt, wenn nur etwa im dritten oder vierten Jahre auf einmal so viele Gelder bewilligt würden, als für die zur rechtzeitigen Fertigstellung des Sollbestandes der Flotte nothwendigen Schiffsbauten erforderlich seien. Wir können diesen Einwand unmöglich ernst nehmen. Ein Reichstag, der so widersinnig und thöricht verführe, würde sein Ansehen und seinen Einfluß beim Volke aufs Spiel setzen. Wir halten es für ausgeschlossen, daß ein Reichstag, wenn das Flottengesetz besteht, dann nicht wie aus jedem anderen organischen Gesetze auch die Folgerungen zieht und die zu seiner Ausführung nöthigen Gelder bewilligt. Darin liegt keine „Bindung", noch viel weniger eine „Knebelung" des Reichstages, sondern das erfordert die Achtung vor dem Gesetz, die das Fundament jedes konstitutionellen Staatswesens ist.

Der Staatssekretär des Reichs-Marine-Amts hat bei der ersten Berathung der Vorlage erklärt (stenogr. Bericht S. 44), daß die verbündeten Regierungen folgender Thatsache gegenüber gestanden haben: **„Im Jahre 1873 sind 14 Panzerschiffe als nothwendig anerkannt worden, und erst im Jahre 1894, also nach 21 Jahren, sind thatsächlich diese Schiffe vorhanden gewesen.“** Diese Thatsache dränge dahin, eine gesetzliche Regelung eintreten zu lassen. Es genügt eben nicht die platonische Zustimmung zu einem Sollbestande der Flotte, sondern es muß für die Praxis die Gewähr gegeben werden, daß dieser Bestand auch wirklich in gemessener Frist erreicht wird. Ist die Flotte nicht vollständig, so kann sie ihren Zweck nicht erfüllen — das Geld dafür ist also schlecht verwendet, wenn nicht gar weggeworfen.

Auf einen weiteren Punkt hat der Staatssekretär ebenfalls mit vollem Recht hingewiesen: „Der Vortheil, der der Verwaltung erwächst, wenn sie ein gewisses Verfügungsrecht über die nächsten Jahre hat, oder wenigstens die Sicherheit, daß die geforderten Kosten bewilligt werden, besteht darin, daß sie im Stande ist, die Bauten in zweckmäßiger Weise auf die vorhandenen Etablissements, Staats- und Privatwerften zu vertheilen, daß sie im Stande ist, die Leistungsfähigkeit der Industrie durch das Geld, das durch die Marine flüssig gemacht wird, zu heben.“ **„Ich persönlich“** — erklärte der Staatssekretär am 6. Dezember 1897 — **„bin mir nicht zweifelhaft, daß, wenn die Frist festgesetzt wird, die Schiffe billiger und besser werden, daß die Industrie, die in Betracht kommt, auch für den internationalen Wettbewerb leistungsfähiger würde.“**

Die Erfahrungen haben die Richtigkeit dieser Ansicht bereits früher erwiesen. Als 1884 auf einmal 70 Torpedoboote bewilligt worden waren, die in den sechs darauf folgenden Jahren gebaut wurden, hat die Marineverwaltung durch die Möglichkeit, von vornherein zu disponiren, erreicht, „daß wir erstens die besten Boote hatten, die damals überhaupt schwammen, zweitens, daß wir die dazu gehörenden militärischen Vorbereitungen gut regeln konnten, und drittens, daß wir die Leistungsfähigkeit der in Betracht kommenden Industrien so vorwärts getrieben haben, daß wir bereits bei Ablauf dieser Jahre so viel Bestellungen auf Torpedoboote aus dem Auslande hatten, daß das, was das Deutsche Reich für seine eigene Marine ausgegeben hatte, vom Auslande wieder zurückgeflossen ist." (Stenogr. Bericht des Reichstags S. 44.)

Wir fügen noch eine Aeußerung des Ministers a. D. Dr. Schäffle (Stuttgart) aus der „Münchener Allgemeinen Zeitung" über die konstitutionelle Unbedenklichkeit des Flottengesetzes hinzu:

„Konstitutionelle Bedenken sachlicher Art lassen sich hiernach in den soeben bezeichneten Richtungen nicht begründen. Aber das Septennat oder gar Aeternat! Dieses Parteiphantom erzeugt das letzte und höchste Gruseln.

Nun läßt sich aber nachweisen, daß Quinquennate, Septennate sowie Aeternate nicht nur nicht zu vermeiden, sondern daß septennatische und äternatische Verwilligungen auch von den radikalsten Parteien des Reichstages, die Sozialdemokraten nicht ausgenommen, an dem angeblichen Parteiprinzip wiederholt verbrochen worden sind und verbrochen werden müssen; mit der Statistik der Reichstagsabstimmungen kann die letztere Thatsache von jedem Rathe der Herren Miquel und Thielemann ausgiebig nachgewiesen werden.

Grundsätzliche Festlegungen von Ausgabeposten für mehrere Jahre, sogar auf unbestimmte Zeit, also Septennate und Aeternate, können im öffentlichen Haushalt überhaupt nicht vermieden werden. Die Planmäßigkeit der Staatswirthschaft und die Vermeidung einer Willkür- und Zickzackpolitik, sei es der Regierung, sei es der wechselnden Vertretungsmehrheit, verlangen Septennate u. s. w., auch Aeternate. Dazu sind die Organisationsgesetze recht eigentlich bestimmt.

Der bedeutendste Theil aller Ausgaben, der Besoldungs- und Naturalbedarf der ständig angestellten, höheren und niederen Staatsdiener, der Offiziere und der Mannschaften, wird auf unbestimmte Zeit, also »äternatisch« verwilligt; Besoldungserhöhungen für den sogenannten niederen Dienst — die radikalsten Parteien sind darin am freigebigsten — schaffen Aeternate, und wenn die genannten, am weitesten links stehenden Parlamentarier dabei mithelfen, so begehen sie zwar einen thatsächlichen Abfall von einem falschen »Prinzip«, bethätigen aber lobenswerthen bon sens.

Nicht anders als mit den Aeternaten verhält es sich mit den Bedarfsfeststellungen auf mehrere Jahre, mit den Quinquennaten, Septennaten u. s. w.; **diese sind unvermeidlich, wenn man größere Anstalten ins Leben rufen muß.** Die finanziellen Mittel und die technisch verwendbaren Kräfte eines Jahres reichen eben nicht immer aus, z. B. bei der schrittweisen Herstellung eines Eisenbahnnetzes, welches planmäßigerweise im Ganzen voraus festgestellt sein will, bei der Herstellung von Handelshäfen und Monumentalbauten, bei der Artilleriereform, bei einem Theil der Retablissements nach dem Kriege, bei Festungsbauten und in vielen anderen gleichen Fällen. **Zu diesen Fällen zählt auch eine Flottenschaffung.**

Kein Parlament und keine Partei kann sich Beschlüssen entziehen, welche auf mehrere Jahre sowie auf unbestimmte Zeit finanzielle Belastung nach sich ziehen. Septennate und Aeternate sind unvermeidliche Einrichtungen, welche der Ordnung aller öffentlichen Haushalte unentbehrlich und **gerade für einen obersten Zweck konstitutionellen Lebens, für planvolle, rationelle, billige Staatswirthschaft, unerläßlich sind.**

Der Konstitutionalismus kann mehr nicht verlangen, als daß die Jahresraten für Ausführung dauerhaft belastender Beschlüsse jedes Jahr ins Budget zur parlamentarischen Verwilligung eingestellt werden. Indessen muthet die Tirpitzsche Vorlage dem Reichstag den Verzicht auf jährliche Verwilligung gar nicht zu; denn ihr letzter Paragraph bestimmt: »Die nach Maßgabe dieser Grundsätze (über mindesten Flotten- und Mannschaftsstand) erforderlichen Etatsstärken der Matrosen-Divisionen, Werft-Divisionen und Torpedo-Abtheilungen sowie die Etatsstärken des sonstigen Personals unterliegen der jährlichen Festsetzung durch den Reichshaushaltsetat.« **Die Vorlage bindet also den Reichstag nicht weiter, als daß sie ihn hindert, eine planvoll beschlossene Schöpfung planlos jedes Jahr wieder in Frage stellen zu dürfen.** Jeder kommende Reichstag findet als Erbe seiner Vorgänger vollständig gebundene Marschrouten der Ausgabenverwilligung vor. Wenn einer der Oppositionsredner den Zeitungsberichten zufolge ausgerufen hat: »wir können mit unseren Rechten den Staatsorganismus nicht lahmlegen«, so hat er damit zwar unklugerweise sich ins radikale Parlamentarierherz schauen lassen, aber nur eine sehr gute Seite des Flottenschaffungsseptennats, wie Bileams Eselin, hervorgehoben. Die »starke Flotte« Deutschlands soll eben **planvoll** entstehen können und auf 7 Jahre aufhören, ein Spielball faktiös* zusammengeraffter Minoritätenkoalitionen, eine Waffe des unfruchtbaren Parteitreibens zu sein. Das ist um so besser, da es eben nicht bloß royalistischen, sondern auch parlamentarischen Absolutismus giebt. **Von einer Knebelung des Budgetrechts kann keinesfalls die Rede sein.**

Dauernde Festlegungen von Ausgaben sind aber nicht bloß staatswirthschaftlich gefordert, sondern auch staatsrechtlich. **Durch die Vorlage wird lediglich eine Lücke unseres öffentlichen Rechtes ausgefüllt.** Für das Landheer sind die Grundzüge der Organisation von Anfang an festgestellt gewesen, für die Marine hat eine Festlegung nicht ebenso stattgefunden und ihrer Jugend wegen nicht stattfinden können. Jetzt ist die Zeit da, der Uferlosigkeit des Wollens für oder gegen eine ausreichend starke Flotte gleichsehr für Bundesrath und Reichstag ein Ende zu machen und wie bei der Landarmee die Kadres, die Friedenspräsenz und die Armeereserven, so bei der Flotte den Schiffsbestand, die Indienststellung und die Materialreserve auf eine gesetzliche Grundlage zu stellen. Damit geschieht analog nur dasselbe, was für das Landheer auch geschehen ist, und mit gleich gutem Grunde, d. h. im Interesse der Schlagfertigkeit zur See, die mit derjenigen zu Lande ein integrirendes Ganze bildet."

Für das Septennat, dem etatsrechtliche Bedenken nicht entgegenstehen, sprechen also wichtige militärische, technische, finanzielle und wirthschaftliche Gründe, so daß die hartnäckige Opposition dagegen aus der Sache selbst nicht begreiflich ist.

Spectator-Artikel.

In der englischen Wochenschrift „Spectator" vom 16. Januar 1897 befand sich ein Artikel über Englands Großmannssucht, der seinerzeit in Deutschland Aufsehen erregte und deshalb hier wiedergegeben wird:

„Unter dem Titel »Englische Vergrößerungssucht« haben die »Hamburger Nachrichten« einen ungewöhnlich heftigen Angriff auf England ausgeführt. Die Schlußfolgerungen dieses Aufsatzes, die der Berliner Berichterstatter des »Standard« anführt, sind nicht nur wegen ihrer Schärfe, sondern auch wegen ihrer Verschrobenheit erwähnenswerth. Nach der Erklärung: »Der englische Uebermuth entspringt dem Größenwahn« führen die »Hamburger Nachrichten« Disraelis Worte bei dem Banket des Lord-Major von 1876 an: »Kein Land ist so kriegsbereit wie das unserige, und wenn es in einen Kampf geräth, der seine Freiheit, seine Unabhängigkeit und seine Macht berührt, so sind seine Hülfsquellen unerschöpflich.«

Die Deutung dieser Worte muß vollständig wiedergegeben werden: »Möchte England doch recht bald die Probe machen! In Wahrheit deckt sich seine unerträgliche Anmaßung nicht mit seiner Kraft. In der gewaltigen Ausdehnung des englischen Reiches liegt zugleich seine Schwäche. Wie die Ursache des Verfalles von Weltreichen von jeher in dem Uebermaß der Ausdehnung lag, so stellt auch die englische Weltmacht nur ein Scheingebilde dar. Ohne eine entsprechende Landmacht läßt sich eine Weltmacht zur See nicht aufrecht halten; England besitzt aber (wie wir wiederholt nachgewiesen haben) keineswegs die nöthige Wehrmacht zu Lande und kann sie auch nicht mehr schaffen. Das Privilegium der Unangreifbarkeit, das seine Insellage ihm ehedem gewährleistete, hat es verloren.« Mit anderen Worten: Englands Macht ist Betrug, Wahn und Schein. Die Füße des Riesen sind von Thon, und der hohe wacklige Aufbau kann vom ersten Besten umgestoßen werden.

Wir haben natürlich kein Verlangen, einen Wortkrieg mit einer deutschen Zeitung zu führen, und werden jeden Versuch unterlassen, den »Hamburger Nachrichten« in ähnlicher Art zu antworten. Aber es scheint doch der Mühe werth zu sein, zu zeigen, daß dies Gerede über die Ohnmacht Englands, weil es kein Landheer besitzt oder weil es ein weltweites Reich hat — einer von den blinden Irrthümern ist, den Abneigung und Eifersucht (!) so oft erzeugen. Die »Hamburger Nachrichten« sagen uns, daß unsere Weltmacht bloßer Schein sei, und verlangen danach, wir möchten durch einen Krieg die Probe darauf machen. Nun, wir wollen ruhig und ohne Heftigkeit erwägen, welche Folgen es gehabt hätte, wenn der Staat, dessen Macht nur ein Trugbild sein soll, um diese Zeit im vorigen Jahre versucht hätte, gegen Deutschland Krieg zu führen. Wir setzen nicht voraus, daß die »Hamburger Nachrichten« es leugnen wollen, daß unsere Flotte sehr viel stärker als die deutsche Flotte ist — so bedeutend stärker, daß die Deutschen die Zerstörung ihrer Flotte nicht aufs Spiel gesetzt hätten, sondern daß sie die Flotte im sicheren Hafen zurückgehalten hätten. Die deutsche Flotte ist recht gut, und ihre Seeleute und Offiziere sind tapfere Männer, aber auch sie halten es nicht für möglich, unsere Schiffe bei einer Uebermacht von drei gegen eins zu schlagen; in dieser Uebermacht würden wir im vorigen Jahre gegen sie gewesen sein. Wir können deshalb annehmen, daß die Deutschen ihre Flotte im Hafen gehalten haben würden, weil sie es nicht nöthig haben, ihren Muth in einem hoffnungslosen Kampfe zu zeigen. Was würde nun die Folge eines solchen Krieges gewesen sein? Zunächst würden die deutschen Kriegsschiffe im Stillen Ozean und an der afrikanischen Küste versenkt oder genommen worden sein. Sicherlich ist es kein Größenwahn, wenn man annimmt, daß der »Seeadler«, dessen fünfzig Matrosen beinahe nach Johannesburg marschirt waren, dem britischen Geschwader in den südafrikanischen Gewässern keinen ernsten Widerstand hätte leisten können.

Ferner würde eine von Ostindien oder von Mauritius ausgeschickte Streitmacht Deutsch-Ostafrika genommen haben, eine andere vom Kap ausgehende hätte Angra Pequena und Damaraland besetzt, eine von England auslaufende Kamerun und eine von Australien endlich Deutsch-Neu-Guinea. Freilich hätte durch das bisher Gesagte Deutschland sehr wenig gelitten. Darüber kann kein Zweifel sein; aber das ist auch keineswegs der ganze Schaden, den wir Deutschland zufügen können. Die Anglophoben in der deutschen Presse scheinen gar nicht zu wissen, daß Deutschland eine sehr große Handelsflotte hat. Ueberall weht die deutsche Flagge. Mit der Kriegserklärung würde die ganze deutsche Handelsflotte uns auf Gnade und Ungnade ausgeliefert sein. Auf allen Weltmeeren würden unsere Kreuzer deutsche Schiffe aufbringen und wegnehmen. Freilich könnten die Deutschen sich theilweise dadurch schützen, daß sie versuchten, ihre Schiffe unter neutrale Flagge zu bringen, aber solcher Flaggenwechsel kann nicht in kurzer Zeit durchgeführt werden. In der ersten Woche nach der Kriegserklärung würde Deutschland einen Verlust von vielen Millionen Pfund Sterling durch die Wegnahme seiner Handelsschiffe erleiden. Aber das ist noch nicht Alles. In unseren Kolonien haben sich viele deutsche Handelshäuser niedergelassen, die trotz kühnen Wettbewerbs gute Geschäfte machen. Die Probe, die wir nach dem Wunsche der »Hamburger Nachrichten« machen sollen, würde diese Handelshäuser vernichten. Wir würden sie natürlich nicht barsch behandeln, aber der Krieg müßte und würde sie zwingen, ihre Geschäfte zu jedem Preise zu verkaufen und nach Hause, nach Deutschland, zu gehen. Dadurch verlöre Deutschland eine Stütze im Welthandel, die durch jahrelange mühsame Arbeit erst geschaffen worden ist. Dann bedenke man ferner, wieviel Deutschland für vom Staate unterstützte Dampferlinien, wie den Norddeutschen Lloyd, ausgegeben hat. Krieg mit England muß den völligen Zusammenbruch dieser stolzen Gesellschaft herbeiführen. Und dann berechne man, wie Deutschlands Handel vom Abschluß aller seiner Häfen beeinflußt werden würde. Hamburg ist einer der größten Seehäfen der Erde; in welcher Lage würde dieser Platz sein, wenn thatsächlich kein einziges Schiff ein- oder auslaufen könnte? Blockaden sind ohne Zweifel sehr schwer streng durchzuführen, aber Hamburgs Lage erleichtert den Abschluß sehr. In der That würde die Blockade aller deutschen Häfen in der Ostsee und in der Nordsee nicht schwierig sein. Die französischen Küsten am Atlantischen Ozean und am Mittelmeer zu blockiren, würde wegen deren großer Ausdehnung eine fürchterliche Aufgabe sein. Aber Deutschland hat nur kurze Küstenlinien und seine Hafeneinfahrten sind ganz besonders leicht zu sperren. Nun überlege man sich, wieviel es für Deutschland ausmachen müßte, wenn seine Flagge vom Weltmeere verdrängt wäre, und wenn seine Häfen blockirt wären. Seine Kolonien würde es wohl nicht vermissen, denn die sind doch nur eine Last, **aber der Verlust des deutschen Seehandels käme einer baaren Geldbuße von mindestens einhundert Millionen Pfund Sterling (zwei Milliarden Mark) gleich.** Gerade herausgesagt, würde ein Krieg für Deutschland, selbst wenn er von deutscher Seite mit größter Weisheit und Vorsicht geführt würde, doch einen unmittelbaren Verlust allerschwerster Art zur Folge haben, während wir so gut wie gar nichts verlieren würden. Auch der mittelbare Schaden würde für Deutschland sehr groß sein, weil es uns dann nicht mehr auf dem geraden Wege die tausenderlei Dinge schicken könnte, die es uns jetzt liefert. Außer auf dem Wege über Holland, Belgien und Frankreich würden Made in Germany - Waaren in unsere Häfen nicht mehr eindringen können. Ohne Zweifel würden auch wir bei dieser Stockung in der Versorgung mit billigen Waaren Verluste haben, aber nicht in dem Maße wie Deutschland. Deutschlands Wettbewerber in Manufakturwaaren würden schnell Kundschaft gewinnen und würden unsere Bedürfnisse bei nur sehr geringer Preiserhöhung befriedigen. Inzwischen würde der von unseren Kaufleuten so oft beklagte deutsche Wettbewerb auf neutralen Märkten vollständig verschwinden. Wir würden dann nichts mehr davon hören, daß Deutschland die chinesischen und japanischen Märkte beherrscht.

Wir haben gezeigt, was die Folge wäre, wenn wir Deutschland mit Krieg überzögen, ehe dieser Staat eine Flotte geschaffen hat, die groß genug wäre, um unsere Flotte zu schlagen, und zwar zu einer Zeit, wo Deutschland ohne die Hülfe mächtiger Verbündeter wäre, die es schützen könnten. Vielleicht wird man sich darauf berufen, daß Deutschland nicht ohne Verbündete sein würde, wenn wir es angriffen. Würde etwa Frankreich es gegen den allgemeinen Polterer (bully) schützen? Kann ein vernünftiger Mensch annehmen, daß Frankreich so närrisch sein könnte? Wenn Frankreich einen Krieg begönne, um Deutschland zu helfen, so geschähe das doch nur, um Deutschland den Sieg zu verschaffen. Aber würde Deutschland, wenn es in einem Kampfe mit England siegreich wäre, geneigter sein, die Reichslande zurückzugeben? Diese Frage kann sich jeder selbst beantworten. Aber wie stände es, wenn Deutschland die Reichslande zurückgäbe, um die Hülfe Frankreichs damit zu erkaufen? Nun, damit würde Deutschland die Erfolge des Krieges von 1870 gegen die Möglichkeit, England zu zerstören, austauschen; es würde dann einen Theil der Beute bekommen, aber sicher nicht den Löwenantheil. Die besten überseeischen Stücke würde die Macht mit der größten Flotte beanspruchen, und diese Macht wäre Frankreich. Und darauf kann man sich verlassen, daß Deutschland nicht die Reichslande aufgiebt, um französische Hülfe zu kaufen. Rußland aber ist als Verbündeter nicht leicht zu haben. Kein einziger Russe mit Ausnahme des Zaren hat den Wunsch, Deutschland viel stärker zu machen, als es schon ist; und stärker würde es natürlich werden, wenn man ihm helfen würde, England zu zerstören. Oesterreich würde als deutscher Verbündeter werthlos sein, selbst wenn es helfen wollte, was noch zweifelhaft ist; denn es hat keine (!) Flotte. Italien aber würde sicherlich unser Land nicht angreifen. Die Aussicht, daß Deutschland ein paar hundert Millionen Pfund Geldstrafe zahlen müßte, seine Kolonien und sein politisches und merkantiles Ansehen verlöre, würde von den Mächten keineswegs als eine Gefahr angesehen werden, die um jeden Preis vermieden werden müßte. Verschiedene Mächte würden wahrscheinlich die Zerstörung der deutschen Landmacht nicht dulden, wegen des politischen Gleichgewichts, aber die würde bei einem Kriege mit England auch nicht gefährdet werden. Andererseits würden aber die meisten Mächte nicht wenig erfreut sein, wenn die anmaßendste Macht in Europa einige nützliche Demüthigungen zu erleiden hätte. Gerade jetzt ist Deutschland alles andere als beliebt; die Aussicht, daß es einen starken Stoß bekommen könnte, würde also den übrigen Völkern keineswegs unangenehm sein. Wenn dann Deutsche rufen: »Möchte doch England die Kriegsprobe nur machen«, so schwatzen sie gefährlichen Unsinn. Wenn wir den Versuch machten, so hätten sie in der That sehr schwer darunter zu leiden. Glücklicherweise sind wir kein empfindliches Volk und lassen uns durch deutschen Tadel nicht zu Feindseligkeiten verleiten. Vermuthlich ließen wir Deutschland zu leicht damit durchkommen, als der deutsche Kaiser sein Telegramm absandte; sicherlich aber werden wir unsere Röcke nicht ausziehen, nur weil ein Hamburgisches Blatt den Kopf verliert.

Wenn wir in den Krieg ziehen, so wollen wir damit keine Kraftprobe machen, sondern wollen die Pistole aus der Hand dessen schlagen, der uns angreifen möchte oder wollen verhindern, daß ein Fremder in unsere Eigenthumsrechte greift."

Spezialschiffe.

Die Spezialschiffe gehören nach der Begründung zum Flottengesetzentwurf zusammen mit den Schulschiffen und Kanonenbooten zu denjenigen Schiffen, welche für eine Kriegsverwendung auf hoher See infolge ihrer Konstruktion und

Armirung nicht in Betracht kommen. Im Besonderen sind unter dieser Bezeichnung alle Schiffe zusammengefaßt, welche verschiedenen Zwecken dienen und bei anderen Schiffsklassen nicht aufgezählt werden konnten.

Man findet hier die beiden Kaiserlichen Yachten „Hohenzollern“ und „Kaiseradler“, das Transportschiff „Pelikan“, die beiden Vermessungsfahrzeuge „Möwe“ und „Albatroß“, die vier ausrangirten und nunmehr als Hafenschiffe bezeichneten früheren Panzerschiffe „Preußen“, „Friedrich der Große“, „Friedrich Karl“ und „Kronprinz“ sowie endlich das alte Panzerfahrzeug „Arminius“.

Torpedofahrzeuge

sind kleine, aber sehr schnelle Fahrzeuge, deren Hauptwaffe der Torpedo ist. In den Flottenlisten der verschiedenen Staaten findet man dieselben Fahrzeuge der Größe nach unterschieden in Torpedoavisos, Torpedokanonenboote, Torpedobootszerstörer, Torpedodivisionsboote und Torpedoboote.

Torpedobootszerstörer und Divisionsboote unterscheiden sich nur durch den Namen. Beide sind eine größere Art von Torpedobooten.

Die deutsche Marine hat immer nur Torpedodivisionsboote und Torpedoboote besessen.

Die Torpedoboote sind immer außerordentlich leicht gebaut und mit ihren empfindlichen Maschinen sehr oft kleineren oder größeren Unfällen ausgesetzt, welche Reparaturen nothwendig machen können. Der Dienst auf ihnen ist in See derartig anstrengend, daß selbst die besten Besatzungen denselben nur eine beschränkte Zeit auszuhalten vermögen.

Aus diesen Gründen ist eine längere, dauernde kriegerische Verwendung von Torpedobooten in weiterer Entfernung von der Küste ausgeschlossen. Eine solche ist für kürzere Zeit nur möglich, wenn sich die Torpedoboote unter dem Schutze größerer, selbständiger Schiffe befinden.

Im Uebrigen siehe den Artikel „Entwickelung des Flottenmaterials“.

Uebersicht der Ausgaben für die Flotte in den wichtigsten Großstaaten.

Im Durchschnitt der Jahre 1890—1897 gaben für die Marine jährlich aus (abgerundet auf Millionen):

	Einschl. Pensionen:		Ohne Pension:	
Deutschland	88	Mill.	86	Mill.
Rußland	—	„	111	„
Frankreich	227	„	—	„
Großbritannien	359	„	—	„
Japan (im Durchschnitt von 1890—1896)	—	„	47	„
Deutschland (im Durchschnitt v. 1890—1896)	—	„	81	„
Italien (im Durchschnitt von 1890—1896)	—	„	83	„
Die Vereinigten Staaten (im Durchschnitt von 1890—1896) . . .	—	„	124	„

Zu diesen Angaben bemerkt die auf Veranlassung des Reichs-Marine-Amts zusammengestellte Denkschrift „Die Ausgaben für Flotte und Landheer und ihre Stellung im Haushalt der wichtigsten Großstaaten“ u. A. Folgendes: „Der Aufwand Japans für Marinezwecke ... ist zwar seit 1880 in raschem Aufschwung begriffen gewesen, hat indessen doch erst in den Jahren 1895 und namentlich 1896 eine beträchtliche Höhe erreicht, weshalb die Gesammtsumme der Periode 1890—1896 ebenso wie die Durchschnittsziffer im Verhältnisse zu dem gegenwärtigen Aufwande überaus niedrig sind. Die übrigen verglichenen Staaten *) übertreffen sämmtlich Deutschland an Marine-Aufwand. Selbst Italien (dessen Bevölkerung 1896 nur etwa 3/5 der Deutschen betrug) gab durchschnittlich jährlich 1,6 Millionen Mark mehr aus als Deutschland. Für die übrigen Staaten aber steigt dieser Mehraufwand:

für Rußland	auf	25	Millionen	durchschn.	Jahresausgabe,
„ Verein. Staaten	„	42	„	„	„
„ Frankreich	„	139	„	„	„
„ Großbritannien	„	271	„	„	„

Pro Kopf der Bevölkerung berechnet, ergiebt sich zwar für Oesterreich (1897) nur eine Ausgabe von 63 Pf., für Spanien etwas mehr als 1 Mk., für Rußland aber bei seiner 2½mal stärkeren Bevölkerung als Deutschland 1 Mk. 2 Pf., für die Vereinigten Staaten bei 75 Millionen Einwohner schon 1 Mk.

---

*) Von Oesterreich ist abgesehen, da dessen Aufwand für Marinezwecke anormal gering ist.

77 Pf. im Jahre 1896/97, während Deutschland im gleichen Jahre nur 1 Mk. 66 Pf. hatte. Die übrigen Großstaaten gaben sämmtlich im Endjahre der Vergleichungsperiode (1897 resp. 1896) mehr pro Kopf der Bevölkerung aus als wir. In absoluten Zahlen ausgedrückt, stiegen die Kopfbeträge der Marineausgaben in folgender Weise:

		1880		1896		1897
in Deutschland	von	0,86 Mk.	bis	1,66 Mk.	bis	2,16 Mk.
„ Italien	„	1,23 „	„	2,46 „		—
„ Frankreich	„	4,46 „		—	„	6,13 „
„ Großbritannien	„	6,12 „		—	„	11,15 „
„ Japan	„	0,36 „	„	3,84 „		—

Um den Einwand zu entkräften, daß der Gesammtaufwand für Landesvertheidigung (Heer und Marine) und Schuld — also für die häufig, aber fälschlich sogenannten unproduktiven Ausgaben — in Deutschland unverhältnißmäßig hoch seien, geht die Denkschrift auch auf dieses Gebiet mit einem Vergleich der betr. Posten in den Budgets der Hauptstaaten ein. Während des Zeitraumes 1890—1897 resp. 1896 betrug die durchschnittliche Jahresausgabe insgesammt (abgerundet in Millionen) in:

Oesterreich . . .	422	Millionen Mk.
Italien	831	„ „
Deutschland . . .	921	„ „
Rußland	1139	„ „
Vereinigten Staaten	1199	„ „
Großbritannien . .	1219	„ „
Frankreich . . .	1577	„ „

Die Pro-Kopf-Ausgaben für Landesvertheidigung und Schuld betragen im Jahre 1897/98 (1896/97) in:

Japan . . .	11,46	Mk.
Oesterreich . .	16,90	
Deutschland .	18,51	„
Italien . . .	26,67	„
Großbritannien	32,78	„
Frankreich . .	41,03	„

Rußlands Pro-Kopf-Aufwand beträgt 9,57 Mk. bei einer Bevölkerung von 120 Millionen; der der Vereinigten Staaten, ungerechnet die Miliz- und Schuldkosten der Einzelstaaten, 15,06 Mk. bei einer Bevölkerung von über 75 Millionen.

Beide Länder müssen wegen ihrer unverhältnißmäßig starken Bevölkerungszahl bei einem Vergleiche außer Betracht bleiben. Gegenüber Italien, Frankreich und England aber bleibt Deutschland in der Belastung mit Ausgaben für Heer, Marine und Schuldenverzinsung weit zurück. „Es erhellt, daß aus dem Gesammtaufwande Deutschlands für Landesvertheidigung und Schuld kein Argument für sein Zurückstehen hinter den Anstrengungen, welche die anderen Großstaaten für die Entwickelung ihrer Seemacht bethätigen, entnommen werden kann.“ (Denkschrift des Reichs-Marine-Amts S. 11.) Allerdings darf man annehmen, daß die französische und englische Bevölkerung ein größeres Jahreseinkommen pro Kopf haben als die deutsche, wenn auch der Vorsprung schwerlich mehr so groß ist, als vielfach behauptet wird. Dafür aber liegen die Verhältnisse in Deutschland und namentlich in Preußen so ganz besonders viel günstiger in der Richtung der öffentlichen Lasten, die zur Bestreitung der Ausgaben für Landesvertheidigung und Schuld aufgelegt sind, daß das größere Jahreseinkommen der englischen und französischen Bevölkerung dadurch mehr als ausgeglichen wird. Adolph Wagner, Professor der Nationalökonomie in Berlin, hat in einem Aufsatz („Zukunft“ vom 15. 1. 1898) ausgeführt, daß der Hauptunterschied, und zwar ein außerordentlich günstiger, bei den preußisch-deutschen Finanzen im Vergleich mit denjenigen der anderen Großstaaten auf der Ausgabeseite in den Verhältnissen der Staatsschuld und auf der Einnahmeseite in den Deckungsmitteln für die Schulden hervortrete. Die deutschen Staatsschulden seien nicht nur kleiner, sie rührten auch nur noch zum kleinsten Theil aus alten Kriegs- und ähnlichen Schulden her — stammten vielmehr zumeist aus produktiven und rentablen Anlagen, wie Eisenbahnen, deren Erträge so hoch seien, daß sie nicht allein die Zinsen der Schuld deckten, sondern auch noch sehr erhebliche Ueberschüsse in die Staatskasse lieferten und dadurch die durch Steuern aufzubringenden Lasten wesentlich verringerten, während in England und Frankreich die Ausgaben für Wehrkraft vollständig durch Steuern gedeckt werden müßten. Auch die Denkschrift des Reichs-Marine-Amts tritt in eine vergleichende Erörterung der Belastung durch die sogenannten „unproduktiven Ausgaben“ in den verschiedenen

Großstaaten ein und kommt auf Grund sorgfältiger Berechnungen zu folgenden Ergebnissen:

> Hinsichtlich des durchschnittlichen (1890 bis 1897) Gesammtbetrages der Belastung für „unproduktive Zwecke" bleibt nur Oesterreich etwas hinter Deutschland zurück, aber die Mehrbelastung pro Kopf beträgt 60 pCt. In der Pro-Kopf-Belastung steht nur Rußland günstiger als Deutschland, aber auch nur unerheblich im Verhältnisse zu dem geringeren Volksreichthum. Im Uebrigen weisen sowohl im Gesammt- wie im Pro-Kopf-Betrage die Vergleichsstaaten Deutschland gegenüber ein sehr erhebliches Mehr an Belastung auf: in Großbritannien und den Vereinigten Staaten ist sie im Gesammtbetrage weit mehr als doppelt, in Frankreich nicht viel weniger als dreimal so hoch als in Deutschland, während die Pro-Kopf-Belastung in Oesterreich und den Vereinigten Staaten mehr als das $1^1/_2$fache, in Italien annähernd das $2^1/_3$fache, in Großbritannien das $2^4/_5$fache, in Frankreich sogar das $3^7/_{10}$fache der deutschen betrug.

Die „Denkschrift" gelangt zu dem Schlusse, daß unsere bisherigen Ausgaben für die Kriegsflotte hinter denjenigen aller anderen europäischen Großstaaten mit Ausnahme von Oesterreich und hinter denen der Vereinigten Staaten zurückstehen, daß unsere Marineausgaben nicht stärker, durchgehends sogar weit weniger gewachsen sind als diejenigen der anderen Staaten, daß die Aufwendungen für „unproduktive Zwecke" (Landesvertheidigung und Schuld) in Deutschland gegenüber den anderen Großstaaten sehr mäßig sind, daß die Belastung der deutschen Bevölkerung durch öffentliche Abgaben — abgesehen von der wesentlich ärmeren russischen Bevölkerung — zumeist viel geringer sind als in den anderen Großstaaten Europas oder in der nordamerikanischen Union:

„Nach alledem liegen irgendwelche finanzwirthschaftlichen Bedenken gegen die Vermehrung der deutschen Kriegsflotte nicht vor, während die Geringfügigkeit unserer bisherigen Marineausgaben und die hohe Bedeutung unserer Seeinteressen solche Verstärkung unabweislich fordern."

Auch die mehrfach erwähnte Broschüre des Abgeordneten Müller (Fulda) bemerkt: „Die Marinevorlage hat hinsichtlich der Annahmemöglichkeit den Vortheil, daß sie nicht mit neuen Steuern verquickt ist, sondern nur mit einer Ausgabeerhöhung, die an und für sich vielfache Sympathien findet."

Zum Schluß möchten wir folgende Aeußerungen des Geheimraths Professor Adolf Wagner (Berlin) und des

Unterstaatssekretärs z. D. Professor Dr. Georg v. Mayr (Straßburg) aus der „Münchener Allgemeinen Zeitung“ anführen.

Wagner sagt:

„Die finanzielle ist die kleinste aller etwaigen Schwierigkeiten, im Grunde gar keine! Es ist kläglich, aber leider wahr! Im Grunde der Seele sind die Gegner einer starken Kriegsflotte immer wieder die Biedermänner und Philister, welche jede vermehrte finanzielle Belastung fürchten und die mit bekannten Politikern immer wieder rufen: »Haltet eure Taschen zu, ihr deutschen Wähler!« Dem gegenüber kann man nun wirklich sagen: wenn irgend ein Land der Welt die finanziellen Mittel hat und leicht immer haben wird, wenn größere nöthig sein sollten, für Wehrkraft zu Wasser und zu Lande, so ist es Deutschland! Wir sollten das nicht leisten können, was Frankreich leistet, das, mit 14 Millionen Einwohner weniger, vorweg aus seinen Einnahmen, und zwar sonst durchaus aus seinen Steuereinnahmen, 800 Millionen Mark für seine Staatsschuldverzinsung jährlich verwenden muß, wofür wir in Deutschland im Grunde keinen Pfennig Steuer brauchen! Denn unsere Schulden, auch die verschrieene »unproduktive« Reichsschuld eingeschlossen, werden durch die Ueberschüsse unserer Staatseisenbahneinnahmen allein und, wenn es noththut, durch die hinzutretenden der Domänen, Forsten, Bergwerke verzinst, und nach Abzug aller dieser Zinsen bleibt noch ein Erkleckliches übrig. Und wir haben nicht, wie die Franzosen, so ziemlich alle Steuerquellen erschöpft. Es geht auch für so kleine Forderungen wie die jetzt verlangte Verstärkung der Marine ganz gut mit den bisherigen Einnahmen und deren natürlicher Ertragssteigerung. Aber wenn es sein muß, ist es ein Kleines, weitere Mittel flüssig zu machen. Man muß sich nur nicht einbilden, daß man ein großes Volk sein, ein großes modernes Gemeinwesen darstellen kann, ohne daß es etwas Ordentliches kostet. Das haben alle anderen großen Völker lange gelernt. Wir — leider immer noch nicht. Und doch kostet es uns weniger wie jedes andere, gerade weil wir keine unproduktiven Schulden haben. Wollen wir im 19. und 20. Jahrhundert der Welt wieder das jämmerliche Schauspiel geben, wie im 15. und 16., keinen „gemeinen Pfennig“ zur Zeit der Hussiten- und Türkenkriege, wo man höhnisch das

„Deutsche Reich grüßen ließ“, wenn es mit Steuerforderungen kam?! Sollten wir wirklich garnichts gelernt haben! **Dann wäre freilich an unserer Nation zu verzweifeln. Dann hätten wir ein 1870/71 auch nicht verdient.** Es giebt kein traurigeres Zeichen, als daß keine politische Partei offen wagt, ihren Wählern zu sagen: **Im Opferbringen für das Gemeinwesen liegt die erste Pflicht, aber auch die beste Kapitalanlage, die ein Volk und jeder einzelne gute Volksgenosse machen kann.** Finanziell haben wir ohne jede wesentliche Schwierigkeit die Macht, eine Flotte gleich der französischen zu erlangen, eine so bescheidene Verstärkung, wie die jetzt verlangte, ist finanziell gar kein Objekt.“

Professor Dr. v. Mayr macht folgende Ausführungen:

„Die Sorge für wirksame Land- und Seewehr ist für ein unabhängiges nationales Gemeinwesen, das sich in einer politischen und geographischen Lage wie Deutschland befindet, eine so fundamentale, daß die Befriedigung der auf diesem Gebiete bestehenden Bedürfnisse von dem jeweiligen Stand der Finanzen grundsätzlich nicht abhängig gemacht werden darf. Es ist umgekehrt Pflicht der Finanz- und Wirthschaftspolitik, dafür zu sorgen, daß der unabweisbare Bedarf für Heer und Flotte in geeigneter Weise gedeckt werde. Daß die Feststellung des Bedarfs für die Flotte nach sorgsamster Erwägung und unter Berücksichtigung aller in Betracht kommenden Umstände stattfindet, dafür bürgen die vielgestaltigen administrativen, technischen und politischen Erwägungen, welchen ein gegebener Vorschlag vor der Einbringung in den Reichstag unterliegt; außerdem bieten gerade die parlamentarischen Verhandlungen noch weitere Gelegenheit zur Klärung der Bedürfnißfrage für solche, welchen diese — wie man es allerdings bei der jetzigen Vorlage erwarten sollte — nicht schon von vornherein klar ist.

Der augenblickliche Stand der Finanzen kann nur von sekundärer Bedeutung sein, insbesondere hinsichtlich der Unterfrage, wie in einem gegebenen Fall eine für nöthig erachtete Flottenorganisation in ihrer Finanzirung auf eine Reihe von Rechnungsjahren zu vertheilen ist. Ueber die Frage des Ob kommt finanziellen Erwägungen kein entscheidendes Gewicht zu, dagegen sind sie von Bedeutung für die Frage des Wie der Finanzirung. Sind die finanziellen Konjunkturen derart, daß eine gesteigerte Geldverwendung für die Flotte ohne Veränderungen der Steuergeſetzgebung und ohne übermäßige Inanſpruchnahme des Kredits durchführbar iſt, ſo iſt dies ſelbſtverſtändlich außerordentlich erfreulich. Aber maßgebend kann die thatſächliche Geſtaltung der Reichs- und Landesfinanzen bei der Fürſorge für eine Lebensfrage des nationalen Daſeins nicht ſein. Die gegenwärtigen finanziellen Konjunkturen rücken erfreulicherweiſe die Frage der Einführung neuer oder der Erhöhung beſtehender Steuern in die Ferne. Der tiefere Grund unſerer neuzeitlichen geſteigerten finanziellen Leiſtungsfähigkeit liegt in der Energie unſerer deutſchen Wirthſchaftsbethätigung im Zuſammenhang mit unſerer Bevölkerungsentwickelung. In der Hauptſache iſt es uns gelungen und gelingt es uns, den ſteigenden Bevölkerungsſtrom in nützlicher Arbeit unterzubringen; damit iſt auch die ſteuerliche Leiſtungsfähigkeit des neuen Zugangs an heranwachſenden Menſchen gewährleiſtet, und der Nutzeffekt muß gerade bei dem indirekten Steuerſyſtem des Reichs ein ſehr ausgiebiger ſein. Daher rühren in der Hauptſache unſere Einnahmeſteigerungen. Daß es in der That gelungen iſt, den wachſenden Menſchenſtrom nicht nur in durchſchnittlich gleicher wirthſchaftlicher Leiſtungsfähigkeit zu erhalten, ſondern dieſe noch zu ſteigern, zeigt ein Blick auf die Steuerſtatiſtik, welche beachtenswerthe Symptome dieſer Steigerung erkennen läßt. Ich greife zunächſt nur die Reineinnahmen aus der Beſteuerung des Tabakgenuſſes auf den Kopf der Bevölkerung heraus, weil gerade dieſe für die vorliegende Frage beſonders ſymptomatiſch iſt. Im Jahrfünft 1881/82 bis 1885/86 betrug der Nettoertrag der Tabakabgaben im Deutſchen Reich (Zoll und Steuer) 84 Pfennig auf den Kopf der Bevölkerung, in den einzelnen Jahren des Jahrzehntes 1885/86 bis 1895/96 zeigt ſich folgende fortlaufende Entwickelung: Der Nettoertrag der Tabakabgaben ſteigt im Jahre 1885/86 auf 1 Mk. 2 Pf. pro Kopf der Bevölkerung und ergiebt dann weiter in den einzelnen Jahren folgende Beträge: 1,01 Mk. — 1,02 Mk. — 1,08 Mk. — 1,10 Mk. — 1,08 Mk. — 1,11 Mk. — 1,09 Mk. — 1,11 Mk. — 1,14 Mk., alſo im Ganzen eine recht beachtenswerthe Vermehrung der Steuerbelaſtung pro Kopf der Bevölkerung ohne Erhöhung der Steuerſätze. (Die einzelnen Jahresſchwankungen rühren theilweiſe davon her, daß die Steuerzahlung nicht an den Verbrauch ſelbſt, ſondern an die Einfuhr bezw. den Verkauf des

Rohmaterials anknüpft.) Auch ein Blick auf die Spirituoſenbeſteuerung führt zu ähnlichem Ergebniß. Zwar zeigt — und zwar vom hygieniſchen Standpunkt erfreulicherweiſe — die Steuerleiſtung an Branntweinſteuer pro Kopf ſeit Ende der achtziger und Anfang der neunziger Jahre einigen Rückgang; dafür aber iſt die Steuerleiſtung an Bierſteuer ſeit 1885/86 erheblich geſtiegen. Auch die Steuerleiſtung an Zuckerſteuer pro Kopf der Bevölkerung iſt in ſtarker Zunahme. **Alles deutet alſo darauf hin, daß unter der Vorausſetzung einer geſchickten, durch eine ſtarke Flotte weſentlich wirkungsvoller geſtalteten Wirthſchaftspolitik mit dem weiter ſteigenden Bevölkerungsſtrom Deutſchlands die Finanzen des Reichs einer weiteren günſtigen Geſtaltung entgegengehen.“**

Unterſchiede zwiſchen Heeresetat und Marineetat.

Die Eigenart der beiden Machtmittel des Staates, des Heeres und der Flotte, hat einen prinzipiellen Unterſchied des Verhältniſſes von fortlaufenden und einmaligen Aufwendungen für ihre Erhaltung hervorgerufen. Beim Heere liegt der Schwerpunkt in den *fortlaufenden* Ausgaben, bei der Flotte zum Theil in den *einmaligen*. Die Stärke der Armee hängt vornehmlich von der Zahl der Soldaten und ihrer militäriſchen Ausbildung ab, die Kraft einer Marine liegt überwiegend in der Anzahl und der Leiſtungsfähigkeit der Schiffe. Das Heer wird erneuert durch die beſtändige Einſtellung von Rekruten; damit iſt ein gleichmäßiger Aufwand an fortdauernden Ausgaben für Natural- und Geldverpflegung der Truppen gegeben. Die Flotte wird in ihrem Sollbeſtande erhalten durch Erſatzbauten, dieſe aber werden durch einmalige Ausgaben beſtritten. Jedes Schiff hat nur eine beſtimmte Dauer der Kriegsbrauchbarkeit, wie auch in der Handelsflotte die großen Dampferlinien jedem Fahrzeug nur eine beſchränkte Friſt der Verwendung — und zwar zum Theil viel kürzere Zeit als in der Kriegsmarine — zumeſſen und es dann ausrangiren. (Vergleiche den Artikel „Rhederei“.)

Niemand würde daran denken, die Präſenz unſeres Heeres durch Abſtriche an den fortlaufenden Ausgaben zu kürzen. Die Armee hat ſelbſt dann eine gewiſſe Sicherheit ihres Beſtandes, wenn auch die einmaligen Ausgaben gelegentlich ſtark gekürzt werden, wenn nur die fortlaufenden Ausgaben unverkürzt bestehen bleiben. Bei der Flotte liegt die Sache ganz anders. Wenn fortdauernde Ausgaben Jahr für Jahr bestehen bleiben und selbst zunehmen, so bleibt die Flotte noch lange nicht bestehen.

Erst durch den Bau der Schiffe bekommen die Mittel, die Jahr für Jahr in eine Marine gesteckt werden, ihren Werth. **Alles, was in Jahrzehnten aufgewendet ist, ist umsonst aufgewendet, wenn der regelmäßige Ersatz der Flotte nicht sichergestellt ist.**

Volksvermehrung.

Der Bevölkerungszahl nach steht das Deutsche Reich unter den europäischen Staaten an zweiter Stelle; von den außereuropäischen Kulturstaaten haben ferner nur die Vereinigten Staaten von Nordamerika eine höhere Einwohnerzahl. Die Bevölkerung betrug:

im europäischen Rußland mit Polen und Finnland (nach der Zählung vom 9. Febr./28. Jan. 1897)	106,2	Mill.
„ Kaukasus, Sibirien und Zentralasien	23,0	„
zusammen	129,2	Mill.
in den Vereinigten Staaten (Ende 1895) . . .	69,8	Mill.
im Deutschen Reich (Ende 1895)	52,3	„
„ „ „ (Mitte 1897)	53,3	„
in Oesterreich-Ungarn (Ende 1895)	43,3	„
„ Japan (Ende 1895)	42,3	„
„ Großbritannien und Irland (Ende 1895) . .	39,5	„
„ Frankreich (Ende 1895)	38,5	„
„ Italien (Ende 1895)	31,1	„
„ Belgien (1890)	6,1	„
„ den Niederlanden (1890)	4,6	„

Die Bevölkerungsbewegung ist das Resultat 1) der Differenz zwischen Geburten und Todesfällen und 2) der Differenz zwischen der Auswanderung und der Einwanderung.

Seit 1871 ist in Großbritannien und Frankreich der Ueberschuß der Geburten über die Sterbefälle (die natürliche Bevölkerungsvermehrung) absolut und relativ zurückgegangen, in den übrigen europäischen Staaten dagegen bedeutend gestiegen.

Der durchschnittliche jährliche Geburtenüberschuß betrug:

	1871/80	1881/90	1891/95
in Großbritannien und Irland .	431 000	442 000	430 000
„ „ ohne „ .	387 000	415 000	409 000
„ Frankreich	64 000	67 000	— 300

In Frankreich hat also die natürliche Volksvermehrung überhaupt aufgehört.

Der jährliche Geburtenüberschuß betrug auf je 1000 Einwohner:

	1871/80	1881/90	1891/95
in Großbritannien und Irland .	13,0	12,2	11,1
= = ohne = .	13,9	13,2	12,0
= Frankreich	1,7	1,8	0,01

Dagegen belief sich die natürliche Volkszunahme im Jahresdurchschnitt:

	1871/80	1881/90	1891/95
in Deutschland . . . . auf	511 000	551 000	660 000
= Oesterreich-Ungarn . . =	195 000	389 000	431 000
= Italien . . . . =	190 000	307 000	326 000
= dem europäischen Rußland =	970 000	1 268 000	—

Auf je 1000 Einwohner betrug der Geburtenüberschuß:

in Deutschland . . .	11,9	11,7	13,0
= Oesterreich-Ungarn	5,3	9,8	10,2
= Italien	7,0	10,5	10,7
= Rußland	12,5	14,0	—

Die Zahlen für die Vereinigten Staaten sind nicht bekannt, für Japan stellte sich die natürliche Volksvermehrung 1881/90 auf 8,4 und 1891/95 auf 7,8 pro Tausend der Einwohner.

Von den west- und mitteleuropäischen Staaten hat Deutschland die größte natürliche Volksvermehrung. Besonders beachtenswerth ist die starke Steigerung unserer Bevölkerungszunahme seit 1890, mit der eine starke Verminderung in Frankreich und auch in Großbritannien und ein gewisser Stillstand in Oesterreich-Ungarn und Italien parallel geht. **Im Jahre 1896 betrug der Geburtenüberschuß in Deutschland 816 000,** also 15 auf das Tausend der Bevölkerung, und übertraf damit sogar die natürliche Zunahme der russischen Bevölkerung im Jahresdurchschnitt 1881/90.

Die *thatsächliche* Bevölkerungsbewegung gestaltete sich unter dem Einfluß der Einwanderung und Auswanderung etwas abweichend. (Vergl. den Artikel „Wanderung“.)

Die Auswanderung ist bei den meisten europäischen Staaten größer als die Einwanderung; eine Mehreinwanderung haben nur Frankreich und Rußland. Die Auswanderung hat seit 1871 ununterbrochen zugenommen in Oesterreich-Ungarn und vor Allem in Italien, während sie in Großbritannien und Deutschland erheblicheren Schwankungen unterworfen war und im letzten Jahrzehnt zurückgegangen ist.

Die wirkliche Gestaltung der Bevölkerungsbewegung unter dem Einfluß der verschiedenen Faktoren zeigt die nachstehende Aufstellung.

Auf das Tausend der Bevölkerung betrug im Jahresdurchschnitt 1891/95:

	Der Ueberschuß der Geburten über die Sterbefälle	Der Gewinn durch Einwanderung (+) oder der Verlust durch Auswanderung (—)	Die thatsächliche Volksvermehrung
Deutsches Reich . . .	13,0	— 1,8	11,2
Oesterreich-Ungarn .	10,2	— 1,1	9,1
Europäisches Rußland (für 1881/90) . . .	14,0	+ 2,4	16,4
Europäisches Rußland (für 1891/95) . . .	—	—	13,6
Italien	10,7	— 4,2	6,5
Frankreich	— 0,01	+ 0,1	0,1
Großbritannien (ohne Irland)	12,0	— 1,2	10,8
Großbritannien und Irland	11,1	— 2,3	8,8
Vereinigte Staaten .	—	—	21,5
Japan	7,8	+ 1,2	9,0

Trotz seiner nicht unbeträchtlichen Auswanderung steht Deutschland auch in der thatsächlichen Bevölkerungszunahme an der Spitze der mittel- und westeuropäischen Staaten. Ueberhaupt haben nur die Einwanderungsländer, Rußland und die Vereinigten Staaten, eine größere thatsächliche Volksvermehrung.

Der Unterstaatssekretär z. D. Dr. v. Mayr-Straßburg äußert sich in der „Münchener Allgemeinen Zeitung" über die Beziehungen der Volksvermehrung zur gesammten wirthschaftlichen Stellung Deutschlands, wie folgt:

„Gewiß beruht auf der Sicherstellung unseres überseeischen Handels- und Schifffahrtsverkehrs die Wahrung und Förderung unserer gesammten wirthschaftlichen Stellung im Ausland. Noch wichtiger aber ist die Rückwirkung dieser festen Einwurzelung unserer auswärtigen Handelsbeziehungen **auf unsere ganze heimische wirthschaftliche Lage.** Hier kommt noch Folgendes in Betracht. Wir müssen stark zur See sein, einmal, um uns unter allen Umständen den jeweils erreichbaren größtmöglichen Antheil am Absatz industrieller Erzeugnisse auf dem Weltmarkt zu sichern, und zweitens, um die Abflüsse der Bevölkerung nach überseeischen Ländern in möglichst weitem Umfange im Rahmen der deutschen Machtsphäre (Schutzgebiete) oder doch der deutschen Interessensphäre (im weitesten Sinn) zu halten. Diese Aufgabe erwächst uns in ganz ausgesprochener Weise aus der Gestaltung unserer neuzeitlichen Bevölkerungsverhältnisse. Der durchschnittliche jährliche Ueberschuß der Geburten über die Sterbefälle hat im Deutschen Reich betragen:

im Jahrzehnt	1871/80	rund	511 000
" "	1881/90	"	551 000
" Jahrfünft	1891/95	"	660 000
" Jahr	1895		726 000

Nimmt man an, daß bis zu dem Zeitpunkt der wirthschaftlichen Aktivität ungefähr ein Drittel der Geborenen stirbt — was zu hoch gegriffen sein dürfte —, so müßten hiernach, den Verbleib der Ueberlebenden im Vaterland vorausgesetzt, bei unserem deutschen Bevölkerungsgang jetzt aus den Geburtskontingenten des Jahrzehnts 1871/80 jährlich rund 330 000 Personen beiderlei Geschlechts in die aktive Wirthschaftsbethätigung einrücken, für deren Einrücken eine Kompensation durch Freiwerden vorhandener wirthschaftlicher Stellen durch Tod bezw. Erwerbsunfähigkeit oder Uebertritt in das Rentnerthum (im weitesten Sinne) nicht zu erwarten ist; für die Kontingente aus dem Jahrzehnt 1881/90 ergäben sich 368 000 solche Stellensucher; für jene des Jahrfünfts 1891/95 in der Zukunft 440000, und das Jahr 1895 würde allein 484 000 liefern.

Diese Bevölkerungsentwickelung bedingt dreierlei: erstens die möglichst intensive Gestaltung der Produktion für den heimischen Bedarf, zweitens die Sicherung eines großen Absatzes industrieller Erzeugnisse im Ausland, drittens die Freihaltung des Ventils einer gesunden Auswanderung.

Der intensiven Gestaltung der gesammten, vor Allem aber auch der landwirthschaftlichen Produktion für den heimischen Bedarf dient eine geschickt ausgebaute Schutzzollpolitik. Die auswärtige Handelspolitik hat die Aufgabe, im fortlaufenden Anschluß an die Gestaltung der weltwirthschaftlichen Konjunkturen den Absatz der industriellen Produkte auf dem Weltmarkt zu fördern. Für den Rest des Bevölkerungsstromes, der je nach der Gestaltung der Konjunkturen weder bei der intensiven Produktion für den heimischen Bedarf, noch bei der Exportindustrie unterzubringen ist, muß das Ventil einer gesunden Auswanderung übrig bleiben. **Nach allen drei Richtungen bedarf die nationale Politik des festen Rückgrats, das eine starke Flotte gewährt.** Die Schutzzollpolitik bedarf dieses Rückgrats, um brutalen Regungen, insbesondere landwirthschaftlicher Exportländer, gegebenenfalls mit Nachdruck entgegenzutreten. Die Handelspolitik bedarf desselben, um der heimischen Industrie Beruhigung über die Zufuhr von Roh- und Hülfsstoffen und die Ausfuhr von industriellen Erzeugnissen zu gewähren. Die Auswanderungspolitik kann den heimischen Interessen um so nützlicher werden, je mehr durch eine starke Flotte die Beziehungen der nach außen Gegangenen zum Vaterland aufrecht erhalten werden."

Wanderung, internationale.

Die internationale Wanderung ist unter zwei Gesichtspunkten zu betrachten: Einwanderung und Auswanderung.

Als Wanderungsziel sind in den 40er Jahren die überseeischen Länder von überwiegender Bedeutung geworden. Vorher dürfte die europäische, speziell für Deutschland die Wanderung nach Osten, d. i. in die Balkan-Staaten und nach Südrußland, überwogen haben. Zu Anfang der 40er Jahre setzte in Deutschland eine erhebliche Agitation zur Auswanderung nach Amerika ein. Es bildete sich z. B. der sogenannte „Mainzer Adelsverein" zur Begründung einer deutschen Kolonie in der damals unabhängigen Republik Texas. Eine andere Kolonie ging nach Tovar in Venezuela, noch andere nach Brasilien und Argentinien. Durch diesen Abzug kam das Jahrhunderte lange Wogen nach Osten zum Stocken, die Germanisirung hörte auf, und eine Gegenströmung begann durch das gleichzeitig erwachende Nationalgefühl der slavischen und magyarischen Völkerschaften.

Die Auswanderungs-, Kolonisations- und Flottengründungsbestrebungen jener Zeit hatten alle ein und dasselbe Ziel, die deutsche Expansion, im Auge. In England setzte die Auswanderung im großen Stil etwa gleichzeitig ein. Die irische Auswanderung begann angesichts der Hungersnoth infolge der großen Kartoffelmißernte. Gleichzeitig wurde die Besiedelung Kanadas, Australiens und Südafrikas energischer in Angriff genommen, wobei es auch an deutschen Zuwanderern nicht ganz fehlte.

Ueber die europäischen Wanderungen liegen Angaben kaum vor; auch die Volkszählungen geben keine vergleichbaren Bilder. Für die überseeische Auswanderung giebt Mulhall von 1820/82 eine Gesammtzahl von 17,1 Millionen an. Es wanderten aus:

aus:	nach den Angaben von Mulhall: 1820/82	Beukemann: 1882/93
Großbritannien und Irland	8,50	3,4
Deutschland	4,60	1,3
Italien	0,70	1,2
Skandinavien	0,66	0,6
Spanien und Portugal .	0,44	1,6
Frankreich	0,38	0,1
Schweiz	0,17	0,09
Sonstigen Staaten . . .	1,58	1,2

Nach Philippovich betrug die europäische Auswanderung von 1871/94 13,2 Millionen. Daran waren betheiligt: Großbritannien und Irland mit 38 pCt., Deutschland mit 18 bis 19 pCt., Italien mit 13 pCt., Skandinavien mit 8 pCt., Spanien und Portugal mit 8 pCt., Oesterreich-Ungarn mit 6 pCt., Rußland mit 4 pCt., Frankreich mit 2 pCt., Holland mit 1 pCt. Die Angaben über die Balkanstaaten fehlen.

In dieser Zeit hat die Auswanderung von Jahr zu Jahr großen Schwankungen unterlegen. So betrug sie in den Jahren der Maximen und Minimen in Deutschland:

1853/54 ca. . . .	200 000
1859	40 000
1872	134 000
1877	24 000
1881	226 000
1886	83 000
1891	120 000

Sodann:

1892	116 000
1893	88 000
1894	45 000
1895	37 000
1896	34 000

Auch 1897 ist sie wiederum gefallen.

Der Rückgang zeigt sich seit 1891 auch in den übrigen europäischen Staaten, wenngleich nicht annähernd so erheblich und anhaltend. Der Grund der steten Schwankungen liegt nicht etwa lediglich in der Situation im Auswanderungsstaat, sondern wesentlich in der wirthschaftlichen Lage der Einwanderungsstaaten, und zwar in erster Linie der Vereinigten Staaten.

Die europäische Auswanderung betrug 1891 906 000, fiel 1894 auf 483 000, betrug 1895 681 000, 1896 642 000. Dabei ist allerdings zu beachten, daß die Auswanderungsstatistik der europäischen Länder von der überseeischen Einwanderungsstatistik erheblich abweicht. Die Ausweise der ersteren sind 11 bis 25 pCt. niedriger wie die der letzteren.

Der Hauptgrund der rückgehenden Auswanderung überhaupt sind die namentlich seit 1892 in den Vereinigten Staaten auftretenden Einwanderungserschwerungen sowie die dort seit Anfang der neunziger Jahre, namentlich von 1893 bis 1895, herrschende Wirthschaftskrise gewesen. Von der gesammten europäischen Auswanderung von 1851 bis 1893 haben nach Mulhall die Vereinigten Staaten 63 pCt. empfangen, Süd-Amerika 13 pCt., die britischen Kolonien 11 pCt., die übrigen Welttheile 13 pCt. Von der deutschen Auswanderung aber gingen nach den „Seeinteressen des Deutschen Reiches" zwischen 1871 und 1894 über 90 pCt. der Auswanderer nach den Vereinigten Staaten. Hieraus erklärt sich die besonders starke Abnahme der deutschen Auswanderung. Neuerdings hat eine nicht unerhebliche, aber im Einzelnen nicht zahlenmäßig festzustellende Rückwanderung von Amerika nach Europa stattgefunden.

Die romanische Auswanderung richtet sich wesentlich nach Süd-Amerika. Während in Brasilien von 1818 bis 1860 nach Hehl 37 000 deutsche und 30 000 nichtdeutsche Einwanderer gezählt waren, wanderten von 1861 bis 1894 dort 51 000 Deutsche und 24 000 Oesterreicher, dagegen 802 000 nicht deutsch redende, namentlich romanische Einwanderer zu. In Argentinien betrug die Einwanderung von 1857 bis 1893 67 000 Deutsche, Schweizer und Oesterreicher, dagegen 1,2 Millionen nicht deutsch Redende.

In den Vereinigten Staaten waren von 1871 bis 1893 2,8 Millionen aus Großbritannien und Irland, 2,5 Millionen aus Deutschland, 1,1 Millionen aus Skandinavien zugewandert. Die Einwanderung in die Vereinigten Staaten betrug:

1891	595 000
1892	547 000
1893	495 000
1894	250 000
1895	303 000
1896	301 000
d. i. zusammen	2 491 000

Dagegen wanderten in Süd-Amerika ein in dieser Zeit 1 321 000 Personen. Es kamen 1891 bis 1896

	aus Nord-Amerika:	nach Süd-Amerika:
aus Deutschland	433 000	14 000
aus Oesterreich-Ungarn . .	333 000	33 000
aus Großbritannien	259 000	5 700 (Großbritannien und Irland)
aus Irland	264 000	
aus Skandinavien	274 000	3 900
aus Italien	354 000	819 000
aus Frankreich	25 000	23 000
aus Spanien und Portugal .	18 000	346 000
aus der Schweiz	25 000	4 000
aus Rußland und Polen . .	350 000	26 000

Das ganz gewaltige und dauernde Ueberwiegen der Romanen in Süd-Amerika tritt zu Tage.

Die Auswanderungen der Romanen, Russen, Polen 2c. datiren in erheblichem Umfange erst seit Ende der 70er bezw. Anfang der 80er Jahre. Ein Gleiches gilt von den Skandinaviern.

Es ist anzunehmen, daß die Vereinigten Staaten auf dem Wege der Einwanderungserschwerungen weiter fortschreiten werden. Da auch Australien die Einwanderung erschwert, die

Kapkolonie sie keineswegs besonders erleichtert, ist anzunehmen, daß die Auswanderungsfrage in absehbarer Zeit eine veränderte Gestalt annehmen wird, wobei dann die Situation für Deutschland mit seinem gewaltigen Geburtsüberschuß (vergl. den Artikel Volksvermehrung) eine besonders brennende werden wird. Hinsichtlich Süd-Amerikas ist dann zu beachten, welchen numerischen Vorsprung die romanischen Rassen gewonnen haben.

Welthandel.

Die Entwickelung des Welthandels und die Betheiligung der wichtigsten Handelsstaaten am Welthandel.

Das 19. Jahrhundert ist durch eine ungeheuere Ausdehnung der internationalen Handelsbeziehungen charakterisirt. Während nach Mulhall*) der Welthandel 1800 etwa 6 Milliarden Mark betrug, von denen mehr als drei Viertel auf Europa entfielen, stellte er sich um die Mitte des Jahrhunderts schon auf fast 17 Milliarden und erhöhte sich bis 1860 auf beinahe 30 Milliarden. Bis 1870 stieg er auf 45, bis 1880 auf etwas mehr als 60 Milliarden, für 1890 dürfte er sich auf etwa 70 Milliarden berechnen lassen. Gegenwärtig wird der Werth der gesammten internationalen Handelsumsätze etwa 72 bis 75 Milliarden Mark betragen, von denen auf Europa noch beinahe zwei Drittel entfallen. Im Laufe dieses Jahrhunderts hat sich der Welthandel also mehr als verzwölffacht.

Doch muß beachtet werden, daß die angegebenen Totalsummen der Welthandelsumsätze um mehr als die Hälfte zu reduziren sind, wenn man den wirklichen Werth der in der ganzen Welt in den Außenhandel gelangten Waarenmenge bestimmen will. Eine und dieselbe Waare wird nämlich in den Welthandelsübersichten mindestens zweimal gezählt: in der Ausfuhr des einen und in der Einfuhr des anderen Landes. Sie kann aber auch öfter vorkommen, da manche Waaren in einer Reihe von Durchfuhrländern fälschlich im Spezialhandel aufgeführt werden. Der wirkliche Werth der thatsächlich im Welthandel umgesetzten Waaren wird sich demnach jetzt auf 35 bis 36 Milliarden veranschlagen lassen.

---

*) The dictionary of statistics, 2. Aufl. London 1892. S. 128.

Nach Juraschek's Berechnungen*) stellte sich der Antheil der einzelnen Erdtheile am Welthandel 1891 folgendermaßen:

Europa	. . . .	47,8 Milliarden,
Amerika	. . . .	13,2 "
Asien	. . . . .	7,1 "
Australien	. . . .	2,9 "
Afrika	. . . . .	2,07 "
zusammen	.	73,1 Milliarden.

Der Güteraustausch vollzieht sich in der Hauptsache zwischen Europa und den übrigen Erdtheilen und unter den einzelnen europäischen Ländern, während der Handel der anderen Erdtheile miteinander und unter ihren einzelnen Gebieten daneben ziemlich gering ist. Von den 33 bis 35 Milliarden des thatsächlichen Welthandelsumsatzes werden also etwa 20 bis 22 Milliarden zwischen Europa und den anderen Erdtheilen, etwa 11 bis 12 Milliarden unter den einzelnen europäischen Ländern ausgetauscht, während sich die thatsächlichen Umsätze im Verkehr der übrigen Erdtheile auf 2 bis 3 Milliarden stellen werden. Der Handel zwischen Europa und den übrigen Erdtheilen erfolgt fast ausschließlich auf dem Seewege, auf dem auch der europäische Güterumsatz zum größeren Theile stattfindet, sodaß es nicht zu hoch gegriffen erscheint, wenn man den Seehandel auf wenigstens 80 pCt. des Gesammthandels veranschlagt.

Der Antheil der einzelnen Staaten am Welthandel hat sich im Laufe des Jahrhunderts ziemlich verschieden gestaltet. Großbritannien zwar ist an der Spitze der Welthandelsstaaten geblieben; während aber Deutschland früher an dritter (hinter Frankreich) oder gar vierter Stelle (hinter Frankreich und den Vereinigten Staaten) stand, ist es seit den 80er Jahren an die zweite Stelle gerückt. Deutschlands prozentualer Antheil am Welthandel hat sich beständig erhöht, der Antheil Großbritanniens dagegen ist nicht entsprechend gestiegen.

Nach den Mulhallschen Angaben läßt sich der prozentuale Antheil Großbritanniens für 1800 auf 22, für 1840

*) Uebersichten der Weltwirthschaft, Bd. 5. 1886—89. Wien 1896. S. 745.

auf 20 und für 1860 auf rund 25 pCt. berechnen. Von 1860 bis 1880 hat sich die Entwickelung des Welthandels und des Handels der vier größten Handelsstaaten etwa folgendermaßen gestaltet:

Staaten	1860		1870		1880	
	Millionen Mark	Prozent des Welthandels	Millionen Mark	Prozent des Welthandels	Millionen Mark	Prozent des Welthandels
Großbritannien	7 500	25,2	10 940	24,9	13 960	23,2
Frankreich . . .	3 340	11,2	4 540	10,4	6 780	11,2
Vereinigte Staaten . . .	2 720	9,1	3 300	7,5	6 160	10,1
Deutschland . .	2 600	8,8	4 240	9,7	5 880	9,7
Welthandel . .	29 780	100	43 820	100	60 660	100

Diese Aufstellung hat aber nur bedingten Werth, weil die Zahlen nicht gleichmäßig vergleichbar und von verschiedener Zuverlässigkeit sind. Dagegen können die nachstehend mitgetheilten Angaben über die Entwickelung des Handels der einzelnen Länder den Anspruch der Richtigkeit und Vergleichbarkeit erheben.

In Großbritannien betrug der Generalhandel 1882 719,7, 1889 743,2 und 1896 738,2 Millionen Pfund Sterling; der absolute Betrag ist also im Wesentlichen unverändert geblieben und seit 1889 sogar noch ein wenig gefallen. Im Verhältniß zur gestiegenen Bevölkerung ist der Rückgang des Generalhandels nicht unbeträchtlich; auf den Kopf der britischen Bevölkerung entfielen:

1882 20 £ 8 s. 10 d. = 409 Mark,
1889 19 " 19 " 10 " = 400 "
1896 18 " 14 " 1 " = 374 "

Unterscheidet man beim Spezialhandel Einfuhr und Ausfuhr, so hat man folgende Entwickelungsreihe:

Jahr	Einfuhr	Ausfuhr	Indexzahlen	
	in Millionen Mark		Einfuhr	Ausfuhr
1881	6 822,9	4 780,5	100	100
1886	5 998,4	4 346,0	81	91
1890	7 272,4	5 383,9	107	113
1891	7 631,8	5 051,1	110	106
1896	7 877,2	4 901,6	115	103
Jahresdurchschnitt				
1881/85	6 911,6	4 755,5	100	100
1891/95	7 300,8	4 635,2	106	97,4

Die Vermehrung der Einfuhr entspricht nahezu der englischen Bevölkerungszunahme, die Ausfuhr ist zwischen 1890 und 1896 von 141 auf 122 Mark pro Kopf der Bevölkerung zurückgegangen.

Dagegen weist Deutschland in der Einfuhr und Ausfuhr eine durchaus günstige Entwickelung auf. Während die Bevölkerung von 1880 bis 1896 um 17 pCt. gestiegen ist, dürfte sich der Handel des deutschen Zollgebiets von 1880 bis 1896 um gerade 33 1/3 pCt. erhöht haben, wenn man die durch den Zollanschluß von Bremen und Hamburg (1888) herbeigeführten Verschiebungen berücksichtigt. Genau miteinander vergleichbare Zahlen liefert die Reichsstatistik erst seit 1889, nach denen betrug:

	Einfuhr	Ausfuhr
	in Millionen Mark	
1889	4087	3256
1890	4272	3409
1892	4227	3150
1894	4285	3051
1895	4246	3424
1896	4558	3754
1897	4833	3808

Der deutsche Außenhandel belief sich also 1896 auf 8312 und 1897 auf 8641 Millionen Mark, während er für das damalige Zollgebiet 1880 nur 5806 und 1881 6030 Millionen betragen hatte. Von 1880 bis 1897 hat sich die Einfuhr um fast 2 Milliarden, die Ausfuhr um fast 1 Milliarde erhöht, während im selben Zeitraum die Einfuhr Großbritanniens nur um 1 Milliarde zugenommen hat und seine Ausfuhr sogar ziemlich unverändert geblieben ist. Zieht man den in deutschen Zahlen enthaltenen Edelmetallverkehr ab, so ergiebt sich, daß Großbritanniens Spezialhandel nur noch um etwa 4½ Milliarden größer ist als der deutsche. Seine Einfuhr übertrifft die unsere noch um 3¼ Milliarden, seine Ausfuhr aber ist nur um 1¼ Milliarde höher. Dabei sei darauf hingewiesen, daß die deutsche Ausfuhr in den vier Jahren von 1894 bis 1897 um rund 750 Millionen zugenommen hat.

Weit ungünstiger noch als der englische hat sich der französische Außenhandel entwickelt. Es betrugen:

Jahr	Einfuhr	Ausfuhr	Inderzahlen	
	in Millionen Mark		Einfuhr	Ausfuhr
1881	3890,7	2849,2	100	100
1886	3366,5	2599,0	87	91
1891	3818,2	2855,8	98	100,2
1896	2938,9	2720,7	70	95
Jahresdurchschnitt				
1881/85	3667,5	2705,4	100	100
1886/95	3260,8	2675,0	86	89

Der ganze französische Außenhandel ist zwischen 1881—96 von 6739,9 auf 5659,6 Millionen Mark, von 100 auf 84, also um 16 pCt. gefallen. Der Rückgang ist hier 1881—96 am größten bei der Einfuhr (30 pCt.).

Auch das hochindustrielle Belgien hat nur eine relativ geringe Vergrößerung seines Außenhandels erfahren, die bei der Einfuhr wie bei der Ausfuhr hinter der Vermehrung der Bevölkerung zurückgeblieben ist, die seit 1880 von 5½ auf 6½ Millionen zugenommen hat. Dagegen hat sich der Außenhandel folgendermaßen gestaltet:

Jahr	Einfuhr	Ausfuhr	Indexzahlen	
	in Millionen Mark		Einfuhr	Ausfuhr
1881	1304	1042	100	100
1889	1245	1170	95	112
1896	1421	1174	109	113

Der ganze Außenhandel hat sich also seit 1881 von 2346 auf 2596 Millionen Mark erhöht; die Zunahme beträgt nur 11 pCt. Die Ausfuhr ist seit 1889 mit einigen Schwankungen im Wesentlichen unverändert geblieben.

Selbst die Vereinigten Staaten haben keine so bedeutende Vergrößerung ihres Außenhandels aufzuweisen wie Deutschland. Es betrugen:

Jahr	Einfuhr	Ausfuhr	Indexzahlen	
	in Millionen Mark		Einfuhr	Ausfuhr
1881/82	3043	3079	100	100
1889	3129	3067	103	99,6
1896	3191	3625	105	118

Der Außenhandel der nordamerikanischen Union hat sich also von 1881—1896 nur um 11 pCt., von 6123 auf 6818 Millionen Mark erhöht, während gleichzeitig die Bevölkerung von etwa 50 auf 70 Millionen, also um 40 pCt. gestiegen ist.

Vergleicht man die Entwickelung des Außenhandels der genannten vier Staaten von 1889 bis 1896 mit der Entwickelung des deutschen Handels und mit der Bevölkerungszunahme, so erhält man, wenn man den Stand von 1889 gleich 100 setzt, folgende Indexzahlen:

	Einfuhr	Ausfuhr	Außenhandel	Bevölkerung
Großbritannien . . .	107	97	101	106
Frankreich	85	92	88	101
Vereinigte Staaten .	102	118	110	116
Belgien	114	100,3	107	108
Deutsches Reich . .	112	115	113	108

Die Betheiligung dieser Staaten am Welthandel gestaltete sich folgendermaßen:

	1889		1896	
	Mill. Mk.	Prozent des Welthandels	Mill. Mk.	Prozent des Welthandels
Großbritannien	12 461	18,1	12 607	17,5
Frankreich	6 417	9,3	5 760	8,0
Vereinigte Staaten . . .	6 196	9,0	6 816	9,5
Belgien	2 416	3,5	2 596	3,6
Deutschland	7 154	10,4	7 832	10,8
Welthandel	69 000	100	72 000	100

Deutschland hat, wie sich aus allen diesen Daten ergiebt, die größte Entwickelung seines Handels aufzuweisen; Ausfuhr wie Einfuhr sind schneller als die Bevölkerung gestiegen. Während in den älteren industriellen Staaten, in Großbritannien, Frankreich und Belgien, die Ausfuhr zurückgegangen ist oder wenigstens stagnirt, hat sie sich in Deutschland (namentlich in den letzten Jahren) in überraschendem Maße gehoben. **Es ist deshalb begreiflich, daß unser energischer industrieller Wettbewerb in anderen Industriestaaten, namentlich in Großbritannien, ernst Besorgnisse hervorruft.**

Welthandelsflotte.

Während in dem Artikel über die deutsche Rhederei die spezielle Entwickelung der deutschen Handelsflotte und ihre Bedeutung im Einzelnen klargelegt ist, sind im Nachfolgenden einige vergleichende Zusammenstellungen über die Welthandelsflotte beigebracht.

Als Grundlage ist die in dem Generalregister der Handelsmarine des Büreau „Veritas" alljährlich seit 1870/71 gegebene Aufstellung aller registrirten Handelsschiffe der Erde angenommen. Diese umfaßt die Dampfschiffe von über 100 Tonnen netto, Segelschiffe von über 50 Tonnen netto. Es ist die in demselben Register angegebene Bruttotonnage durchweg zu Grunde gelegt, um die internationalen Vermessungsverschiedenheiten außer Acht lassen zu können.

Das Register des Büreau „Veritas" ist gewählt: erstens, weil dasselbe gleichmäßig für alle Jahre und Länder dieselbe Minimalgrenze des Raumgehalts der aufgezählten Schiffe festhält, während die Statistiken der einzelnen Länder bei verschiedenen Mindestgrößen anfangen, und zweitens, weil außerdem die Statistiken des Norwegers Kiaer zwar die internationalen Vergleiche der Nettotonnage unter Umrechnung auf eine gleichmäßige Einheit durchführen, aber sich noch nicht über das Jahr 1895 hinaus erstrecken. Das Register aber umfaßt die thatsächlich für den internationalen Seehandel in Frage kommenden Fahrzeuge vollständig von 1870/71 bis 1897/98.

Tabelle A zeigt den Bestand der Handelsflotte der neun Hauptrhedereiländer von 1870/71 und 1897/98, nach Dampfschiffen, Segelschiffen, Zahl und Tonnage getrennt, sowie die prozentuale Vermehrung in dieser Zeit.

Es hat sich in Großbritannien die Dampfertonnage verfünfeinhalbfacht, die Seglertonnage auf fast zwei Fünftel reduzirt; in Deutschland die Dampfertonnage verzwölffacht, die Seglertonnage fast um die Hälfte abgenommen; in Frankreich die Dampfertonnage um das Dreieinhalbfache gesteigert, die Seglertonnage um über ²/₃ abgenommen; in den Vereinigten Staaten hat sich die Dampfertonnage vereineinhalbfacht, während die Seglertonnage gleichfalls fast auf die Hälfte zurückgegangen ist.

Tabelle B giebt den Antheil der Dampfschifftonnage der einzelnen Länder an der Dampfschifftonnage der Welt und der Segelschifftonnage der einzelnen Länder an der Segelschifftonnage der Welt für vier verschiedene Zeitpunkte innerhalb der vorliegenden Periode und schließlich den Antheil der gesammten Handelsflotten ihrer Transportleistungsfähigkeit nach an dem Transportleistungsvermögen der Welthandelsflotte, wobei, wie üblich, die Dampfschiffstonne gleich 3 Segelschiffstonnen gesetzt ist.

A. Bestand der Handelsflotten der neun wichtigsten Rhedereiländer und ihre prozentuale Zunahme von 1870/71 bis 1897/98.

	1870/71				1897/98							
	Dampfer	Segler	Dampfertonnage 1000 t	Seglertonnage 1000 t	Dampfer	Zunahme pCt.	Segler	Zunahme pCt.	Dampfertonnage 1000 t	Zunahme pCt.	Seglertonnage 1000 t	Zunahme pCt.
Großbritannien und Irland	2426	23 165	1651,8	6993,2	5661	133,3	8545	—63,1	10 552,5	538,8	3098,6	—57,1
Deutschland	127	4 320	105,1	1046,0	846	566,1	1067	—65,3	1 462,5	1291,5	544,4	—48,0
Spanien	148	3 036	72,8	545,6	355	139,9	1108	—63,5	492,4	576,4	164,2	—69,9
Norwegen	26	3 652	7,3	989,9	605	2226,9	2594	—28,0	576,6	7798,6	1103,3	11,5
Vereinigte Staaten von Nordamerika	597	7 025	513,8	2400,6	483	—19,1	3785	—46,1	772,0	50,3	1332,8	—44,5
Italien	86	3 395	36,4	907,6	235	173,3	1605	—52,7	371,5	920,6	451,4	—50,3
Frankreich	288	4 968	213,0	891,8	539	86,5	1360	—72,6	979,1	359,7	269,7	—69,8
Rußland	62	1 306	28,4	346,2	350	464,5	2096	60,5	314,3	1006,7	399,4	15,4
Oesterreich	74	852	44,3	317,8	159	114,9	188	—77,9	267,5	503,9	57,3	—82,0

B. Antheil der neun wichtigsten Rhedereiländer der Erde

(In Tausend

Länder	1870/71						1880/81					
	Dampfertonnage	pCt.	Seglertonnage	pCt.	Leistungsfähigkeit	pCt.	Dampfertonnage	pCt.	Seglertonnage	pCt.	Leistungsfähigkeit	pCt.
Großbritannien und Irland	1651,8	59,1	6 993,2	43,6	11 948,6	48,9	4265,5	63,2	5 486,7	39,5	18 283,2	53,3
Deutschland	105,1	3,8	1 046,0	6,5	1 361,3	5,6	289,4	4,3	953,9	6,9	1 822,1	5,3
Spanien	72,4	2,5	545,6	3,4	762,8	3,1	205,5	3,0	325,0	2,3	941,5	2,7
Norwegen	7,3	0,3	989,9	6,2	1 011,8	4,14	67,6	1,0	1 371,7	0,9	1 574,5	4,6
Ver. Staaten von Nordamerika	513,8	18,4	2 400,6	14,9	3 939,0	16,1	634,3	9,4	2 049,0	14,8	3 951,9	11,6
Italien	36,4	1,3	907,6	5,6	1 086,8	4,4	107,1	1,6	913,8	6,6	1 235,1	3,6
Frankreich	213,0	7,6	891,8	5,6	1 530,8	6,3	423,8	6,3	541,9	3,9	1 813,2	5,3
Rußland	28,4	1,0	346,2	2,2	431,4	1,8	128,7	1,9	426,2	3,1	812,3	2,4
Oesterreich	44,3	1,6	317,8	1,9	450,7	1,8	93,1	1,4	237,8	1,7	517,1	1,5
Gesammte Handelsflotten der Welt	2793,4	100,0	16 012,5	100,0	24 422,8	100,0	6745,2	100,0	13 872,9	100,0	34 108,5	100,0

an der Leistungsfähigkeit der Welthandelsflotte.

Tonnen).

1890/91						1897/98					
Dampfertonnage	pCt.	Seglertonnage	pCt.	Leistungsfähigkeit	pCt.	Dampfertonnage	pCt.	Seglertonnage	pCt.	Leistungsfähigkeit	pCt.
8 043,9	62,8	3 693,7	35,0	27 825,4	56,7	10 552,5	58,9	3098,0	34,8	34 755,5	55,6
930,8	7,2	706,5	6,7	3 498,9	7,1	1 462,5	8,2	544,4	6,1	4 931,9	7,9
423,6	3,3	253,4	2,4	1 524,2	3,1	492,4	2,8	164,2	1,8	1 641,4	2,6
245,1	1,9	1 405,9	13,4	2 141,2	4,4	576,6	3,2	1103,3	12,4	2 833,1	4,5
533,3	4,2	144,5	1,4	1 744,4	3,5	772,0	4,3	1332,8	2,1	3 648,8	5,8
294,7	2,3	655,6	6,2	1 539,7	3,2	371,5	2,1	451,4	5,1	1 565,9	2,5
806,0	6,3	298,8	2,8	2 716,8	5,5	979,1	5,4	269,7	8,0	3 207,0	5,1
177,8	1,4	455,9	4,3	989,3	2,0	314,3	1,8	399,4	4,5	1 342,3	2,1
149,4	1,2	120,7	1,1	458,9	0,9	267,5	1,5	57,3	0,6	859,8	1,4
12 825,7	100,0	10 540,1	100,0	49 017,2	100,0	17 889,0	100,0	8894,7	100,0	62 561,7	100,0

Es zeigt sich, daß der Antheil Großbritanniens an der Weltdampfschiffflotte von 1870/71 bis 1890/91 um 3,7 pCt. gestiegen ist, er ist bis 1897/98 dann aber um 3,9 pCt. wieder gesunken, steht somit heute unter dem Antheil zu Anfang der vorliegenden Periode. In derselben Zeit aber steigt der Antheil Deutschlands an der Weltdampferflotte konstant im Ganzen um 4,4 pCt.

Der Antheil Frankreichs geht in derselben Zeit langsam um 2,2 pCt. zurück.

Der Antheil der Vereinigten Staaten fällt sogar von 1870/71 bis 1890/91 um 14,2 pCt. und hebt sich bis 1897/98 dann wieder um 0,1 pCt.

1870/71 war die Reihenfolge der Dampferflotten: England, Vereinigte Staaten, Frankreich, Deutschland.

1897/98 ist Deutschland an die zweite Stelle aufgerückt und die Vereinigten Staaten auf die vierte Stelle gesunken.

1870/71 verhielt sich die Dampferflotte Deutschlands zu derjenigen Großbritanniens wie 1 : 16, heute verhält sie sich wie 1 : 7.

Auch in der Segelschifftonnage ist Großbritannien um 8,8 pCt. des Antheils an der Welthandelsflotte zurückgegangen, Deutschland um 0,4 pCt., die Vereinigten Staaten um 12,8 pCt., Frankreich um 2,6 pCt., während z. B. Norwegen in dieser Zeit 6,4 pCt., Rußland 2,3 pCt. der Segelflotte gewinnt. 1870/71 verhielt sich die deutsche zur britischen wie 1 : 7, 1897/98 wie 1 : 6.

An der Transportleistungsfähigkeit der Welthandelsflotte war Großbritannien 1870/71 mit 48,9, 1890/91 mit 56,7 pCt. betheiligt, eine Zunahme von 7,8 pCt.; bis 1897/98 hat die Betheiligung dann aber wieder um 1,2 pCt., auf 55,6 pCt., abgenommen.

Deutschland hingegen hat von 1870/71 auf 1880/81 zwar um 0,3 pCt. abgenommen, seitdem aber bis 1897/98 wieder um 2,6 pCt. gewonnen.

Frankreich nimmt von 1870/71 bis 1880/81 um 1 pCt. ab von 6,3 pCt. auf 5,3 pCt. bis 1890/91, dann wieder um 0,2 pCt. zu, von 5,3 pCt. auf 5,5 pCt., bis 1897/98 ist dann aber wieder eine Verminderung von 0,4 pCt. auf 5,1 pCt. zu konstatiren, so daß sich sein gesammter Rückgang auf 1,2 pCt. beläuft.

In der gleichen Zeit sind die Vereinigten Staaten um 10,3 pCt. in der Betheiligung an der Welthandelsflotte zurückgegangen; bis 1890/91 hatte dieser Rückgang 12,6 pCt. betragen, seitdem hat er sich aber um 2,3 pCt. wieder vermindert. Auch hat Deutschland sich in der gedachten Zeit von der vierten auf die zweite Stelle gehoben. Seine Handelsflotte verhielt sich zu Großbritannien, den Vereinigten Staaten und Frankreich 1870/71 = 1 : 8,7 : 2,9 : 1,1; heute verhält es sich wie 1 : 7,0 : 0,8 : 0,7.

Die Leistungsfähigkeit der Welthandelsflotte hat sich in der betreffenden Periode gehoben

	von	100	auf	256
der englischen	„	100	„	291
der deutschen	„	100	„	375
der französischen	„	100	„	210
die der Vereinigten Staaten aber ging zurück . . .	„	100	„	93

Unter den großen Handelsmächten hat Deutschland den bei Weitem stärksten Aufschwung seiner Kauffahrteiflotte zu verzeichnen.

Gedruckt in der Königlichen Hofbuchdruckerei von E. S. Mittler & Sohn, Berlin SW12, Kochstraße 68—71.